国家自然科学基金青年项目“高铁影响空间失衡（Spatial Inequality）的多尺度变异机理的理论和实证研究”（项目编号51908258）成果

国家留学基金委项目（202008360097）成果

高铁对中国城市群发展空间失衡影响研究及政策启示

■ 刘莉文　张　明　著

WUHAN UNIVERSITY PRESS
武汉大学出版社

图书在版编目(CIP)数据

高铁对中国城市群发展空间失衡影响研究及政策启示/刘莉文,张明著.—武汉：武汉大学出版社,2022.12
ISBN 978-7-307-22838-2

Ⅰ.高…　Ⅱ.①刘…　②张…　Ⅲ.高速铁路—影响—城市群—发展—研究—中国　Ⅳ.F299.21

中国版本图书馆 CIP 数据核字(2022)第 014105 号

审图号:GS(2022)1997 号

责任编辑:李　玚　　责任校对:李孟潇　　整体设计:韩闻锦

出版发行:**武汉大学出版社**　(430072　武昌　珞珈山)
(电子邮箱: cbs22@whu.edu.cn　网址: www.wdp.com.cn)
印刷:武汉邮科印务有限公司
开本:720×1000　1/16　印张:18.75　字数:269 千字　插页:2
版次:2022 年 12 月第 1 版　2022 年 12 月第 1 次印刷
ISBN 978-7-307-22838-2　定价:69.00 元

作者简介

刘莉文，桂林理工大学城市规划学士、硕士，武汉大学城乡规划学博士。国家注册城市规划师，2022—2023年英国利兹大学访问学者，萍乡市智库专家。主要研究方向为城乡规划与设计、城市与区域规划、旅游规划与设计、GIS应用、区域交通与土地利用、历史文化名城保护规划等。现任江西师范大学城建学院副教授，城乡规划学硕士生导师。曾主持国家自然科学基金项目一项、省部级课题多项，参与完成国家“十二五”科技支撑计划项目、省部级教科研课题等多项。

张明，清华大学建筑学学士、城市规划与设计硕士，美国麻省理工学院城市交通科学硕士和城市与区域规划博士。美国规划师协会注册规划师、美国规划教育评估委员会现场评估委员。主要研究方向为城市与区域规划、土地使用与交通整合、城市空间结构与出行行为、GIS应用和国际规划。现任美国得克萨斯大学奥斯汀校区建筑学院教授和城市与区域规划专业主任，并担任美国交通部大学交通中心“协同机动性与超大区域竞争力中心”主任。曾任华中科技大学建筑系教师、美国洛克菲勒政府研究院研究员、武汉大学城市设计学院教授和外聘院长、美国林肯土地政策研究院国际土地政策研究与培训中心（中国台湾桃园）教员、世界银行可持续发展项目评估特约咨询专家。曾主持中国国家“十二五”科技支撑计划项目、国家自然科学基金面上项目、欧盟第七框架国际合作项目和美国交通部、住建部、环保总署和自然科学基金会等机构资助的多项课题。

内容提要

中国高铁时代已经到来。高铁作为区域间的重要交通工具，是城市群发展的重要支撑。中国快速城镇化时期城市群的空间结构、人们的出行方式和区域生产要素的流动发生着显著的变化，高铁在此变化过程中产生多维度触媒效应、同城化效应、集聚效应和扩散效应等。但在不同的空间尺度上，高铁效应的程度不同，存在动态变化和差异。在总结国内外的理论和实证知识基础上，本研究构建“双时间节点+多尺度”的实证研究框架，探讨在全国、长江中游城市群和武汉城市圈三个尺度的空间失衡(Spatial Inequality)状态及高铁建设前后的变化，量化分析多尺度空间区域失衡变异。本书共分9章，主要包括研究问题的提出、国内外相关研究综述、本研究的方法论介绍和在三个空间尺度上开展实证研究的结果，最后提出城市群空间发展的政策建议和策略。

本书可供城乡规划学、地理学、区域经济学、交通科学、管理科学和相关领域的专业及决策人员参阅，也可作为高等院校相关专业的选修课教材和教学参考书。

前　　言

2020年末，中国铁路营运里程达到14.6万公里，其中高速铁路3.8万公里，稳居世界第一。高铁网络是国家城市群发展空间策略的重要支撑。交通设施是城市群空间结构的“大动脉”，是能够实现人流、物流等在城市群流动的重要交通基础条件，是城市群发展建设的前提和基础。城市群已经成为当今研究热点问题之一。国家“十三五”规划纲要指出：“坚持以人的城镇化为核心、以城市群为主体形态、以城市综合承载能力为支撑、以体制机制创新为保障，加快新型城镇化步伐，提高社会主义新农村建设水平，努力缩小城乡发展差距，推进城乡发展一体化。”加快城市群建设，增强中心城市辐射带动作用。建立健全城市群发展协调机制，形成更多支撑区域发展的增长极。长江中游城市群发展规划已上升为国家战略，2015年4月5日，国务院批复实施《长江中游城市群发展规划》，是《国家新型城镇化规划(2014—2020年)》出台后首批跨区域城市群规划，与成渝城市群和长三角城市群构成长江经济带的跨区域城市群。长江中游城市群承东启西、连接南北，被定位为中国经济发展新增长极，是中西部新型城镇化先行区、内陆开放合作示范区和“两型”社会建设引领区，旨在推动中国经济稳定发展，战略地位举足轻重。在此背景下，笔者在全国层面、区域层面和都市圈层面，探讨高铁在不同空间尺度上对空间失衡问题的影响，以及高铁是否会促进区域空间均衡，还是极化的空间失衡。

目前，高速铁路相关的书籍主要包括交通运输、经济学(区域经济)和城乡规划学三个学科。交通运输方面的书籍主要集中在探讨高铁项目自身的技术问题。区域经济学方面的书籍主要采用了区域经济学的研究方法，如层次分析法、模糊综合评价法、数据包络分析法、灰色预测、系统动力学、道格拉斯生产函数、灰色关联分析等方法。主要著者有骆玲、曹洪、刘裕、林晶晶、唐可月、张莉等，研究范围多针对某一个特定的城市群，如长三角、中原等城市群，以及重要的高铁线路城市，如对武广线路、郑西线路、哈大线路、京广线路和京沪线路等进行分析。城乡规划学方面的高铁相关书籍相对较少，主要著者有段进和王兴平教授。王兴平研究了高铁影响下区域与城市空间重组的基本模式、区域就业通勤方式、基于高铁的区域同城化发展和高铁站点地区的空间利用等问题，并进行了基于实证的系统调研、分析和提炼总结，结合具体区域对高铁影响的区域同城化发展进行了深入探讨。因中国投入运营的几条高铁运行的时间较短，前期的研究书籍在于理论摸索和构建高铁效应的理论分析框架，缺乏实证分析与检验。本书深化研究内容，重视“可塑性面积单元问题(MAUP)”对研究结果的影响，关注在较小尺度如县级单元空间发展的异质性；拓展研究区域，将研究区域扩大到全国范围；通过多学科融合，借鉴区域经济学的研究方法，构建了“双时间节点+多尺度”的实证时空研究框架，分析多尺度空间失衡状态及高铁建设前后的变化，在多尺度空间上，量化分析高铁是否带来区域空间失衡发展，并提出国家和省市各级有效地缓解区域失衡发展的投资计划与策略。

国家自然科学基金青年项目“高铁影响空间失衡(Spatial Inequality)的多尺度变异机理的理论和实证研究”(项目编号为51908258，负责人刘莉文)、国家留学基金委项目(202008360097)为本书研究成果的支撑，在课题的支持下，负责人相继在高铁沿线和武汉城市圈、环长株潭城市群、环鄱阳湖城市群等有关城市进行调研，通过发放问卷和访谈，获得了翔实的一手资料，深入解读了研究背景和趋势，梳理了国内外高铁影响的相关研究与实践经验，凝练研究方法，探讨高铁影响下的空间变异机理和实证分析。

本书有两个创新点：

第一，构建双时间节点+多尺度实证研究框架：选取双时间节点，即高铁开通前后；三个空间尺度，即宏观尺度——全国尺度、中观尺度——长江中游城市群和微观尺度——武汉城市圈，从全国高铁网络、城市群高铁网络、高铁站点，逐级逐层进行分析，探讨高铁建设对机动性、区域经济发展、空间形态、航空服务的腹地范围变化等影响。研究成果可为国家国土空间战略、城市群发展和高铁投入的决策提供实证支撑。

第二，应用柯布道格拉斯生产函数模型，研究高铁对区域经济(生产效率)的影响，引入人均GDP、时间变量(即高铁运营前后缩短城市间运行时间)、建成区面积等变量，构建双对数回归模型，量化高铁对区域经济的影响，拓展了高铁影响的实证研究方法和知识。

目　录

第1章　绪　　论

本章重点介绍研究的选题背景，在此基础上提出研究问题，构建研究主要内容与框架，设计研究路线，提出研究意义。

1.1　选题背景

1.1.1　城市群发展是中国推进城镇化进程的国家空间策略

21世纪，全球进入社会大转型时期，是城市群协作发展的世纪，城市组团互助发展符合世界经济发展规律，也符合中国国家发展策略的部署要求。城市群正成为人口密度最高、国际影响力最大、占地面积小、经济总量、规模最大的空间，成为国家或地区参加全球竞争和国际分工的基本单位，成为推动经济发展的增长极。

2009年《世界发展报告：重塑世界经济地理》提出中国不断涌现和发育"高密度、近距离和浅分割"的巨型功能地域体，随着生产要素高度集聚与近距离移动和专业化、区域一体化，形成以大城市为核心，分主次序列、分工协作的城镇群体。随着我国快速城市化进程，部分城市规模扩张和提升实力，已经建立起相对稳定的关系，形成了城市群。中国政府逐渐重视城市群的作用。"十一五"规划纲要强调城市化的主体形态是加速城市群的发展，主张积极培育新的城市群，使其成为未来中国经济发展中的战略增长极。"十二五"规划纲要指出要"大城市为依托，以中小城市为重点，逐步形成辐射作用大的城市群，促进大中小城市和小城镇协调发展"。"十三五”规划纲要指出：“坚持以人的城镇化为核心、以城市群为主体形态、以城市综合承载能力为支撑、以体制机制创新为保障，加快新型城镇化步伐，提高社会主义新农村建设水平，努力缩小城乡发展差距，推进城乡发展一体化”。加快城市群建设，增强中心城市辐射带动作用。建立健全城市群发展协调机制，形成更多支撑区域发展的增长极。

目前，城市群已经成为研究热点问题之一。国内外公认的城市群有京津冀、长三角、珠三角城市群，“十三五”规划纲要又提及中西部地区城市群，城市群数量将达到19个，城市群作为支撑区域发展的增长极，稳步推进城镇化进程，促进经济增长空间由东向西、由南向北拓展，实现区域发展总体战略。

1.1.2　高铁网络建设的重要性和质疑点

高铁网络是促成城市群空间策略的重要举措。交通设施是城市群空间结构的“大动脉”，能够实现人流、物流等在城市群流动的重要交通基础条件，是城市群发展建设的前提和基础。完善交通设施，尤其是完善高铁网络，加快建设城市群“1小时高铁经济圈”，将优化城市群内部城市间的对外交通环境，同时大大加速城市群一体化建设的进程；以交通为牵引推动产业、市场、公共服务等多方面的全面融合，有助于城市群协调发展、融合发展，推动大中小城市和小城镇协调发展，实现城市群联动、协调发展的空间发展策略。

高铁建设对中国经济发展的实际效益受到质疑。高铁作为城市群空间战略的重要基础，因具有运量大、准点率和高舒适性等特征，是一个城市群建设和发展的基础框架，高铁服务目的之一是加速经济发展，促成区域平衡发展，但高铁建设能否加速中国经济发展，减小区域差距受到质疑。从国外研究来看，很多学者对高铁网络促进区域均衡发展提出质疑，部分学者提出高铁服务更受益于开通高铁的大城市，产生经济集聚，导致区域经济差异扩大化。发达地区在经济一体化过程中，可能以其他区域经济衰退为代价，因为大城市具有完备的基础设施、先进的科技支撑、雄厚的资本等优先条件，随着高铁网络建成，落后地区的生产要素在发达地区集聚，高铁有可能带来负溢出效应。中国高铁发展会促进区域空间均衡发展，还是空间极化的不均衡发展？高铁服务是否加速区域经济发展受到质疑。

1.1.3 长江中游城市群的提出和研究亟待推进

长江中游城市群已上升为国家战略，2015 年 4 月 5 日，国务院批复实施《长江中游城市群发展规划》，是《国家新型城镇化规划（2014—2020 年）》出台后首批跨区域城市群规划，与成渝城市群和长三角城市群构成长江经济带跨区域城市群。该城市群承东启西、连接南北、被定位为中国经济发展新增长极，是中西部新型城镇化先行区、内陆开放合作示范区和"两型"社会建设引领区，旨在推动中国经济稳定发展，战略地位举足轻重。

长江中游城市群战略持续受到政府和学术界的关注，逐步上升为国家重大发展战略，成为经济新常态下国家推进"长江经济带""一带一路""中部崛起"等国家战略的重要支撑点。2006 年国务院提出中部崛起战略决策。2009 年 9 月，国务院通过《促进中部地区崛起规划》，明确把长株潭城市群、武汉城市圈和环鄱阳湖城市群列为中部重点培育的城市群增长极。2010 年 8 月，国家发改委印发的《促进中部地区城市群发展指导意见》对城市群发展等方面做出原则性规定。2011 年 3 月，《中华人民共和国国民经济和社会发展第十二个五年规划纲要》提出加快构建沿长江中游经济带，促进人口和产业的集聚，加强与周边城市群的对接和联系。2011 年 4 月，湖北省党政代表团分别到湖南省、江西省学习考察。2012 年 2 月，长江中游城市群三省会商会议在武汉举行，共同签署了《加快构建长江中游城市集群战略合作框架协议》。三省达成共识，通过整体集成和规划，形成跨省域的经济一体化城市集群，成为未来中国重要经济增长极。2012 年 8 月 27 日国务院为实施促进中部地区崛起战略批复《国务院关于大力实施促进中部地区崛起战略的若干意见》。2012年12月，时任国务院副总理李克强在江西九江主持召开区域发展与改革座谈会，指出“发展的目的是人民富裕、国家强盛，而发展最大的差距是城乡差距和区域差距”，缩小区域差距，要做好中西部开发开放这篇大文章。中部地区、长江流域是缩小区域差距的突破之地。2013年2月，长江中游城市群省会城市在武汉举行首届会商会，四市市长共同签署《长江中游城市群暨长沙、合肥、南昌、武汉战略合作协议(武汉共识)》。随后每年长江中游城市群省会城市召开会商会，第二届发布《长沙宣言》。四省力争充分发挥各自比较优势，提高城市群的整体竞争力，实现优势互补、错位发展。2014年9月，国务院发布的《国务院关于依托黄金水道推动长江经济带发展的指导意见》，以沿江综合运输大通道为轴线，重点发展长三角、长江中游和成渝三大跨区域城市群。2016年12月，国务院批复《促进中部地区崛起“十三五”规划》，突出长江中游城市群发展的重要性。

在中国经济“新常态”背景下，国家审时度势，谋划部署了长江中游城市群和长江经济带的重大国家发展战略。作为崛起的战略支撑，长江中游城市群肩负着重要的使命。高铁建设是否形成跨省域高度一体化的共享服务、就业、文化、旅游和环境？目前，长江中游城市群相关研究较少，长江中游城市群研究亟待推进。

1.1.4 武汉城市圈发展与国家发展策略的交通关联

武汉城市圈归属长江中游城市群，处于中国中西地区的结合部和长江流域的中游，处中部地区五省中的核心位置。中国东西、南北重要的发展轴线(长江经济带及京广铁路)交汇于武汉城市圈，武汉城市圈位于“八纵八横”高速通道为骨架的中心，铁路、公路、水运、航空交通运输发达，是“中国弓”的搭箭点和发力点，通过交通连接与其他城市群实现资源要素、信息、人才等转换，武汉城市圈发展能够承载中部崛起和西部大开发的使命，将成为中国区域经济发展的增长极和重要引擎。2016年《中长期铁路网规划》提出："连接主要城市群，基本连接省会城市和其他 50 万人口以上大中城市，形成以特大城市为中心覆盖全国、以省会城市为支点覆盖周边的高速铁路网。"国家城市群发展战略中的交通规划，强化武汉城市圈与周边城市群、全国城市群的交通联系，力在实现长江上中下游协同发展、东中西部互动合作，构建中国均衡发展的空间格局。

1.2 研究问题

高铁网络建设是实现城市群空间策略的重要的基础设施投入举措之一，本研究从三个空间尺度，即全国尺度、长江中游城市群和武汉城市圈，采用科学的方法进行实证分析，研究高铁建设对区域经济和城市群空间发展的影响，进而提出空间发展策略。

研究希望解决以下几个主要问题：

(1)探讨高铁对中国城市群机动性的影响(时空收缩效应)。高铁对城市群的机动性影响是否存在差异性？高铁对城市与区域的机动性影响有多大？

(2)探索高铁对中国城市群空间形态的影响(可达性)。通过高铁开通前后双时间节点的可达性对比，分析高铁如何影响可达空间模式，高铁发展会促进区域空间均衡发展，还是空间极化的不均衡发展。

(3)探讨高铁对中国区域经济生产力(economic productivity)的影响(人均 GDP 变化)，研究因高铁缩短出行时间，对区域经济生产力发展的影响。

(4)探讨高铁对长江中游城市群区域发展空间差异的影响。分析机动性和均衡度的影响，高铁发展缩小还是增大了长江中游城市群区域发展差异？

(5)探讨高铁与城市交通的一体化。研究区域协同性，高铁和航空的多模式整合，对航空服务腹地的影响有多大？高铁与常规公交、地铁一体化无缝衔接，高铁如何影响武汉市可达空间？

1.3 相关概念解析

1.3.1 空间失衡

国外关于空间失衡(Spatial Inequality)的理论研究可追溯到1950年代和1960年代的“不平衡发展理论”，特别是库茨涅茨(Kuznets，1955)、佩鲁(Perroux，1955)、缪尔达尔(Myrdal，1957)、赫尔希曼(Hirschman，1958)和威廉姆森(Williamson，1965)等学者的论著。库茨涅茨(1955)在《经济增长与收入不平等》提出了库茨涅茨曲线；佩鲁在《经济空间：理论与应用》中最早提出增长极概念；威廉姆森提出一个国家的发展，早期阶段表现出区域趋异，但在后期阶段是区域趋同。空间错位理论(Spatial Mismatch Hypothesis)最初由约翰·凯恩(John Kain)于1968年在美国《经济学季刊》(*Quarterly Journal of Economics*)中提出，反映城市快速空间重构影响弱势群体居住和就业空间失衡的理论。

国外城市空间失衡的研究在社会哲学、经济学、地理学和城市规划四个学科中均有体现，四个学科间有着复杂和交叉的联系。在社会哲学维度，关注社会正义和个人与公共领域，如大卫·哈维提出社会和空间分割是造成区域失衡的原因(Harvey，2006)，Madge探讨私人和公共空间，Soja提出寻求空间正义。在经济学维度，学者们关注产权经济和收益分配等，Cuthbert研究城市设计的政治经济学。在地理学维度，重点在城市公共设施区位论和通达性等方面，其中Handy提出可达性的度量方式。在城市规划维度，主要侧重公共场所和公共空间、宜居街道、交通公平、城市形态等方面，如Jacobs研究美国大城市的生与死，Rowe提出拼贴城市。

1.3.2 MAUP可塑性面积单元问题

MAUP(modifiable areal unit problem)是指量化分析结果对面积单位定义(areal unit)的敏感性，MAUP也与生态谬误(ecological fallacy)的概念有关。

正因MAUP的存在，选取单一尺度数据研究可能得出错误的结果，导致错误的政策制定。MAUP近年来备受学术界关注，对其研究可追溯到20世纪30年代后期，重点在1960—1970年代，学者们试图了解其复杂性，寻找实际的方案来解决。Sui(1999)对环境公平(environmental equity)进行分析，研究结果对使用的地理尺度和面积单位边界有高敏感度。Jelinski和Wu(1996)在景观生态学的背景下，展示了MAUP固有的规模和区域效应的性质和范围 。

通常MAUP只被视为人文地理学中的一个问题，但在自然地理学研究领域，MAUP尤为重要。Openshaw和Taylor于1979提出MAUP可定量揭示地理学的空间现象。Shawna J. Dark，Danielle Bram(1986)定义了MAUP，实证MAUP在自然地理学研究中的应用。在自然科学领域的主要贡献之一是承认MAUP的存在，选择合适的尺度样本，检测植物群落的空间模式(Kershaw，1957；Mead，1974；O'Neill et al.，1986)。

在交通领域相关MAUP的研究较少。Putman和Chung利用空间交互建模来探索MAUP。Horner和Murray(1965)选择爱达荷、博伊西的数据研究过度通勤，发现以往研究中的许多分歧可能来自MAUP。张明教授和Nishant Kukadia(2005)在波士顿、马萨诸塞州区域，设计了两个不同的规模(scale)和区域(zonal)方案，利用出行模式选择模型，分析人口密度、街区网络模式和土地利用平衡对出行模式选择的影响。结果证实MAUP确实存在，MAUP对基于出行测度城市形态有重要影响。

1.3.3 城市群

城市群是区域空间成熟发展的最高空间组织形式，通过中心城市带动周边城镇发展，推动区域空间协调统一，具有带动区域发展的增长极作用。对城市群研究的意义远远超越对单个城市的研究，把城市放在更广阔的区域范围，对于区域内城市和区域之间的协调发展有重要意义。城市群的概念经过诸多学者努力逐步形成，尽管国内外的学者们对城市群概念的表述还存在差异，却是在逐渐认同的过程中。

1. 国外城市群的相关概念

城市群相关的概念，国外从19世纪末开始。1898年，英国城市学家霍华德在《明天：一条通向真正改革的和平道路》(*Tomorrow: A Peaceful Path to Real Reform*)中提出"田园城市"理念，主张把城市和乡村统一处理，这是开创城镇群体研究的先河。1915年，英国学者盖迪斯开始分析英国的城市，并在《进化中的城市》(*Cities in Evolution*)这本书中论及"城市区域"(city region)，介绍城市扩展使得多种城市功能跨越了城市边界，城市区域是多个城市的影响范围叠加的产物。R. Dickinson(1967)创造出集合城市(conurbation)，他认为英国已经形成了七大城镇密集区和大伦敦城市群。同时全球很多地区也已经形成城市群，如法国大巴黎、美国纽约、德国柏林的鲁尔区等地区。20世纪30年代英国学者Fawcett C. B. 指出"城市群"是连续城市功能用地构成的地域，因而城市群被局限地认定为城市建成区的范围。法国地理学家戈特曼(Jean Gottmann，1957)提出城镇群体发展理念大都市带"Megalopolis"，才开始城市群的系统研究。

因国外城市群概念从不同角度进行解析，使得城市群的概念处于混乱的状态。但从上述国家和学者的研究看出，城市群作为一个新的空间组织形式，通过"流动空间"联系起来，区域内部联系紧密，在城市化和全球化等作用下形成。目前，城市群发展备受国外规划和其他专业知名学者重视，见表1-1。

表1-1 **国外城市群相关的主要概念及内涵**

名称	作者	年份	概念、内涵
田园城市	霍华德(E. Howard)	1898	"田园城市围绕大城市建立分散、独立、自足的田园式城镇，解决大城市拥挤和不卫生等问题。试图从城乡结合角度，构建若干个田园城市围绕一个中心城市构成的城市组群。"

续表

名称	作者	年份	概念、内涵
集合城市（conurbation）	盖迪斯（Geddes）	1915	“城市将进一步扩散，在更大的范围内连绵聚集并形成新的群体形态，城市功能扩展突破行政区界线，出现规模较大的区际‘流’。集合城市是拥有卫星城的大城。”
大都市区（Metropolitan Area）	美国	20世纪10—90年代	作为美国的一种联邦统计标准：具有较大人口中心，同时之间有着较高的社会和经济联系的邻接地区的组合，都市区范围主要指城市区域，常常以县作为基本单元。1910年，美国人口普查局使用“大都市区”统计人口；1949年美国协调委员会定义了标准大都市区。“从1950年代到1990年代期间，逐步形成了都市区、标准都市区、都市统计区和标准都市统计区。”
大都市带（Megalopolis）	戈特曼（Jean Gottmann）	1957	“大都市带是城市群发育的最高级阶段，并非单个的大城市或大都市区，是由沿特定轴线发展的多个特色的大都市镶嵌而成城市化区域。但镶嵌并非简单的连接，而是大都市区内部合作分工的有机联系。”
都市圈	日本 富田和晓	20世纪50—60年代	“日本将都市圈纳入政府统计单元，并在估测城市某一功能涉及范围，在大都市区范围内，提出商业圈、生活圈、通勤圈等概念，城市群大多基于大都市区的形成和发展。随着快速交通的发展，通勤圈在一定程度上具有城市群的特征。”
城市连绵区	道萨迪亚斯（Doxiadis）	1975	《建设安托邦》中定义为：“在广阔的空间范围内，若干个大小、类型不同的大城市和特大城市，相互作用发展成错综复杂的空间结构，内部的若干个交通系统、通信系统和各种用途的土地利用融为一体，有时甚至互相冲突的一种规模巨大的新聚居形式。”

续表

名称	作者	年份	概念、内涵
城市场 (Urban Field)	弗里德曼	1965	"城市场是由空间广阔和完善的社会经济联系网、相对低密度的、广阔的多节点的区域结构，包括城市居民巨大的生活空间或活动范围。"
世界城市 (World city)	霍尔 (Hall)	1966	在《世界城市》一书中指出"所属国家内重要的商业金融政治中心、财政中心、巨大的人口中心、文化中心和大型国际航空港所在地"。
	弗里德曼 (Frideman)	1982	"世界城市是新国际分工的空间组织结果，城市空间形式和范围随着世界经济的整合而发生结构性变化，资本的空间流动形成国际城市体系；世界城市是全球重点城市，作为空间组织的基础节点，集聚国际资本。"
区域 (乡村城 市区域) (Desakota)	麦吉 (Mcgee)	1987	指人口密集的地域上，在大城市之间交通走廊地带，通过城乡之间的互相作用，其特点为快速发展增长的劳动密集型工业、服务业和其他非农行业。人流和商品互相作用惊人的原乡村地区。
全球城 市区域 (Global city region)	西蒙德 斯、哈克	2000	二人合作的《全球城市区域》一书认为，"21世纪的城市化，以城市土地利用、城市区域内人口的增加为特征。城市形态正发生巨大的变化，城市区域被放进全球城市联合体研究，并把此城市区域叫作'全球城市区域'。"
	斯科特 Scott	2001	《全球城市区域：趋势、理论和政策》研究传统的"城市区域"和全球化间的关系，强调部分大都市承担着全球化发展过程中的功能。全球城市区域吸引大量的移民，形成文化和人口的多样性。过去大都市多是1~2个中心城市，全球城市区域正成为多中心或多集群城市集群。

续表

名称	作者	年份	概念、内涵
巨型城市区域(mega-City region)	霍尔(Hall)	2006	《多中心大都市：欧洲巨型城市区域的经验》中指出："巨型城市区域在空间和职能上，不是单中心而是多中心的，由10~50个城镇集聚在一个或多个较大的中心城市周围，在功能上联系，物质形态却分离，通过高速公路、高铁和电信电缆等'流动空间'相连的城市化区域"。
巨型区域(超大都市带)Beyond megalopolis	美国区域规划协会	2005	编制《美国2050》提出来，其后正式命名为"巨型区域"识别标准是："具有两个以上的大都市区；总人口到2040年超过1000万；衍生出一系列相邻的大都市区或小都市区；所处的自然环境相似；核心城市被交通基础设施连接；形成功能性货流、服务流的城市网络；组成具有历史背景和共性特征的文化区域。"

2. 国内城市群相关概念

中国对城市群的研究，始于对城镇密集区和城镇体系的研究。最早有关城市群的研究是20世纪50—60年代，海外老一批城市与区域发展学者有严重敏、胡序威、杨汝万、胡兆量、马润潮、王长升、沈道齐、薛凤旋等教授。1964年，严重敏根据1962年国际地理联合会论文集中克利斯泰勒的城市的层次结构译作"城市的系统"。20世纪80—90年代进入城市群研究的高潮，主要学者有许学强、崔功豪、周一星、姚士谋、顾朝林、宁越敏等，他们较系统地分析城市区域问题。于洪俊、宁越敏(1983)出版中国第一部《城市地理概论》，引入了戈特曼"巨大城市带"的思想：城市用地比例增加，城市地域相互蔓延，城市与城市间的农田分界带日趋模糊。顾朝林(1987)编写《中国城镇体系——历史·现状·展望》对中国城镇体系地域空间结构研究分为三种类型，块状城市集聚区、条状城市密集区和以大城市为中心的城市群。周一星(1991)提出“都市连绵区”的概念，城市间、城乡间紧密的关联与影响是区域一体化的特征。崔功豪(1992)重点研究长三角城市群发展，出版《中国城镇发展研究》对戈特曼的“城市带”进行了详细介绍。姚士谋(1992)最早在《中国城市群》，开启城市群系统研究。对城市群概念认识随着全球化进程、科技发展、信息化和城市化的快速发展。吴志强(2002)提出全球区域(global region)，“认为全球区域是城市要素集聚的新形态，从区域协调的角度较好地解决大都市带城市社会问题”。吴良镛(2003)提出“城市密集地区”的概念。刘荣增(2003)较认同“城镇密集区”的概念，他认为“城镇密集区强调区域的概念，重视以城镇为中心的区域整体的研究，重视城镇间和城乡间的相互作用”。许学强、周一星、宁越敏(2009)出版《城市地理学》。姚士谋(2015)又在《中国城市群基本概念的再认知》中，提出信息技术使得“流空间”成为区域、城市活动的主要载体；铁路发展实现同城化、一体化、市场化的新特征；城市群发展引领城乡一体化建设等新的认知。

目前，城镇群相关的概念已经很多，专家学者从各自研究的角度出发，提出城镇密集区、都市连绵区、全球区域、都市圈、城市“集合体”、城市带等。争议主要集中在城市群和城镇密集区的关系，姚士谋和崔功豪教授均认同城市群比城镇密集区更高一层。北京大学董黎明认为城市群与城镇密集区是相同的概念。胡序威(2014)认为城镇密集地区侧重城镇与地区之间的关系，城市群强调城市之间的关联，两者差别甚小。由于空间范围上的不确定性，对城市群的定义和内涵认识不同，相关概念易混淆，因此有必要对城市群相关概念进行梳理辨析，见表1-2。

1.3.4 高速铁路

广义高铁是能供列车以200km/h以上的速度行驶的铁路系统，这是较能被接受的习惯用语。狭义高铁是具有专业性、规范性、研究性的科学工程术语，指一种铁路等级类型。

高铁在不同国家不同时代定义存在差异，高速铁路的定义争议主要在于运行时速快慢，目前高铁的定义表述未达成一致。1962年国际铁路联盟将旧线改造运行速度达200km/h、新建路线达250~300km/h的铁路称为高铁。1985年日内瓦协议新规定，新建客货共线型铁路运行速度250km/h以上，新建客运专线型铁路运行速度为350km/h以上称为高铁。中国国家铁路局2014年12月22日批准发布铁道行业标准《高速铁路设计规范》，提出高铁是新建设计时速大于250km的客运专线。

表1-2　　国内城市群相关概念

类别	特点	包含概念	定　义	备注
城市带	强调空间的带状分布(如沿海或沿交通基础设施)。	巨大都市带	具有世界最大的城市现象、有政治经济上的中枢作用及超级城市和国际港口的核心作用。	1983，于洪俊，宁越敏
		大都市连绵带	吸纳较多人口，城市化率达到70%以上，各城市具有合理的层级关系，承担不同的功能，具有发达的区域性基础设施网络，在国家和世界经济中具有枢纽作用的区域。	2003，诸大建
		城市经济带	指在某个特定区域范围内，依托于某交通网络干线，服从于某种地理边界的划分，以一个或两个以上的超大城市为核心，联合附近其他相邻城市和城镇，逐渐形成区域城市间和产业间频繁的人流、物流、资金流、信息流、技术流交互作用，同时又具有独具特色的狭长的带状城市群体。	2007，杨凤、秦书生

续表

类别	特点	包含概念	定 义	备注
都市圈	强调经济的圈层辐射或空间结构的圈层分布。	都市圈	以经济比较发达的城市为中心，通过经济辐射和经济吸引，带动周围城市和农村，以形成统一的生产和流通经济网络空间。	1990，高汝熹
			以经济比较发达并具有较强城市功能的中心城市为核心，同其有经济内在联系和地域相邻的若干周边城镇所覆盖的区域组成的，其经济吸引和经济辐射能力能够达到并能促进相应地区经济发展的最大地域范围的、跨区域的经济圈和社会圈。	1998，罗明义
			是指一个或多个核心城镇，以及与这个核心具有密切社会经济联系的、具有一体化倾向的邻接城镇与地区组成的圈层式结构。	2001，张京祥
		大都市圈	按经济中心来组织管理地区经济，即以大城市为依托，有计划地发展中小城镇，在各大城市周围形成若干以中小城市为主的中小型经济中心。通过它们使大城市同中小城镇和农村相联系，大中小城市与其分别联系着的农村相交织，组成了全国的经济网络。经济网络以大城市为依托，组成大城市经济圈，按大城市经济圈来安排地区生产布局。	周起业、刘再兴
			大都市圈，是某一城市突破行政区划的局限同它邻区划或外围化的地区形成紧密经济联系的一体化经济区。	1993，复旦大学发展研究院

续表

类别	特点	包含概念	定　义	备注
都市圈	强调经济的圈层辐射或空间结构的圈层分布。	城市经济区	从其结构形态看，它是以大、中城市为核心，与其紧密相连的广大地区共同组成的经济上紧密联系、生产上互相协作、在社会地域分工中形成的城市地域综合体。中心城市和周围腹地是构成城市经济区不可缺少的两大要素。	1991，顾朝林
		都会经济区	认为EMR即为都会经济区，都会经济区以国家的最大城市(也是最大港口和首都)为EMR的核心市，包括接收核心市扩散活动的邻近省、县级行政单元等外圈。	2005，薛凤旋等
城市群	强调有相互联系的城市群体。	城市群	城市群(Urban agglomeration)指在特定的地域范围内具有相当数量的不同性质、类型和等级规模城市，依托一定的自然环境条件，以一个或两个超大或特大城市作为地区经济的核心，借助于现代化的交通工具和综合运输网的通达性，以及高度发达的信息网络，发生与发展着城市个体之间的内在联系，共同构成的一个相对完整的城市集合体。	1998，姚士谋
		大都市连绵区	以都市区为基本组成单元，以若干大城市为核心并与周围地区保持强烈交互作用和密切的社会经济联系，沿一条或多条交通走廊分布的巨型城乡一体化区域。	1991，周一星
		都市连绵区	在经济发达人口稠密的地区，随着城市化的不断进展，使原先彼此分离的多个都市区，逐渐在更大地区范围内紧密连成一体而形成的城镇密集地区，是城镇密集地区城市化向高级阶段发展后所出现的空间结构形态。	2003，胡序威

续表

类别	特点	包含概念	定义	备注
城市群	强调有相互联系的城市群体。	都市连绵区	都市区是与中心城市具有密切社会经济联系的、以非农经济为主的县域单元间的组合。	1986，周一星，即MIR
			都市区是规模较大的一个或二、三个中心城市和外围与中心城市紧密相连的若干小城市的地域空间，在很多情况下，都市区和都市圈可以相互通用。	2003，刘君德
		（大）都市区	大都市区是城市功能区的概念，它由具有一定人口规模的中心城市与周边与之有密切联系的县域组成，中心城市是核心区，周边县域是边缘区。	2003，宁越敏
			都市区的概念可以超越市区界，是一个以大中城市为中心，由外围与其联系密切的工业化和城市化水平较高的县、市共同组成的区域，内含众多城镇和大片半城市化或城乡一体化地域，大都市区往往是跨城市行政区的区域联合。	2003，胡序威
		城镇群体	城镇群体是指一定空间范围内具有密切社会、经济、生态等联系，而呈现出群体亲和力及发展整体关联性的一组地域毗邻的城镇。其区别于一般区域内多城镇分布的表象是其内部空间要素较为紧密的联系，这种联系的紧密程度又直接导致了城乡混合区、都市区、都市连绵区等多种城镇群体空间亚形态的出现。	2000，张京祥
		城镇密集区	城镇密集区指两个或两个以上30万人口以上的中心城市以及与中心城市相联的连片城市化地区。	1995，孙一飞

续表

类别	特点	包含概念	定义	备注
城市群	强调有相互联系的城市群体。	城镇密集区	城镇密集区有更高的指标，中国沿海包括长江三角洲等六个城镇密集区。	2000，胡序威、周一星、顾朝林等
		大都市地区	以大都市为核心，超越原来边界而延伸到临近地区，不断强化相互的经济联系，最后形成有机结合甚至一体化的大区域，大都市地区也是大都市连绵区。	1993，沈立人
			城市联盟是由各地城市政府协商建立的自愿自发组织，通过协作和信息的交流达到共同利益和目标的实现。城市联盟既有政治的决策，也有市场的平衡，任何决策在每个城市都需要考虑其成本与效益。各参与者之间应当在成本效益值上不出现很大的区别，联盟中应具备各种讨价还价的方式、过程和机制。	2007，于力
		城市联盟	城市联盟是以经济、社会、自然、资源等联系密切的区域为基础单元，以区域经济一体化为目标，通过构建城市协商、对话、沟通、交流、合作和协调的多层次平台，逐步实现特定区域的城乡规划统一实施、生产要素有机结合、基础设施共享共建和各类资源优化配置，从而实现城市和区域共同发展。	2008，王家祥

资料来源：陈美玲(2011)：城市群相关概念的研究探讨。

本书将高铁定义为新建线路时速大于250km，旧线改造时速高于160km，其中包括G、D和C字头的火车客运专线。

1.3.5 多模式交通

多模式总目标是通过无缝换乘和客户导向的门对门的服务，建立高效、低成本交通模式系统，促进交通市场平等和自由化，核心区和边缘区协调发展，实现可持续发展的交通。目前关于多模式的定义没有达成一致，国外最常见的术语主要有多模式（multimodality）、跨模式（intermodality）和合模式（co-modality）。欧盟对多模式交通（multimodality）的定义是："多模式联运具有交通体系的特点，允许至少两个不同的交通工具实现门对门的交通联系，体现整合与互补性，从而创造更有效的交通系统"，此定义适用于货物和乘客交通系统，在不同尺度整合不同出行模式，强调"跨模式"作为交通整合的质量指标。跨模式（intermodality）通常指多种不同模式的无缝换乘，例如停车换乘。跨模式可以作为一个政策原则。多模式交通体系是欧洲联系项目（European LINK project（2007—2010））关注的重点，通过几百个研究汇报和案例研究，并起草政策建议、标准。1997年ECMT定义跨模式（intermodality）为"从一个国家装载货物到目的地国家运输货物，使用至少两种不同的交通模式"，主要强调国家货物间运输过程中提供多模式服务，但并没有对乘客做出明确的定义。合模式（co-modality）来自2006年欧盟委员会的交通政策，指"使用不同模式和组合方式"，为达到一个最优的交通系统的有效利用模式。

多模式定义集中于运作和基础设施方面，但成功的多模式要求有效的管理、法律环境和高效换乘信息（D' Este，1996；Reis，2013；Janic，2001）。三个概念的共同点在于多种交通工具的选择，但概念总体认知并没有达成一致，主要区分见表1-3。

基于上述研究，本研究对多模式交通定义如下：多模式交通是在运输过程中，使用两个以上不同的交通工具，通过各交通组织部门间协调合作，发挥标准化和先进的交通远程信息技术，完善个人出行的交通信息服务和公共交通运行的管理系统，实现多模式交通间的无缝换乘，从而创造可持续、高效的交通系统。

表 1-3　　多模式交通相关概念区分

概念	定义和内涵
多模式联运 (Intermodality)	通过多种模式的交通工具实现一对一、无缝出行，确保货物运输和人的顺畅流动(Jones et al.，2000)； 在单次交通出行中，至少使用超过一种交通模式(ISTEA)； 为了把人或货物从起始点运输到目的地，需要两种或两种以上不同的运输模式衔接(South worth and Peterson，2000)； 人和货物从起点到目的地使用混合的交通出行模式，如航空、海运、船舶、火车和卡车等(Min，1991)； 通过技术、法律、商业和管理框架，促进多模式交通技术(D' Este，1995)； 在公司间增加不同层面供应链，增加协调要求； 在交通工业上减少温室效应，最终实现欧盟目标； 多模式联运具有交通体系的特点，允许两个不同的交通模式，实现门对门的交通联系(European Commission，1997)； 在货物或人运输过程中，强调交通模式连接、交通组织部门协调合作。
多模式 (Multimodality)	货物运输至少两种不同的运输方式(ECMT，1998)； 从一个国家的某地到另外一国家的某地运输货物，使用至少两种交通工具(United Nations，1980)； 在既定的地理单元上，不少于一种交通模式(ISTEA)； 国际多模式交通是指从一个国家装载货物到目的地国家运输货物，使用至少两种不同的交通模式(ECMT，1997)。
联合模式 Co-modality	干净、有效地优化每个模式； 整合多种模式实现无缝多模式联运； 不同的交通模式的联合，实现效率最大化(European Commission，2006)。

1.4 研究内容与框架

中国高铁快速发展，城乡规划学方面的高铁相关书籍却相对较少，高铁对城市群空间发展的影响缺乏深入研究。本书构建“双时间节点+多尺度”的实证研究框架(见图1.1)，量化分析多尺度空间区域失衡变异。主要内容包括研究问题的提出、国内外相关研究综述、本研究的方法论介绍和在三个空间尺度上开展实证研究的结果，最后提出城市群空间发展的政策建议和策略。

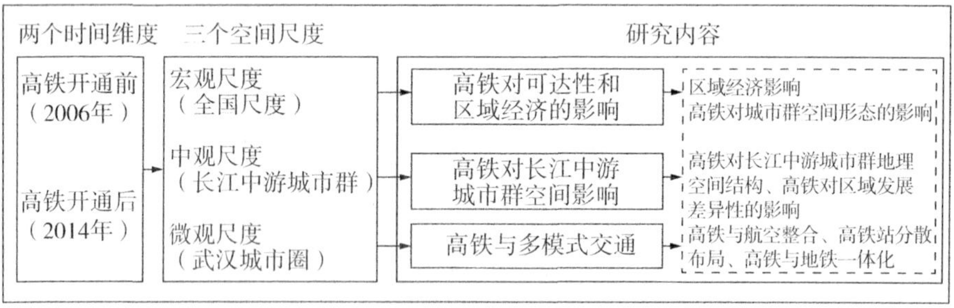

图1.1 “双时间节点+多尺度”的实证分析框架

本书主要包括六个部分。

第一部分为选题背景、研究问题的提出及理论综述部分，认识研究背景和意义，包括第1章~第4章。第1章基于国内高铁快速发展和国内外对城市群的重视等研究背景，提出研究问题，解析城市群、高速铁路和多模式交通概念，构建研究内容和框架，设计研究技术路线，最后论述选题意义。第2章对城市群基础理论、当代城市群空间发展理论、空间结构理论和高铁影响下的空间变异机理等进行理论研究。第3章研究国内外相关的综述，综述国内外城市群空间研究现状，综述国内外高铁与城市群空间发展史，分别从高铁的直接交通系统影响、高铁对区域空间发展和城市圈三个方面阐述。总结既有研究的启示和不足，为本研究打好扎实基础。

第二部分为数据和方法论部分。第4章在相关研究综述和理论分析的基础上，提出研究方法和研究思路；基于理论研究，针对研究问题，构建数据库和提炼研究方法。采用可达性、回归模型、等时圈等研究方法，在三个空间尺度获取相应研究数据，构建数据集。

第三部分为在双时间节点，多尺度的实证分析部分，包括第5章~第7章。第5章在全国尺度上，探讨高铁对中国城市群可达性和区域经济生产力的影响，通过可达性分析，探讨高铁对不同城市群、不同城市(有无高铁城市)、不同规模的城市空间形态的影响；利用双对数模型，分析高铁对区域经济生产力的差异化影响。第6章为在长江中游城市群尺度上的研究，首先利用首位度、区位熵等方法，分析长江中游城市群地理区位结构，再利用可达性、均衡度等方法，分析高铁对长江中游城市群区域发展空间差异的影响。第7章在武汉城市圈尺度，分析高铁与内外部交通，航空运输一体化、高铁与城市地铁、常规公交的多模式交通的一体化发展。

第四部分为发展策略部分(第8章)。从城市规划角度提出城市群空间发展政策建议和发展策略。在实证分析的基础上，对中国城市群发展提出发展策略和建议、长江中游城市群空间发展策略建议、高铁时代武汉市多模式交通发展建议，强调多模式交通衔接理念。

第五部分为附录部分(第9章)。介绍中国城市群概况。

1.5 研究路线

以“提出问题—分析问题—解决问题”三个阶段作为研究主要线路。中国城市群发展是我国城镇化进程的国家空间策略、高铁网络建设、长江中游城市群上升为国家战略以及武汉城市圈发展等背景下，基于国内外理论和实践经验借鉴总结，构建“双时间节点+多尺度”的实证研究框架，即对全国尺度、城市群尺度和城市圈三个尺度，对高铁开通前2006年和高铁开通后2014年两个时间节点进行实证分析，研究的技术路线见图1.2。

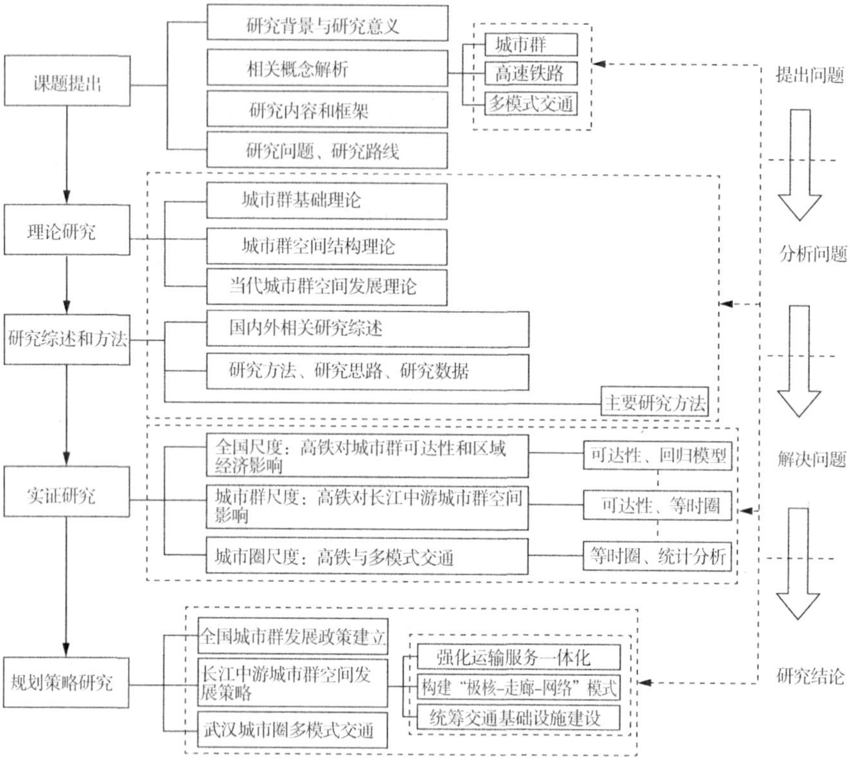

图1.2　技术路线图

1.6　研究意义

高效快速的高铁可以促进国民经济和社会发展，通过提供社会空间位移服务，创造社会和经济效益。认识高铁的空间经济影响，为国家高铁建设投资、地方和区域发展提供建议。

1.6.1　政策意义

1. 国家城市群发展战略

通过高铁对城市群空间发展的影响研究，量化分析高铁对城市群空间差异和区域经济生产力的影响，了解中国不同区域空间差异，为我国政府城市群发展提出相应的政策建议，对提高城市群协作分工、提高区域经济发展质量、促进区域均衡发展具有实际的指导意义。

2. 基于高铁与多模式整合与优化，协调区域发展

通过整合高铁与航空、城际、地铁等多种模式交通，避免重复建设，减少区域间恶性竞争，实现优势互补的跨模式协同发展，促进中部崛起和长江经济带建设，基于高铁与多模式整合与优化，为政府提出发展策略，从而支持长江中游城市群一体化发展，建立综合交通一体化发展。

1.6.2　理论意义

1. 研究验证国外基于市场经济的高铁影响和区域发展理论对中国区域发展的适应性

中国在高速铁路领域发展较国外发达国家晚，受时间约束且中国幅员辽阔，客流量等相关数据较难获取，对中国高铁空间经济的影响研究理论与实证分析缺少深度，现有研究集中在宏观层面，多尺度、多层面综合分析相对较少。基于国外高铁影响和区域发展理论经验，构建多尺度、多层面的理论框架体系，通过宏观、中观和微观三个尺度，构建高铁研究理论体系框架。研究宏观尺度——全国尺度包括选取266个地级市为基本空间单元，分析2006—2014年高铁对全国19个城市群、四大国土区域的机动性(平均出行时间)和可达性等影响；中观尺度主要指城市群尺度，探讨高铁对城市群空间形态、区域差异的影响；微观尺度指城市圈尺度，分析高铁与城市内部和高铁与对外交通的衔接，对探索高铁对空间影响有着重要的理论意义。

2. 丰富高铁的影响研究方法

国内高铁研究起步晚，研究方法手段明显滞后于国外，已有方法多局

限于定性描述层面，缺少严格的科学方法支持和微观的细致考察。研究引入可达性模型、构建经济影响模型，在实践中使用GIS、Stata等相关分析软件，加强高铁对空间影响的定量分析，提高研究成果的精准度和实际应用价值。同时，利用实地调研、访谈与交流、学术会议、专家咨询等，获取高铁的第一手数据和资料，使得研究更加深入。分析在我国高铁对空间经济研究中的适用性，丰富研究方法。

3. 探讨高铁时代城市群发展对策建议

寻求高铁时代中国城市群发展的一般规律，提出中国城市群的发展总体策略，为不同地区的城市群发展提供较理想的发展建议，为中国城市群可持续发展提供理论支撑依据。

1.6.3 实践意义

1. 为国家空间战略、城市群发展和交通基础设施(高铁)投入的举措提供实证支撑，有助于促进中国区域空间经济协调发展

在全国城市群范围内，通过探讨高铁对全国城市群机动性和空间形态的影响，分析高铁对区域经济生产力的影响，实证高铁作为对外交通基础设施的重要作用。高铁建设提高全国城市群机动性，改善城市群可达空间，对促进中国经济发展有着重要的推动作用。城市群在区域经济增长中起主要源泉的作用，辐射带动城乡区域经济发展，促进全国东、中、西和东北地区以及大中小城市协调发展，最终实现中国空间经济协调发展。

2. 提高长江中游城市群整体竞争力，缩小区域差距，促进长江中游城市群协同发展，有助于实现中部地区崛起和长江经济带发展等国家发展战略

以长江中游城市群为例，分析高铁对长江中游城市群区域发展空间差异的影响，提出区域发展空间策略。通过对长江中游城市群空间规划和交

通整合研究，以高铁建设作为城市和区域发展的契机，提升城市群整体竞争力，为推动长江中游城市群经济大飞跃，成为中国经济增长“第四极”，实现中部地区崛起和长江经济带发展等国家重要发展战略。

3. 多模式优化支撑武汉城市圈建设发展目标

武汉城市圈在长江中游城市群中起着重要作用，但因武汉市首位度较高，周边却没有形成一个密集的中小城市群，武汉市的产业与资本的溢出效应还明显不足，这在一定程度上影响了武汉对全省、城市群经济的带动效应。构建多模式交通系统，通过整合高铁与航空两个重要的对外交通设施，实现空铁零换乘，扩大机场腹地范围，提高区域整体竞争力，避免恶性竞争和重复建设，优势互补；研究高铁与城市交通整合优化，实现无缝换乘，支撑武汉城市圈快速发展，为长江中游城市群发展建设规划提供直接的支持。

1.7 本章小结

本章阐述了选题背景，包括城市群与高铁的国家重要战略地位等。解析城市群、高速铁路、多模式交通等概念，介绍研究内容和框架，课题选取双时间节点，即 2006 年高铁开通前和 2014 年高铁开通后两个时间节点；在全国尺度、城市群尺度、城市圈尺度，从全国高铁网络、城市群高铁网络、高铁站点，逐级逐层分析，探讨高铁建设的机动性、区域经济生产力、空间形态、航空腹地范围等影响。研究为国家空间战略、城市群发展和交通基础设施(高铁)投入的举措提供实证支撑，有助于促进中国区域空间经济协调发展；为长江中游城市群提高整体竞争力，缩小区域差距，促进长江中游城市群协同发展，有助于实现中部地区崛起和长江经济带发展等国家发展战略，多模式优化支撑武汉城市圈建设发展目标。

第 2 章　理论研究

城市群是较复杂的“城市与区域”现象，包括自然、人文与社会内容的综合，在不同空间尺度下，关注城市与区域的空间差异问题，需具有全面、系统、综合且高瞻远瞩的科学思维视角，熟知城市群形成与发展的理论，对于城市工作者、领导者解决各种复杂问题均具有重要的指导意义。

2.1　基础理论

城市群是在一定地区范围内，各类不同等级规模的城市，依托交通网络形成的一个相互制约、相互依存的统一体。城市群的基础理论主要介绍霍华德的“田园城市”理论、佩鲁“增长极”理论、克里斯泰勒的中心地理论、点轴渐进扩散理论、圈层结构理论、核心-边缘空间结构理论和梯度转移理论。

2.1.1　“田园城市”理论

1898 年英国人霍华德(Ebenezer Howard)提出“田园城市”理论。他的著作《明天——一条引向真正改革的和平道路》(*Tomorrow: a Peaceful Path Towards Real Reform*)，希望改变城市形式，改善城市与适宜的居住条件、大自然与城市隔离的矛盾(李德华，2004)。田园城市是为安排健康的生活和工业而设计的，其规模要尽可能满足各种社会生活，但不能太大，被乡村带包围，全部土地归公众所有或者托人为社区代管，可称之为“城乡接合部”的形式。他用图解方案阐释其理论(见图 2.1)，城市人口 30000 人，占地404.7m²，城市外围有2023.4m²土地为永久性绿地，供农牧业生产用。城市部分由一系列同心圆组成，有6条大道以圆心方式出去，中央占地20hm²。霍华德的田园城市实际上是一个全新的田园城市群体组合而成的“社会城市”(刘少丽，2005)。田园城市理论比傅里叶和欧文的空想更进一步，构建城市和乡村关系的理想模式，对城市规划问题的解决，在处理城乡关系和界定城市规模等方面提出观点。1903年建设第一座田园城市莱奇沃斯(Letchworth)，1920年又建成第二座田园城市韦尔林(Welwyn)；之后霍华德的追随者恩维(Unwin)提出大城市外围建设卫星城规划理论，对城镇的空间布局具有一定的指导意义，田园城市理论被认为是现代城市规划的开端。

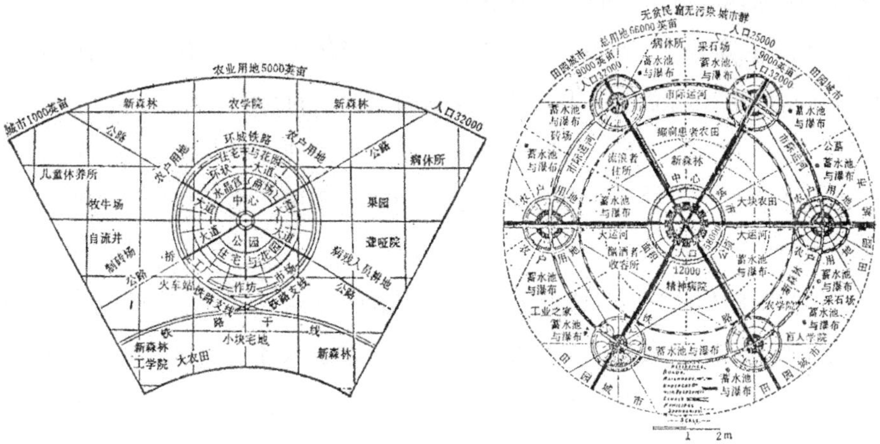

(1) 城乡接合的田园城市简图　　(2) 霍华德构思的城市组群

图2.1　田园城市

图片来源：中国城乡规划网：城乡规划百科

2.1.2　增长极理论

增长极是指在地理空间上，产业经济集聚形成的经济中心，产业包括推动性的主导产业和创新行业及其关联产业(邹军，2002)。增长极通过与周围地区的空间关系进而变成支配经济活动空间分布与组合的重心。部分发达国家根据增长极理论(Growth Pole Theory)，在地域空间提出了经济增长点、增长轴、增长网络等多种开发模式。

1950 年，法国经济学家弗朗索瓦·佩鲁(Francios Perroux)在《经济空间：理论与应用》中最早提出增长极概念，佩鲁提出了“经济空间”中经济要素间的联系。增长极理论是经济发展的非均衡发展理论，在空间上不同的强度表现点状分布，并按照各种途径传播，这些点具有成长和空间经济聚集的增长极。

增长极的影响机制在于增长极的四种效应上，即支配效应、乘数效应、极化效应与扩散效应。增长极通过四个效应使得区域发展差异和空间分布产生影响。增长极打破原有地区的空间均衡状态，导致非均衡的区域空间，扩大地区城市间的经济发展差异。

(1)支配效应。增长极凭借自身技术、经济等优势地位，与周围地区建立要素流动和商品供求等关系，控制周围地区的经济活动。

(2)乘数效应。增长极形成后会加强与周围地区的经济联系，组织带动周边区域的经济发展。在对周边地区影响过程中，增长极的影响范围和程度逐渐得到增强。

(3)极化效应。在增长点上，周边地区的劳动力、资金等资源受到吸引力的作用向极点聚集，同时外部区域的资源、人才、技术、产品以及建设项目等都向极点聚集，形成大量的外部投入。增长极的经济、人口规模不断增大，称之为极化效应(林森，2012)。

(4)扩散效应。区域内增长极形成后，通过资源整合把人才、信息、技术、资源和创新成果扩散于腹地，腹地得以加速经济发展，在增长极的带动下表现出跳跃式发展模式。增长极的极化效应和扩散效应的综合影响称为溢出效应(李曼，2005)。

2.1.3　克里斯泰勒的中心地理论

1933 年，克里斯泰勒在《德国南部的中心地》一书中提出了中心地理论，他认为：“中心地与其周围地区存在相互依赖密切联系的关系；中心地位于地域中心，提供周围地区货物和服务；中心地具有等级性，每个高级中心地周围有几个中级中心地和更多的低级中心地，高级中心地具备低等级中心地的职能；克里斯泰勒提出了以中心城市为核心的区域空间结构问题。”(吴玉菡，2007)

中心地理论阐述中心地承担的服务范围，探讨一定的区域内城镇等级、规模、职能间关系及空间结构发展规律，形成城市群体的等级规模(大、中、小等级排列)的观点，如图 2.2 所示。根据市场经济原则进行了城市群的城市等级规模介绍，在一定地域内存在不同等级的城市，各级城市功能各异。他设计了几种具有不同功能特点的多层次城市群网络系统，提出了中心地与市场区的布局设想：“(1)各个大小城市及其市场区形成大小不同的六边形，构成一个多极系统；(2)越是高级的中心地能提供的商品与劳务种类越丰富齐全，其中包括那些昂贵的高级商品，下级的中心地则仅限于提供少数几种需要频率高的居民日常生活必需品，上级中心应包括所有下级中心的职能，而下级中心不能兼备上级中心所专有的职能；(3)同一等级中心地城市的市场面积是完全相等的，两个相邻的同一中心城市之间距离是相等的，越是低级的中心城市间的距离越短(黄旭平，2002)。”

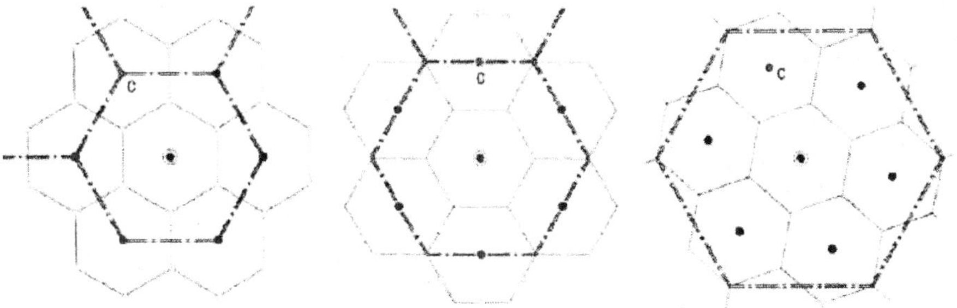

（a）市场原则　　（b）交通原则　　（c）行政原则

图 2.2　中心地空间结构模型示意图

图片来源：“优势区位趋边”现象研究——空间现象与理论模型的契合分析

2.1.4　点轴渐进扩散理论

我国学者在探讨空间结构理论方面做出了巨大的贡献。1984 年，根据克里斯泰勒中心地理论，陆大道院士提出了“点-轴系统理论”，同时构设了中国海岸与沿江地带的 T 型空间发展策略，推动了我国经济的高速发展和资金的高效利用，对指导空间结构理论具有重大意义(魏后凯，2001)。点-轴开发成了“全国国土规划纲要”空间发展战略的重要思想。

点-轴系统经历了四个不同的发展阶段。“第一个阶段是社会经济发展极端缓慢的阶段，生产力是均匀分布的，节点散布的均衡阶段；第二阶段是工业化初期阶段，社会经济逐渐集聚，开始形成点和轴；第三阶段是工业化中期阶段，形成了重要的‘点-轴’框架；第四阶段形成‘点-轴’空间结构系统，空间结构重新恢复到‘均衡’阶段。”(见图 2.3)(崔功豪，1999)经历了初期均匀分布状态到逐渐形成中心和轴线系统，人口和经济不断向沿线聚集，构成了一个大的密集产业带，城镇空间布局结构仍旧不断更新变化。“点-轴”理论中的“点”指的是中心城市与各级居民点，聚集着大量人口与各种社会经济职能，区域的产业集聚地，作为区域内重点发展的对象，而“轴”则是各种现状基础设施，包括公路、铁路、航道、航线、通信线路等，起着连接点与点、点与面的作用，轴线上集聚的社会经济设施通过产品流、资金流、人流、技术流、信息流、政策流等流动，扩散到周边区域并促进和带动其发展。在此基础上，陆大道院士点轴理论的核心，是社会经济要素集聚于点上，线状基础设施将其连接而成有机的空间结构体

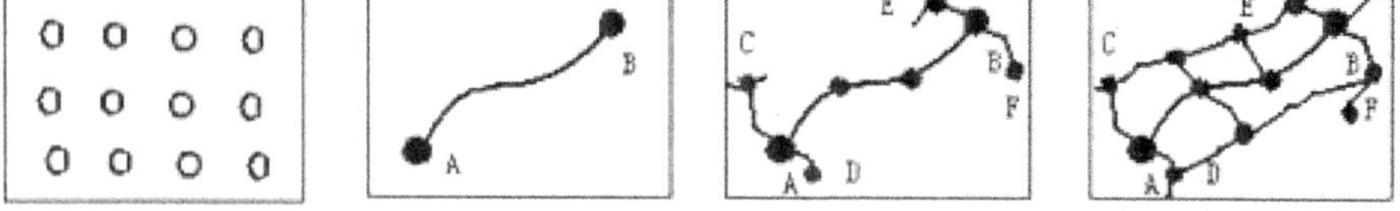

（a）均匀分布状态　（b）点线形成　（c）轴线形成　（d）中心和轴线系统

图 2.3　点轴系统演化过程

图片来源：崔功豪，魏清泉，陈宗兴(1999)

系。空间集聚和扩散形成空间格局的过程，渐进扩散导致“点-轴系统”的形成。

2.1.5　圈层结构理论

圈层结构理论是在1826年德国农业经济学家杜能区位理论，1925年美国芝加哥大学社会学教授E. W. 伯吉斯的同心圆城市地域空间结构法则等理论的研究基础之上，针对世界大城市快速发展的趋势建立的。圈层理论认为：“随着社会分工和商品经济的发展，城市和区域逐渐成为互惠互利的有机整体，区域是城市赖以生存和发展的腹地，城市作为经济中心对区域有辐射功能，带动其腹地的发展；由于城市的辐射功能受‘距离衰减律’法则的制约，导致整个区域以城市为核心形成圈层状的空间分布结构；城市空间发展同样以圈层扩展的方式进行，并且在经济活动周期性波动的作用下呈现相应的周期性变动，但在各个方向上并不均等，特别是在交通干道沿线扩展速度最快，表现出明显的方向性。理论强调城市与周围地区有密切的联系，由建成区至外围，由城市的核心至郊外，各种生活方式、经济活动、用地方式都是有规律变化。”（钱铭杰，2001）

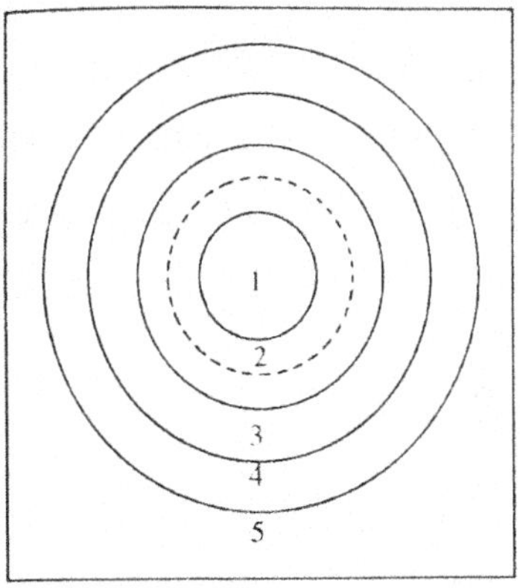

1—中央商业事务区；2—海外移民和贫民居住带；
3—低收入工人居住带；4—中产阶级居住带；5—通勤区

图2.4　伯吉斯同心圆城市地域结构

图片来源：百度百科，同心圆模式

2.1.6　核心-边缘空间结构演化理论

1964年，美国区域经济学家弗里德曼(J. R. Friedman)在《区域经济发展政策》中提出了区域空间演化理论。该理论认为："核心和边缘空间系统形成区域空间结构。核心和边缘的边界随着区域经济发展而发生变化，区域空间关系亦随着调整和变化，最终实现区域空间一体化发展。"区域空间发展经历了四个阶段。(1)前工业阶段的区域空间结构。该阶段区域空间结构的特点是区域空间均质无序，有很多相对独立的城市中心，区域经济保持低水平的均衡态势(徐东云，2009)。(2)过渡阶段的区域空间结构。工业化初期，首位城市出现，极化效应促成区域经济核心，周围地区诸多要素向核心集聚，核心越发强大而边缘地区日渐衰退。打破区域空间结构的均衡状态，空间结构日趋不均衡。(3)工业化阶段的区域空间结构。随着新的核心数量不断增加，已有核心与新核心相互联系，构成多核心体系。每个核心的边缘地区，与核心地区形成核心-边缘结构，区域空间结构向着复杂和有序的趋势发展，此结构有助于增加区域经济。(4)后工业化阶段的区域空间结构。经济发展到较高水平，区域内经济联系日趋增强，中心与外围地区的联系也更加广泛，发展差异逐渐缩小，交通基础设施不断完善并形成发展走廊，构成功能上一体化的区域空间结构。总之，区域空间发展是均衡状态向非均衡状态发展，最终趋于相对均衡发展的空间演化过程(见图2.5)。

2.1.7　梯度转移理论

梯度转移理论如同生物一样，经历了创新、发展、成熟、衰退四个阶段。梯度转移理论的代表是瑞典经济学家缪尔达尔(G. Mydrak)的"循环累积因果论"。该理论认为，三种效应共同促进区域经济发展，即极化效应、扩散效应和回波效应，地区生产分布的集中与分散受制于这三种效应。其中，回波效应遏制低梯度地区的发展，是扩散效应的副作用。回波效应阻碍不发达地区的资本积累，在扩散效应的影响下，不发达地区需完善投资

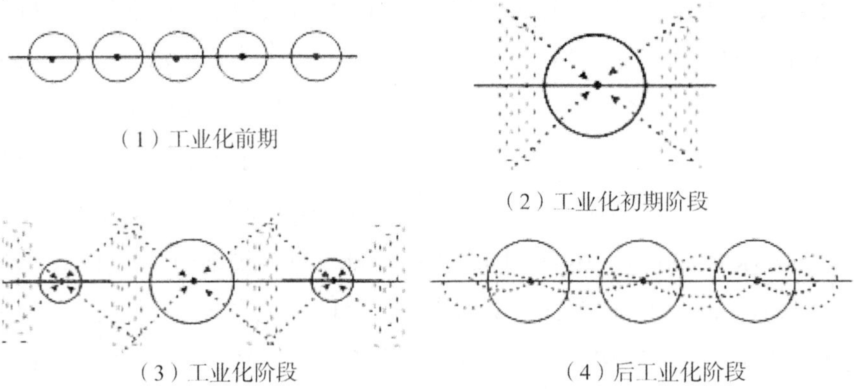

图 2.5 城市群空间结构演化模式

图片来源：根据《区域分析与规划》改绘

环境，消化吸收资本转移，否则大量资本将回流到发达地区。

梯度理论认为，发达地区和产业都处于不断创新中，已经成熟或衰退的产业转移到周边地区，形成梯度发展格局，形成由高到低的转移。大部分创新活动始于高梯度地区，随着时间的推移和生命循环阶段的变化，按顺序逐渐由高梯度地区向低梯度地区转移。

2.2 区域空间发展理论

2.2.1 全球城市—全球城市区域

全球化进程形成新国际劳动分工格局，全球城市集聚跨国公司的高级管理、控制和服务，全球城市在世界城市化进程中的地位和作用日益凸显。全球城市研究早期的开拓者霍尔，他在《世界城市》一书中提出世界城市(world city)，称世界城市是所属国家内重要的商业金融政治中心、财政中心、巨大的人口中心、信息中心、文化娱乐中心和大型国际航空港所在地，认识到世界城市的核心地位和发展趋势。斯蒂芬·海莫(Stephen Hymer)在研究世界经济时提出“世界经济转向和总部控制的地位，跨国公司总部大多集中在世界重要的城市，如伦敦、纽约、北京等"。科恩(Cohen，1981)提出新的城市等级体系后，弗里德曼和沃尔夫(Friedmann and Wolff，1982)整合新国际劳动地域分工理论与世界城市体系理论，认为"世界城市是新国际分工的空间组织结果，城市空间形式和范围随着世界经济的整合而发生结构性变化，资本的空间流动形成国际城市体系；世界城市是全球重点城市，作为空间组织的基础节点，集聚国际资本"。弗里德曼(Friedmann，1986)通过世界城市的七个指标，进一步完善世界城市的阐述，并提出"世界城市假说"。他们认为城市不再解释为社会生态，遵从自然的动态人口和空间，而转变为生产资本关系的社会力量的产物，等级竞争成为城市新的关注点。世界城市假说是涉及新的国际分工的空间组织，世界城市集聚全球资本，是位于世界城市等级体系顶端，高度集聚跨国公司总部、国际金融机构和商务服务(business services)的城市。弗里德曼后来强调世界城市是全球经济体系下的世界城市，基于世界城市管理和控制功能方面的阐述，世界城市充当全球经济系统的组织节点，如图2.6所示。

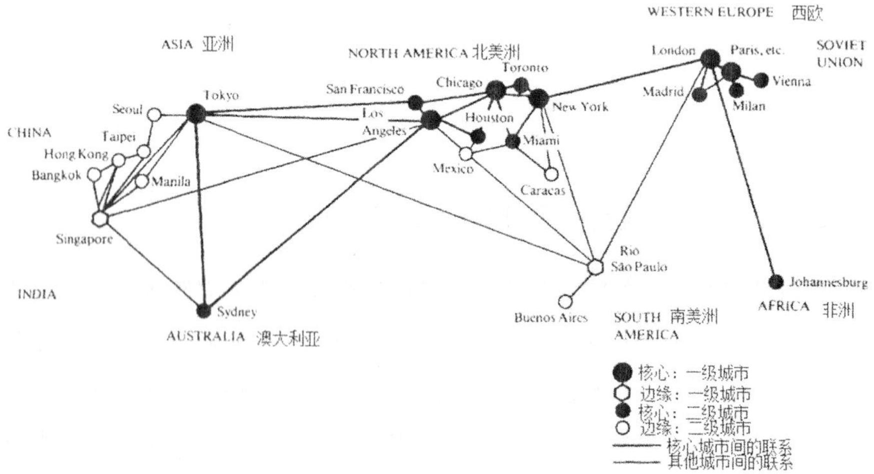

图2.6　世界城市等级体系

图片来源：Friedmann，1986(改绘)

萨森(Sassen, 1991, 1994)在《世界经济中的城市》(*Cities in A World Economy*)中指出世界国际金融中心网络构成新的地理中心，强调高级生产服务业在全球城市中的作用，他认为生产性服务业是全球城市的关键产业。全球城市在当今世界经济下，覆盖多种角色，如伦敦、阿姆斯特、孟买和上海是世界贸易和银行中心。定义全球城市为发达的金融和商业服务业中心，而不是控制中心。

英国学者泰勒(Peter J. Taylor)提出世界城市网络，采用公司实证研究方法，因为他们认为世界城市文化存在资源短缺问题，应测度对网络城市之间的关系，唯有此方法可以研究世界城市等级分层趋势，应通过关系来进行城市等级分层，如图 2.7 所示。Taylor 等将指挥力、容纳力与媒介、网络综合考虑，将容纳力、指挥力两者融合起来研究，是泰勒对城市网络的新认识(Taylor, 1999, 2002)。世界城市网络是全球服务公司通过信息、观念、知识等物质流连接在一起，Taylor 等学者把世界城市网络定义为全球服务公司办公地点，以及它们之间产生的各种“流动”的混合体(Taylor et al., 2002)。

斯科特(Scott, 2001)较早发现在世界经济体系中区域生产系统起重要作用，已有全球城市理论忽视对中小城市及管理、服务部门以外的其他产业活动等方面。2001 年斯科特编写了《全球城市区域：趋势，理论，政策》(*Global City-Region: Trends, Theory, Policy*)一书，在全球城市和世界城市理论、劳动空间分工理论基础上，提出全球城市区域(Global City-Region)的概念，“世界城市不单单是简单的核心，而是更加复杂的、包括若干城市的、多中心网络结构的城市区域”。强调全球化对大都市区所在区域有重要影响，核心的大都市区承担着全球核心功能。斯科特认为“全球化与区域化的力量相互补充、相互抗衡。城市区域内部空间的关键节点由核心大都市区(全球城市或具有全球职能的城市)、腹地大都市区等大小城镇所构成，节点间的垂直与水平分工形成的协作性网络，将各节点黏合为一个空间单元，在全球化与本地化的互动过程中共同参与全球经济竞争，融入世界经济体系”。(Scott, 2003)

卡斯特(Castells, 1996)认为“流动空间(flowing space)是计算机网络所创造的新的生产与管理空间，全球城市被作为全球网络的结点”。卡斯特

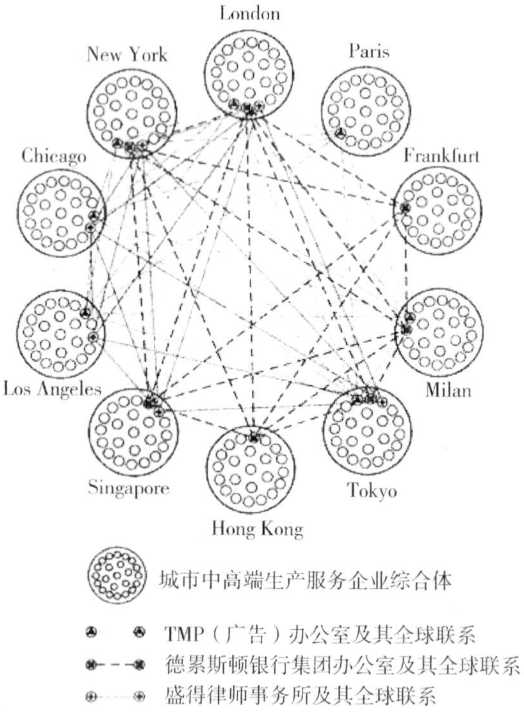

图2.7 选择10个世界城市作为网络链接和三个高端生产服务企业

图片来源：Alpha world cities are defined by Beaverstock，Smith，and Taylor(1999)

认为流动空间将取代场所空间(space of places)，在流动空间中，功能和权力等级构成了跨国和世界的网络，将生产、分配和管理功能隔离并定位在最有利的区位，并通过通信网络将所有活动联系起来，对高层次服务业区位产生重大影响(Castells，1989b)。1992年在普林斯顿大学召开的"新城市化"会议中，卡斯特明确了流动空间的概念。

在全球化、信息化、网络化的背景下，关于世界城市、全球城市、全球城市区域的研究已成为社会学、规划界、政府等关注的重大课题，但全球城市及全球城市区域尚未实现统一。概念上存在界定不清，对全球城市和全球城市等级体系划分未形成定论。理论假设和实证方法是全球城市及全球城市区域最重要的研究方法。弗里德曼(John Friedmann)提出世界城市假说，萨森(Sassen)则通过实证分析研究全球城市，泰勒

(Peter J. Taylor)提出世界城市网络，采用公司实证研究方法，但对全球城市的内在机制研究存在不足。斯科特提出全球城市区域，卡斯特提出流空间，两位学者强调城市与城市、腹地区域间的合作关系，在新国际劳动分工下，生产经营活动出现全球性转移。在流动空间理论的基础上，形成跨国公司的生产管理网络，总部可能在欧美，原材料来自非洲，零部件生产和装配车间在亚洲，而产品市场则会面向全世界。总的看来，全球城市和全球城市区域是一个新兴的空间形式，经济空间集聚和生产分散是当今世界的趋势，理论和方法有待深入研究，如何加强多中心、经济联系的网络化，提出相应的政策建议，繁荣较落后的区域，实现区域间均衡发展是未来的研究方向和目标。

2.2.2 巨型区域

随着大都市区扩展边界，改变城市系统的要求已成现实。地理学和规划学者试图通过地理定义满足新的需求。法国地理学家戈特曼(Jean Gottmann，1961)最早提出大都市带“Megalopolis”，在《大都市带：城市化的美国东北海岸》(*Megalopolis: the Urbanized Northeastern Seaboard of the United States*)中，他认为大都市带不再是单一的大城市或大都市区，而是范围沿特定轴线发展的广大、有多个特色的大都市镶嵌(大都市内部合作分工的有机联系)而形成的城市化区域。佩尔(Pell，1966)领悟戈特曼的观点，20世纪60年代开始在大都市带尺度上进行交通规划。他认为大都市带变得如“纠缠在混凝土的丝带”(entangled in ribbons of concrete)，过于拥挤而不便于出行，存在航空时间浪费较多，铁路轨道未充分利用的问题。他使用大都市带尺度(megapolitan scale)来促成新的公共机构的形成，便于管理和组织在东北走廊城际客运铁路服务。随着巨型区域(mega-region)的出现，过去的十年经历了对其系统化定义和研究的过程。

巨型区域研究围绕空间展开，按研究技术路径可定义为以下三个：(1)地域空间(space of places)，是政府利用行政手段控制和引导区域发展，行政空间区划最终确定区域的范围；(2)辐射空间(space of influence)，主要涉及环境、经济、文化等要素的影响范围，辐射力随着范围增加而衰减，形成模糊的区域边界；(3)流动空间(space of flow)，通过人流、物流和信息流等流量、流速的相互作用，在空间上产生经济社会效应以及流所经过的空间，如交通基础设施布局等。

1. 美国 2050（America 2050）

美国区域规划协会（RPA）基于辐射空间，在 2050 国家发展战略中提出新兴的“巨型城市区域”（megaregions）将成为全球经济领域中新的竞争单元，表现出商品、人口和资金在都市区域间愈加频繁地流通，包括东北、五大湖、南加州、德州三角、北加州、佛罗里达州、皮埃蒙特大西洋、卡斯卡地亚、Front Range、亚利桑那州太阳走廊共 11 个巨型城市区域。在东北巨型城市区域，人口、经济集聚，凭借全国 17%的人口和 2%的土地贡献了 20%的国内生产总值。预计 30 年后，东北地区将增加 1800 万新居民。为了容纳这些新增的居民并提供生活质量，东北地区需要增加基础设施投资并加快经济增长。在德州三角巨型城市区域，到 2050 年，约 3500 万的人口或者 70%的德州人口将居住在此都市区域（见表 2-1、图 2.8）。

表 2-1　**美国 11 个巨型城市区域人口、经济和主要城市（2050 国家发展战略）**

名称	人口 2010		GDP2005		主要城市
	百万	比例	$ Billion	比例	
东北巨型城市区域	52.33	17%	2920[a]	20%[a]	Boston，NewYork，Philadelphia，Baltimore，Washington D. C.
五大湖	55.53	18%	2072.8	17%	Chicago，Detroit，Pittsburgh，Cleveland，Minneapolis，St. Louis，Indianapolis
南加州	24.36	8%	1036	7%	Los Angeles，San Diego，Anaheim，Long Beach，Las Vegas
德州三角	19.73	6%	817.51	7%	Austin，Dallas/Fort
北加州	14.04	5%	622.51	5%	Oakland，Reno，Sacramento，SanJose，SanFrancisco

续表

名称	人口 2010		GDP2005		主要城市
	百万	比例	$ Billion	比例	
佛罗里达州	17.27	6%	608.08	5%	Miami，Orlando，Tampa，Jacksonville
墨西哥湾	13.41	4%	524.12	4%	Houston，New Orleans，Baton Rouge
皮埃蒙特大西洋	17.61	6%	485.75	4%	Atlanta，Birmingham，Raleigh-Durham，Charlotte
卡斯卡地亚	8.37	3%	337.41	3%	Portland，Seattle，Vancouver
FrontRange	5.47	2%	229.2	2%	Albuquerque，Santa
亚利桑那州太阳走廊	5.65	2%	191.04	2%	Phoenix，Tucson
总计	233.8	77%	9844.5	76%	

注：a 为 2010 年数据　　　　　　数据来源：http：//www.america2050.org

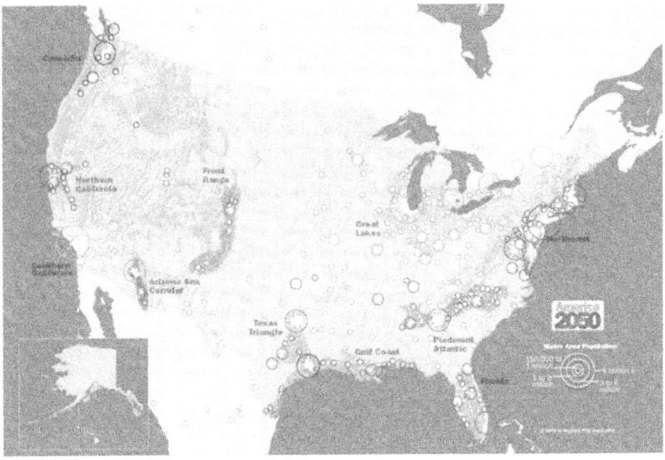

图 2.8　美国 2050

2. 理查德・佛罗里达(Richard Florida)

学者理查德・佛罗里达(Richard Florida)基于辐射空间，提出“巨型区域”不仅是一个城市或一个更大的大都市区域。一个城市拥有独立的社区，一个大都市拥有一个中心城市及其郊区，一个巨型区域由多中心的城市集聚和广阔低密度的腹地组成，表现出多个城市集合的特点。

理查德・佛罗里达使用来自 NOAA 的国家地理数据中心的地球观测项目数据，较客观地研究全球已经存在的巨型城市区域，如图 2.9、图 2.10、图 2.11 所示。同时，将灯光数据与国家公布的 GDP 结合，估计地区经济活动，人口数据来自 2005 年 OakRidge 国家实验室的土地调查数据。利用专利数据和高被引用作者评估技术和科研创新。他们认定 40 个经济产出超过 1000 亿美元的巨型区域，约占全球经济产出的 66%，占全球创新的 85%。

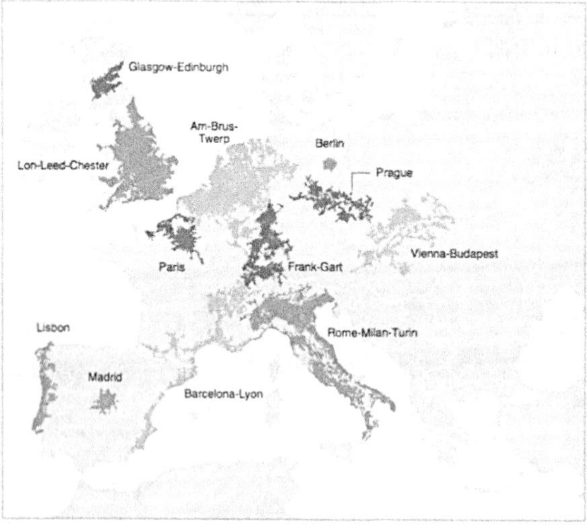

图 2.9　欧洲巨型区域

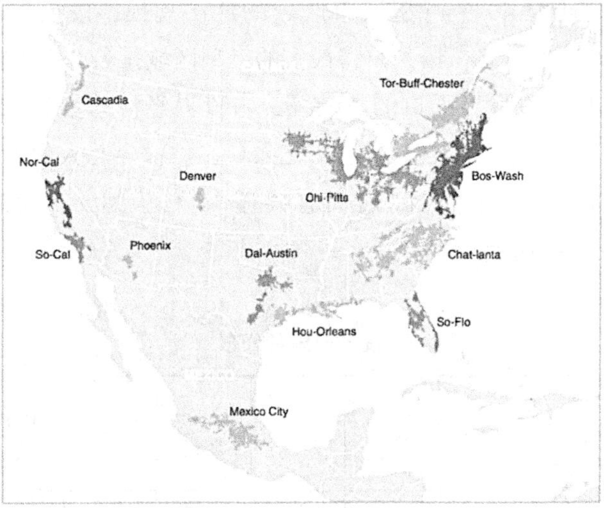

图 2.10　北美巨型区域

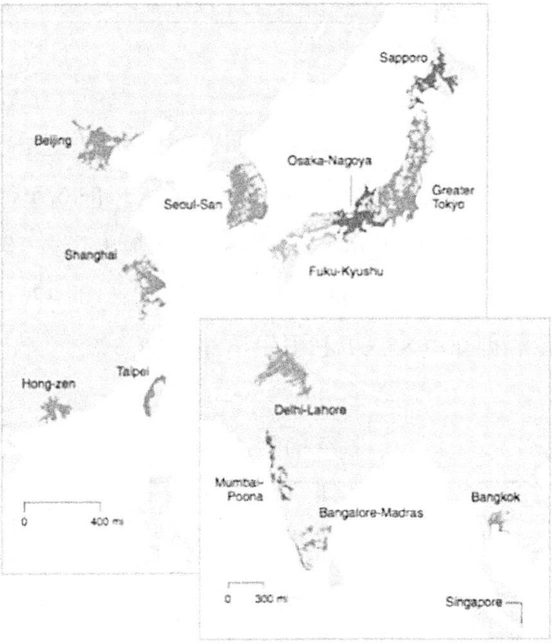

图 2.11　亚洲巨型区域

佛罗里达研究40个巨型城市区域的经济规模，按人口和经济产出(LRP)将巨型区域排名，按人口将最大的巨型区域排名，世界前10区域大约6.66亿人口，占世界人口的10.5%，占世界经济总量的25.1%，占专利数量的41.1%；前20名包括近11亿人口，占世界总人数的17%，占世界经济总量的42.8%；前40名拥有接近15亿人口，占全球总人口的23.2%，如表2-2所示。

表2-2　**按人口排名分布**

排名	经济数量(十亿美元)	比例	人口数量(百万)	比例	专利数量	比例	作者数量	比例
前10	7891	25.1%	666	10.5%	123932	41.1%	423	35.0%
前20	13433	42.8%	1081	17.0%	184240	61.1%	520	43.1%
前40	18489	58.9%	1478	23.2%	231797	76.8%	785	64.9%

数据来源：The Rise of the Mega-Region

按巨型区域经济排名(见表2-3)，可以看出经济角色占重要地位。世界十大巨型区域人口仅仅约4.16亿人，占世界人口的6.5%，但占世界经济活动的42.8%(13.4万亿美元)。前20巨型区域人口占10%，经济活动占全球56.6%。世界前40巨型区域人口占世界人口的17.7%，经济活动占全球66%，专利创新占85.6%和引用学者占88.3%。

表2-3　**按经济排名分布**

排名	经济数量(十亿美元)	比例	人口数量(百万)	比例	专利数量	比例	作者数量	比例
前10	13433	42.8%	416	6.5%	170885	56.6%	672	55.6%
前20	17777	56.6%	636	10.0%	229212	76.0%	925	76.5%
前40	20711	66.0%	1125	17.7%	258181	85.6%	912	88.3%

数据来源：The Rise of the Mega-Region

全球前40名巨型区域主要包括北美、欧洲和亚洲巨型区域，如表2-4所示。

在亚洲，日本有四个区域，其中东京有55.1百万人，近2.5万亿美元的经济产出，是世界最大的巨型地域，拥有世界级的金融优势、设计和高技术。中国有四个巨型区域：珠三角、长三角、京津冀和台湾地区，其中珠三角有约4490万人，2200亿美元的经济产出，在中国排名第一。

在北美地区，佛罗里达分析13个巨型城市区域，其中波士顿-纽约-华盛顿廊道是世界第二的巨型区域，1961年戈特曼时代仅有32百万人，现在约54.3百万人，超过美国人口的18%，产生2.2万亿美元的经济产出，其经济产出大于法国和英国，大约是印度和加拿大的两倍。

在欧洲，国家之间由政治界限所分割。欧洲巨型区域在尺度上，可与北美和亚洲相提并论。欧洲最大巨型区域是世界巨大的经济组合，包括阿姆斯特丹-鹿特丹，鲁尔-科隆，布鲁塞尔-安特卫普和里尔，拥有5930万人，生产近1.5万亿美元的经济产出，该地区的经济产出超过加拿大、中国和意大利。英国的巨型区域占第二大，从伦敦延伸至利兹、伦敦到曼彻斯特、利物浦和伯明翰，共有5000万人，具有1.2万亿美元的经济产出。意大利巨型区域从米兰到罗马再延伸到都灵，是领先的时尚和工业中心设计，拥有4830万人，产生约1万亿美元的经济产出，该区域经济在欧洲排名第三，在世界上排名第七。

表2-4　**全球前40名巨型区域(按经济排名)**

巨型区域名称	人口(百万)	人口排名	经济2000(十亿美元)	经济排名	专利2001	专利排名	作者2001	作者排名
大东京	55.1	4	2500	1	91280	1	11	16
波士顿-华盛顿	54.3	5	2200	2	21307	3	293	1
芝加哥-匹兹堡	46.0	9	1600	3	17686	4	67	5
阿姆斯特丹-布鲁塞尔	59.3	3	1500	4	6985	9	29	11

续表

巨型区域名称	人口（百万）	人口排名	经济 2000（十亿美元）	经济排名	专利 2001	专利排名	作者 2001	作者排名
大阪-名古屋	36.0	14	1400	5	15897	5	9	20
伦敦-利兹-曼彻斯特	50.1	6	1200	6	3315	14	89	3
罗马-米兰-都灵	48.3	7	1000	7	4000	33	12	14
夏洛特-亚特兰大	22.4	18	730	8	4188	11	49	7
南加州	21.4	22	710	9	6902	10	74	4
法兰克-加特	23.1	17	630	10	3199	15	39	8
巴塞罗那-里昂	25.0	16	610	11	1896	23	10	17
Tor-Buff-Chester	22.1	19	530	12	3402	12	56	6
首尔-蔚山	46.1	8	500	13	21833	2	0	40
北加州	12.8	28	470	14	11567	6	108	2
佛罗里达州	15.1	25	430	15	2693	19	8	22
福冈-九州	18.5	24	430	16	1965	21	9	20
巴黎	14.7	26	380	17	9007	8	16	13
德州三角地带	10.4	30	370	18	3149	17	16	13
休斯敦-奥尔良	9.7	32	330	19	2724	18	30	10
墨西哥地区	45.5	10	290	20	91	35	0	40
卡斯特地亚	8.9	33	260	21	3179	16	33	9
Rio-Paulo	43.4	12	230	22	457	30	0	40
珠三角	44.9	11	220	23	2231	20	1	31
札幌	4.3	37	200	24	232	32	0	40
维也纳-布达佩斯	21.8	21	180	25	1365	26	1	31
安曼-贝鲁特	30.9	15	160	26	377	31	8	22
布拉格	10.4	29	150	27	3400	13	2	25

续表

巨型区域名称	人口(百万)	人口排名	经济2000(十亿美元)	经济排名	专利2001	专利排名	作者2001	作者排名
布宜诺斯艾利斯	14.0	27	150	28	95	34	0	40
丹佛-博尔德	3.7	40	140	29	1921	22	11	16
菲尼克斯-图森	4.7	36	140	30	1652	24	6	24
长三角(上海)	66.4	2	130	31	988	27	0	40
台北	21.8	20	130	32	5000	37	1	31
里斯本	9.9	31	110	33	44	39	1	31
京津冀(北京)	43.1	13	110	34	1582	25	0	40
德里-拉合尔	121.6	1	110	35	160	36	0	40
格拉斯哥-爱丁堡	3.8	39	110	36	643	29	9	20
柏林	4.1	38	110	37	9998	7	7	23
新加坡	6.1	34	100	38	170	40	1	31
马德里	5.9	35	100	39	849	28	1	31
曼谷	19.2	23	100	40	58	38	0	40

数据来源：The Rise of the Mega-Region

巨型区域研究源于美国。60年代戈特曼(Jean Gottmann)提出大都市后，20世纪初地理学和规划学者开始对这一新的空间地理单元进行规划研究。因巨型区域空间经济的集聚效应，理查德·佛罗里达发现按巨型区域经济排名前20巨型区域，占全球人口的10%，经济活动却占全球的56.6%。美国2050的11个巨型区域占据美国77%的人口和76%的GDP。同时，学者也注意到巨型区域尺度下的行政管理和低效交通等问题。佩尔(Pell)从交通规划建议，在大都市带尺度上建立公共管理机构和网络化的铁路交通。巨型区域作为一个新的空间单元，学者现颇多关注于对其内涵的界定和从辐射空间、地域空间进行人口和经济的空间范围界定和划分，同时制定国家层面相关的中长期规划，如美国2050，加强巨型城市区域的合作，力图构建世界一流的多模式交通系统，保护环境，促进经济社会发展，增强巨型区域和国家竞争力。目前的空间发展战略在各个不同规模层次上，对土地利用方式和空间治理安排没有一个公认的定义，这些文件是中立的，可以看作“愿景”，不具约束力的空间战略没有监管，很难实现最后的政策目标。因此如何构建世界一流的多模式交通系统、如何促进经济社会发展？研究内容和方法有待学者进一步深化，同时应该组建强有力的监管部门和金融部门，以保证愿景得以实现。

2.3　空间结构理论

2.3.1　空间尺度

空间尺度理论贯穿于城市规划的研究领域，在不同的空间尺度下，需要关注的区域和城市问题不同，因此解决方法和途径也不同。尺度因素影响规划师对规划问题的界定，在不同尺度下，管理、整合、调和需求和客观状况之间的矛盾，从而分析问题所涉及的最具影响力的构成要素，并相应提出解决办法。如陈蔚镇、刘滨谊(2012)在多尺度下，分析城市绿地的空间扩展。“在三个尺度：区域、城市、单元(场地)。在区域尺度，研究城市绿地整体空间结构和生态总量；在城市尺度，研究绿地功能、绿地布局、与城市其他功能区嵌合程度和生态总量；在单元尺度，研究绿地的生态价值和对周边城市空间的贡献。”

2010年10月，在美国明尼苏达州的明尼阿波利斯市，召开第51届美国规划院校年会，主题为“多尺度的规划——环境与功能的整合”(Planning in multi-scale, functionally integrated environments)。会议提出规划师所面对的挑战需要依据尺度因素而获得明确的界定，归根结底是要与尺度相适应(杨帆、潘海啸，2011)。

尺度是所有空间数据的共同特征。城市规划学、地理学、社会学、景观生态学对地理空间的认识过程是相同的，主要是从场所(place)、空间(space)、尺度(scale)三个方面。在自然地理学、自然科学及地理信息系统，认为尺度是研究的前言和核心问题。豪伊特(Howitt，1998)认为“尺度包括规模(size)(如县、省、大洲)、层次(level)(如地方、区域、国家)、关系(relation)，即在不同规模和不同层级的要素间相互作用，形成研究的特色产业集群和城市群空间结构等问题”。在地图学中，比例尺取代尺度，表达空间(地图图面表达)中的距离与实际地理空间距离的比率，即小尺度对应大比例尺、大尺度对应小比例尺，通过大比例尺提供更详细的信息，对空间目标表达较精细和微观，而小比例尺相反则更为概括和宏观(高惠君等，2009)。在生态学研究中，空间尺度是指所研究生态系统的面积大小或最小信息单元的空间分辨率水平。在景观空间分析中，景观格局和景观异质性随空间尺度变化，因此必须考虑到尺度的制约作用，空间分析中的尺度首先是指空间尺度，即所研究对象在空间上跨度的大小。

空间结构尺度理论是根据自然等级理论及其尺度效应理论；是指低级区域内的空间结构功能单元在高级区域内会被“抽象”掉，类型相似的众多单元会逐步合并为高级区域中的一个功能单元。不同尺度的空间发展重点、演变规律在空间格局表现形态具有差异性，因此需要在较适合的尺度去构建研究框架，并针对相应问题提出空间优化策略(陈修颖，2005)。本研究基于尺度理论，因高速铁路主要增加城市间、区域外部可达性从而增强经济联系，对城市外部环境影响较明显，增加区域间交流协作的机会；高铁与城市内外部交通高效衔接，促进城市创新与活力的提升，因此将研究尺度范围界定为三个尺度层级：国家空间层、城市群层和城市圈空间层。

2.3.2 空间结构要素

研究城市群空间结构需要研究内部各种要素的空间联系、组合方式演变。因此，城市群空间理论应首先了解空间结构要素。美国地理学家哈格特最早系统地阐述空间结构要素，他在分析空间结构的模式与秩序时，在节点区域中分解出六个要素，第一个要素是“运动的模式”，指不同地方之间的货物、居民、货币、思想等的运动形式；运动要沿着特定的路径，因此第二个要素是“运动路径”，研究运动路径或网络的特点；第三个要素是

“节点”，即网络或路径的交点；第四个要素是“节点的层次”；第五个要素是“地面”，节点和网络分布连接在地面上，地面不同，土地利用方式亦存在差异；第六个要素是“空间扩散”，空间重组的主要原因是发生空间扩散，如图 2. 12 所示。

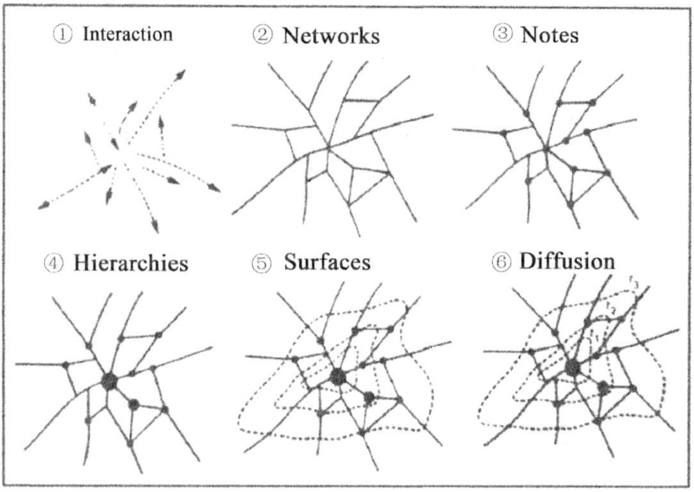

图 2. 12　空间结构要素

图片来源：Haggett P，Cliff A D and Frey，A. Locational analysis in human geography，1977.

对空间结构构成要素，比较有代表性的观点包括：(1)划分为点、线、面三个要素；(2)划分为节点及节点体系、线及网络、面域；(3)空间结构的生态学派划分为基质、斑块和廊道。上述方法都是基于有形的、静态的物质性组成要素进行划分。总体上对点、线和面构成区域活动中相互作用的系统，因尺度不同，空间表现出的类型也不同，比如在区域或者全国大尺度上，城市被看作“点”类型，而在较小的尺度观察，城市被看作“面”类型，其内部也表现出不同的空间结构。点要素指居民点、工业点等，线要素包括交通干线和水体线路等，面是指空间经济圈、经济区和作用力场等，三个空间要素的组合模式见表 2-5。

表 2-5 **空间结构要素的组合模式**

区位要素及其组合	空间子系统	空间组合类型
点—点	节点系统	村镇系统、集市系统、城市体系
点—线	经济枢纽系统	交通枢纽、工业枢纽
点—面	城市—区域系统	城市集聚区、城市经济区
线—线	网络设施系统	交通通信网络、电力网络、供排水网络
线—面	产业区域系统	作物带、工矿带、工业走廊
面—面	宏观经济地域系统	基本经济区、经济地带
点—线—面	空间经济一体化系统	等级规模体系

资料来源：曾菊新著，空间经济：系统与结构，武汉出版社，1996.

莫里尔(R. L. Morrill)在《社会的空间组织》中认为，区域空间结构构成要素包括节点、通道、流、网络和等级体系。“流”是物质的或非物质的要素的动态表现形式，是促使区域空间结构重组的要素流量。在网络结构中，网络权力越大的节点等级越高，等级高低决定着区域空间分工。

2.3.3 城市群空间演化阶段

国内外将城市群的空间演化理解成城市与区域空间演化过程的部分，比尔·斯科特将城市群空间结构的演化划分为三个阶段：单中心、多中心和网络化阶段。格迪斯在《进化中的城市》中利用区域综合规划的方法，提出城市演化的形态：“城市地区(City Region)、集合城市(Conurbation)、世界城市(World City)，其中集合城市被看作城市群结构体系。”(陈群元，2009)

国内城乡规划学、经济学、人文地理学等学者对城市群演化阶段颇有研究。顾朝林(2003)“从区域空间的视角，将城市体系的空间演化划分为孤立体系、区域体系、区际体系和大区体系四个阶段”。宁越敏把城镇体系演化分为离散、极化、扩散、成熟四个阶段。张京祥(2000)认为，城市群空间的发展和形成历经了多中心孤立城镇膨胀、城市空间定向蔓生、城市间的向心与离心扩展、城市连绵区内的复合式扩展等四个阶段；邹军等将之概括为独立城镇膨胀、城镇空间定向蔓生、城镇间相向发展、城镇连绵带形成四个阶段。朱英明(2002)基于结构递嬗法则，“提出城市群地域结构演化规律为分散发展的单核心城市、城市组团、城市组群扩展以及城市群形成共四个阶段”(见图2.13)。陈立人等(1997)在讨论长江三角洲地带的空间发展时，将城市群空间发展描述为孤散城市、城市聚集区、城市密集带、大都市连绵区四个阶段(见图2.14)。官卫华和姚士谋将之概括为四个阶段：城市区域、城市群、城市群组、大都市带(官卫华等，2003)。

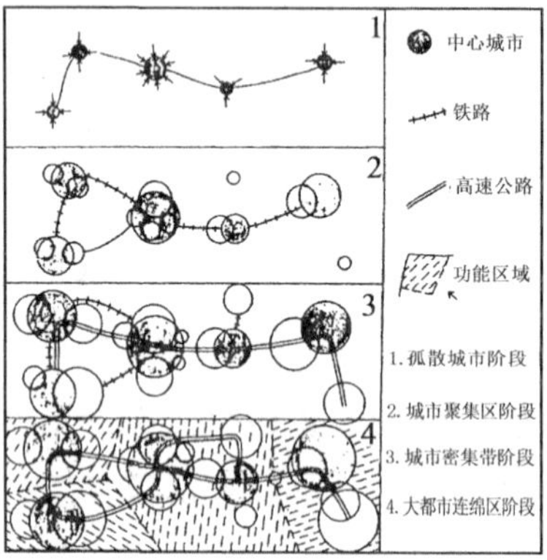

图2.13 城市群地域结构演化规律图

资料来源：朱英明，姚士谋，李玉见(2002)

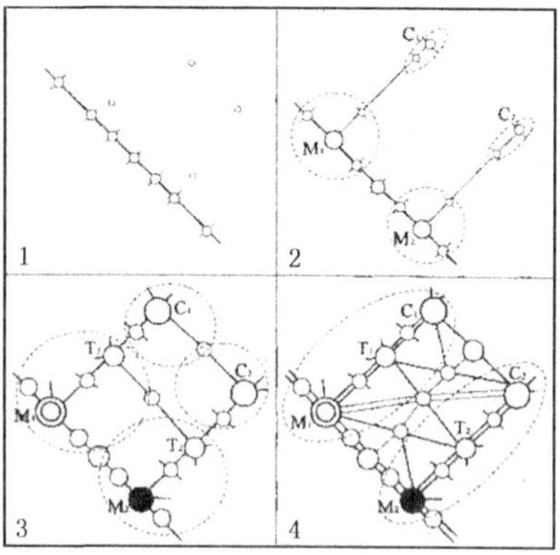

图2.14 城市群演化阶段图

资料来源：陈立人(1997)

薛东前(2003)将城市群的演化发展阶段划分为集聚、集聚扩散、扩散集聚、扩散四个阶段。徐昊(2004)认为城市群发展经历了分散发展的单核心城市阶段、城市组团阶段、城市组群扩展阶段、城市群形成等四个阶段。李红卫、吴志强(2006)等人从城市和区域的角度，把人类聚落的演进划分为城市到城市密集区、城市密集区到全球区域(Global-Region)两大阶段。中国城市群的空间结构多是城市组群阶段中后期，城市群内部的城市之间联系加强，随着交通轴线的社会经济设施集聚，逐渐扩散到周边区域并促进和带动其发展，形成点轴空间结构，城市群网络化渐进形成阶段如表2-6所示。

表 2-6　　**城市群空间演化阶段**

演化阶段	空间结构	扩展方式	理论基础	城乡关系
城市孤散发展阶段	点状	孤立、均衡	集聚为主	对立
单中心城市群阶段	极核状	非均衡	集聚为主，扩散为辅	缓和
城市组群阶段	点-轴	非均衡	集聚和扩散共存	协调
城市群阶段	网络化	均衡	扩散为主，集聚为辅	融合

国内外学者在城市群空间结构演化阶段的共同点在于：城市群在扩散和集聚效应的作用下，通过城市间人流、物流、资金流、信息流的交流互换，空间结构由单中心均衡，再逐渐向不均衡发展，最后形成多中心网络化模式，是由不均衡向均衡结构演化、由低级到高级演进的过程；城市间由松散或不相关的经济联系向紧密联系演进；最终实现相对均衡的状态，形成新的城市群地域结构。城市群空间结构演化依托现状城镇空间布局，强调交通的重要性，主要发展轴以重要交通轴线为主，并根据不同区域的资源优势以及现有的产业基础等确定不同区域的经济功能(见图 2.15)。在全球化和快速城市化背景下，城市群间以及城市群内成员应加强交流与合作，促进资源流动和经济协调与合作，提速经济集聚效应与扩散效应，实现城市群网络化、城乡融合的一体化发展(见图 2.16 和图 2.17)。

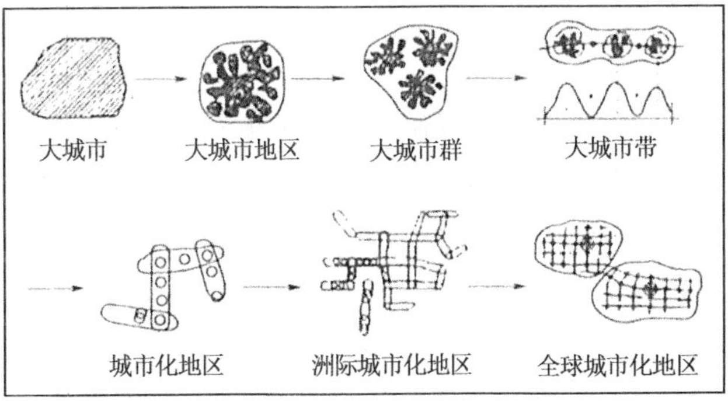

图 2.15　城市发展演化阶段

资料来源：顾朝林等(2003)

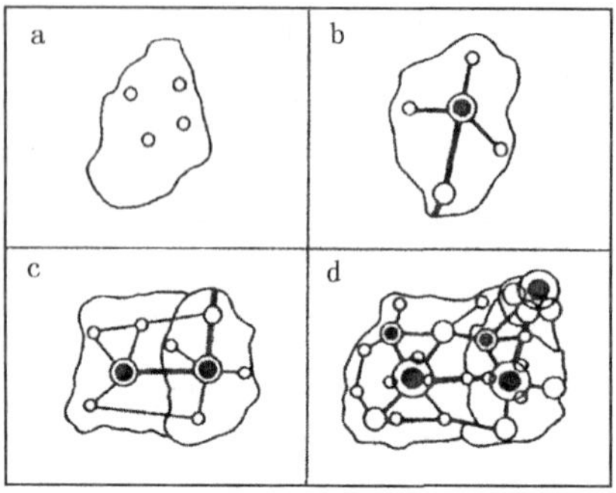

图 2.16　城市体系空间演化阶段

资料来源：顾朝林(1995)

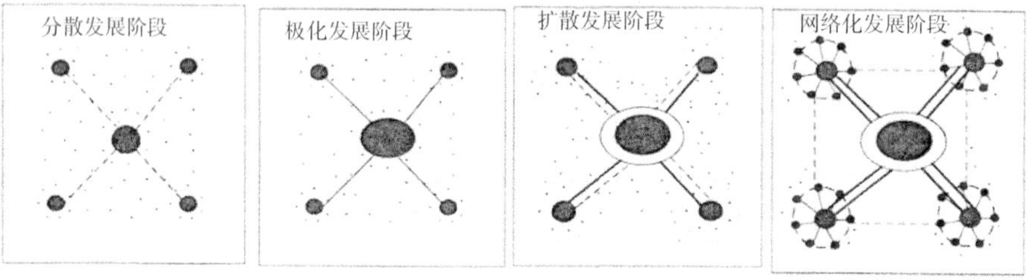

图 2.17　城市群空间演化的基本规律

图片来源：城市群空间结构演化：机制·特征·格局和模式(汤放华、陈修颖，2010)

2.3.4　空间演化动力机制

城市群形成动力机制一般遵循着三条基本思路。(1)以城镇形态学为基础，将城市群空间演化视为一个类似于有机体的空间生长组织过程。(2)从社会经济学角度，将城市群空间演化视作社会经济演化过程。(3)结合两者思路，认为城市群是由多主体和多种驱动力作用的结果。张京祥(2000)研究城市群体空间演化机理及空间运行系统，提出以过程研究为主线，结合经济发展和社会发展，把群体空间发展作为一个自构和被构相复合的过程，把城市群的空间演化机制概括为空间自组织，社会、经济演化过程以及空间被构组织三个相互作用的过程。陈玉光(2009)认为市场和政府的作用是形成发展城市群的动力来源。叶玉瑶(2006)将自然生长力、市场驱动力以及政府调控力认为是城市群空间演化的动力，如图 2.18 和图 2.19 所示。王利伟、冯长春(2016)定量揭示了城市群时空动力机制，以市场力逐渐取代行政力成为影响京津冀城市群空间扩展主要驱动因子。

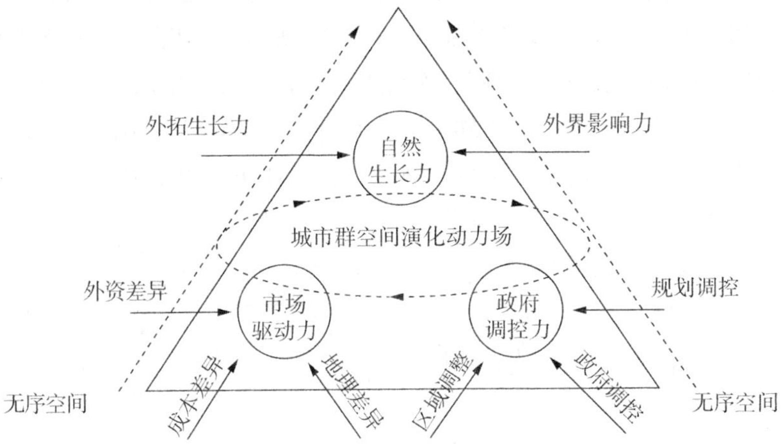

图 2.18　城市群空间演化的基本动力及其作用机制

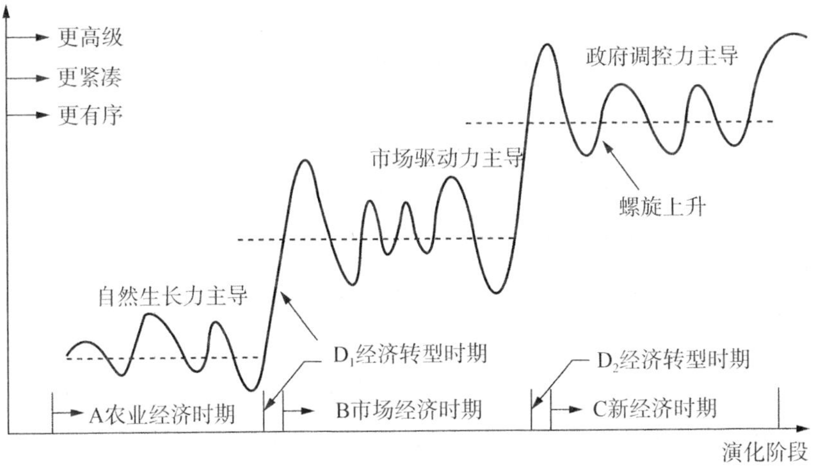

图 2.19　不同演化阶段主导动力与空间演化特征的对应关系

图片来源：叶玉瑶(2006)

中国城市群空间结构表现出“自上而下”、由中央到地方的过程，且高铁沿线成为企业选址的一个重要因素。戴荔珠(2014)研究发现长株潭城市群经济增长的空间集中于核心城市周边的县，且具强烈的交通指向。徐永健(2000)等通过图示对比近代和现代的珠三角和长江三角沿海地区空间演化机制，得出外部环境、产业、户籍、土地等政策制度、便捷的交通和通信基础设施为现代经济发展的基本要点，尤其是交通强化了城市、乡村在经济空间上的一体化，如图 2.20 和图 2.21 所示。吴启焰(1999)则提出“经济技术人口聚集、交通走廊、农村人口转化和大量流动和劳力白领化、产业集聚或专业化和产业竞争转向互补协作”。朱英明(2001)提出城市群地域结构演化动力机制是集聚与扩散效应，企业集团组织或企业影响城市群地域结构。

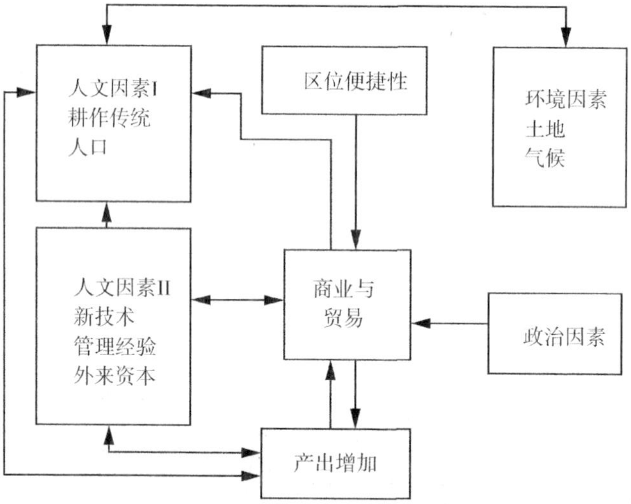

图 2.20　近代中国城镇密集地区形成机制分析

刘耀彬、陈志(2003，2005)提出“自然条件和自然资源、经济发展、社会人文和技术交通是城市体系演化发展的结果，其中自然条件和自然资源是湖北省城市体系空间结构形成、演变与发展的基础条件；经济发展是主要动力；空间结构发展速度和方向取决于政治、政策因素；交通是推动空间结构发展的重要因素；信息和新技术为空间结构发展注入活力”(见图 2.22)。

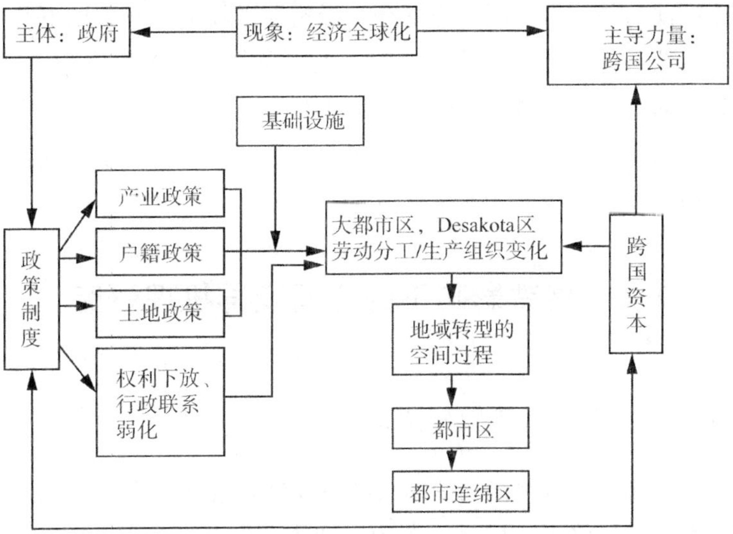

图 2.21　中国典型都市连绵区形成机制分析

资料来源：徐永健，许学强，阎小培(2000)

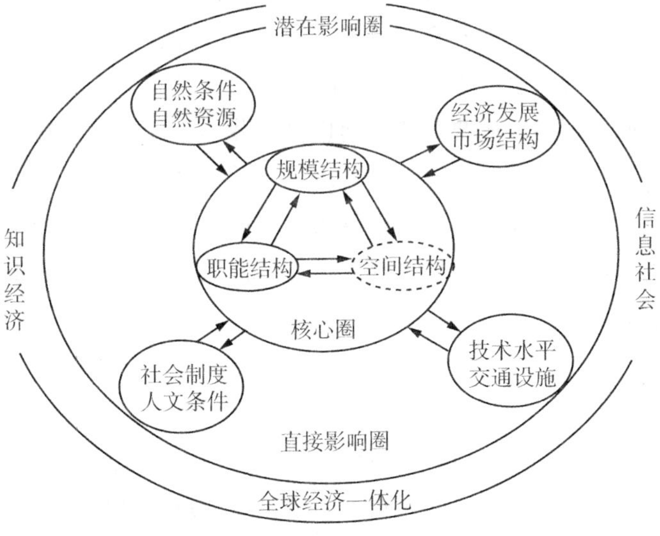

图 2.22　城市体系空间发展动力结构图

图片来源：刘耀彬(2003)

城市群演化的动力机制较为复杂，影响因素较多，归为以下几个方面来阐述：自然条件、社会政治和政策、人文条件、经济集聚和扩散效应、交通运输和通信电力、城市功能、全球化和知识经济等，其中，交通基础设施尤其是高铁的建设发展是城市群演化的重要机制，对企业选择和未来城市群空间发展方向有着清晰的指向性。

2.4　高铁影响下的空间变异机理研究

2.4.1　高铁与区域要素流动

区域要素流动是指可流动的区域经济发展要素在区内和区域之间的地域空间位移。波特将影响区域竞争力的要素划分为基本要素和高级要素。基本要素是指一个国家先天拥有的自然资源和地理位置等要素，高级要素是指通过投资和发展所创造出来的要素，如高科技、熟练劳动者等。在国际竞争中，高级要素如知识、人才、科研机构、信息网络等所起的作用大于基本要素。同时，基本要素大多是天然禀赋，是既定的条件。高级要素则是社会的后天创造，这种创造主要依赖国家和地区的内生能力。因此，波特认为构成区域竞争力更重要的是高级要素。

高铁开通运营为区域要素的流动提供了载体，促进要素在区际间的流动，缩短了区域间的差距，提高了高级要素的流动性，使得在更广范围实现优化配置，有利于发挥高级要素巨大的潜能。因此主要从资本要素、信息要素、人力资本要素和知识要素四个方面，论述高铁加速要素流动对区域空间经济产生的影响。

1. 资本流

区域内资金流动会导致总收益增加。“投资乘数”理论认为，投资变化会带来国民收入连锁反应，国民收入的增量或减量数倍于投资的增量或减量。增加对高铁的投资，生产资料的生产必然随之增长，从而提升社会就业率和国民收入；就业率与国民收入的增加又会引起消费水平的增长，使消费资料的生产随之增长，从而继续增加就业和国民收入，这种良性循环必将引起众多的连锁反应。投资高铁，促进经济增长有两方面原因。一方面，高铁投资是社会总投资的一部分，直接增加社会总需求，并通过资金流直接拉动国民经济增长。另一方面，高铁改善国家和地区的交通条件和投资环境，加速区域人员流、信息流和知识流流动，从而促进相关产业的投资加速，间接拉动地方经济增长。

高铁沿线区域资本要素回报率会因修建高铁而上升，但也正因为经济活动的整体性、不可分性、不可流动性和要素分布的地域性，加上可流动性要素的趋利性；资本要素往往会直接流入要素回报率相对高的地区，一定程度上加剧区域经济的非平衡发展，即高速铁路运营使部分城市出现“虹吸”效应。

2. 信息流

信息流是区域企业之间的黏合剂，只有充分、顺畅的信息交流才能保证区域企业间的协同合作，保证区域之间供应链管理的运作效率和对市场的快速反应能力。信息流是区域物流运作的基础。信息流的增强最直接的受益者就是资金流，资金流是信息流正常运转的根本保障。不畅通的信息流会制约区域产业提升。

在不改变空间形态的情境下，通过时间变换空间，缩短区域信息的交换时间，克服空间障碍，可以使区域信息要素的流动成本较大程度地减少。高铁缩小空间距离，增强企业间互动，新技术等信息可以在这样的互动中共同交换，技术层面的差距也会因此而缩小。此外，改善交通条件，加强区域间协作，建立健全各区域的信息化长效合作机制，加强信息化的基础设施建设，统筹协调信息化标准体系，可以实现区域间信息共享。

3. 人力资本流

人力资本成为经济发展中的第一资源。人口流动则是工业化和城市化发展过程中主要的人口现象和社会经济现象。经济学基本原理表明，资本只有通过有效的流动才能实现保值甚至增值，人力资本作为一种很重要并且特殊的资本也不例外。劳动力在区域之间迁移流动，以实现人力资本在区域和产业之间达到优化配置。

区域间劳动力流动有两种基本形式；一是人口迁移，即居住地变动。另一种是跨地区作业，即居住地不变而工作地点变动。地区经济差异引发的人口迁移可能会给区域发展带来不利的收缩效应。高铁建设扩大沿线站点城市产业规模，可以拉动与高铁建设相配套的机械、电子、通信、信息、环保等多个行业的发展，促进生产增加，再加上第二、第三产业的发展，会扩大劳动力需求量，从而带来更多的就业机会。新迁移劳动力的生活需求以及新建企业的经济活动又需要新的劳动力，异地同城现象出现，欠发达地区劳动力就业机会增多，选择性和机会成本增高，劳动力增值，各地区产生新的收入差，在乘数效应的综合作用下，人口迁移数就会增加。

4. 知识要素流

知识是区域经济增长的核心变量。知识的可达性是知识溢出的一个重要前提。知识的有效转移，可以使企业学习速度加快，超过竞争对手，避免重复投资，提高存量知识的利用率，从而激发知识间的联结，实现创新。

高铁开通后，劳动关系不变，人员跨区域流动成为可能，城际区域内企业间专业化分工可以得到高层次人才的技术支撑。对于人际交流密集的单位，高铁降低了创新学习和知识积累的成本，加快了交流速度，提升了交流效率，提高了企业生产率，发挥了知识扩散在生产投入中的重要作用。高铁建设带来了人们出行成本的降低，使得知识快速扩散，能够进一步加速区域经济发展。

高铁通过对生活方式、消费结构和人们价值观念的巨大变革，改变传统的生产生活模式；降低交通成本，实现人才跨区域流动；提高知识要素流动和共享的速度；实现人口和劳动力在地区间的无障碍流动，为高新技术产业的发展提供必要的知识和技术支撑。高技术产业不再局限于原先具备先进科研力量的大城市或高校周边，摆脱了传统的地理位置限制，并且强化区域间的广度和深度，从而广泛开发和应用新知识和新技术，提升城市劳动力水平，共享高技术资源，繁荣现代文明。

2.4.2 高铁效应

高铁对区域空间经济的影响效应是指高铁建设和运营对一个国家或地区的经济社会发展所产生的综合影响。从理论上来讲，高铁仅是城际间的交通设施，它带来的是区域间交通结构的巨大变化，但是其产生的影响绝非仅仅是区域交通，它对城市的经济、社会、空间结构等都产生重要影响。中国高铁时代已经到来，学者们发现高铁可以促进区域经济生产力的增长，缩短区域与城市间距离，提高区域可达性和知识可达性，促进区域内工业、旅游服务业、港口物流业等产业布局优化，驱动区域同城化和城市空间重组。具体而言，高铁对区域空间的效应包括触媒效应、同城化效应、集聚效应、扩散效应、虹吸效应、替代效应、极化效应等方面。

1. 触媒效应

美国经济学者韦恩·奥图和唐·洛干在《美国都市建筑》一书中提出触媒理论："良性触媒作用的城市设计将会推动城市发展，带动和激发城市的建设，促使城市结构进行持续、渐进的改革。"他们认为"新旧元素及新元素之间的相互作用及各元素产生对城市形态的影响"，在元素的相互作用中，"城市触媒"起到激发引导、控制与指导两方面的作用，新元素的进入导致城市可持续发展。在观念上，它认为城市发展是渐进和持续的，任何个体的发展都要同时促进整体发展。在方法上，它提供了一种循序渐进地实施城市规划目标的手段，控制城市的生长点并激发引导后续开发。概括来讲，城市的触媒作用主要通过八个方面来实现：(1)新元素改善了周围的元素；(2)触媒提升现存元素的价值或做有利的转换；(3)触媒效应不损坏环境；(4)正面性的触媒效应需要了解其背景内涵；(5)并非所有的触媒效应都一样；(6)策略性触媒设计；(7)产品比元素的总合要好；(8)触媒本身可辨认。

段进教授(2016)认为中国城市转型的发展，新型城镇化的需求，城市建成区的更新与优化等，基于中国城市发展的阶段性特征。高铁对城市空间发展将主要起到触媒作用，高铁的触媒作用在城市空间发展中推动了城市开发与空间发展转型。这种作用体现为集聚功能催生新增长极，站点设置引发城市空间系统凸变，交通接驳方式形成以公共交通为导向的城市用地开发模式共三个方面。

(1)集聚功能催生新增长极。

时空压缩带来了城市空间相对位置的改变，尤其是一些城市间的通勤时间少于 1 小时，同城化效应带来了部分城市之间的互补性、城市间的联结性和互补性的体现，将会引发高铁集疏运配套系统的建设，在部分高铁站点地区集聚城市功能，形成新的增长极。

(2)站点设置引发城市空间结构系统凸变。

中国由于城镇化的快速发展，大量的经济技术开发区、新城位于主城的边缘，因此，在规划设计中将大多数的站点设置于主城边缘，而不是像欧洲重点选择在老城中心。这一区位选择提供了整合主城边缘地区的发展机会。它们在城市经济发展中起到了重要的作用，但是也存在公共设施缺乏、环境质量较差，甚至空城现象等问题。以南京市为例，2009 年，郊县的制造业所创造的地区生产总值占全市的比例达到 30.84%，但绝大多数人口仍然选择居住在主城区。2007 年，南京市主城内部的人口密度为 12790 人/km^2，新区的人口密度则为 2000 人/km^2(南京市人民政府，2010)。这一现象给南京的城市发展带来了许多严重的问题。高铁站点选址于南京主城与江宁副城的交接处，站点及其周边地区的建设为整合主城与江宁等地区提供了机遇，目前的实施发展良好，并逐步加强了这一地区的吸引力，在站点地区逐步形成了南京主城三个城市级中心之一，给城市边缘地区的发展注入了活力，引发了城市空间结构系统的变化。

(3)交通接驳方式形成以公共交通为导向的城市用地开发模式。

绝大多数的中国城市在快速城市化的进程中经历了一个无序的空间蔓延。高铁的建设、“门到门”的出行新模式或许是梳理和改变这样一种城市扩张方式的有效途径。以公共交通为导向的城市用地开发的发展策略和空间形态正在站点地区发生与形成。

2. 同城化效应(空间协同发展)

同城化效应是指伴随着城市间交通的便捷化和时空距离的不断缩短，各个城市的行政边界趋于模糊，一个城市的基础设施和服务功能越来越多被其他城市分享，一个城市的人口、物流、信息流、商务流越来越突破传统的行政界限，在更广的城市群区域内流动、配置，形成一个紧密联系、其存其集的城市群或大都市经济体。

交通运输设施是同城化建设的基础和保障。城市间的交通网络大大缩短了城市间的时空距离，高铁是区域间便捷快速交通的有力工具。城市群建设随着高铁开通迈开关键性的步伐，不同城市间形成“同城效应”或发生“同城化”现象，一体化建设经济、社会、环境空间等，最终形成联合大都市区。高速铁路起到“催化剂”的作用，加速城市要素流动，增强城市间交流，促进城市群的形成。城市交通深刻作用体现在城市居民的日常生活和企业的日常经营上。拥有聚集和交通优势的区域会吸引居住地和办公地的选址，可达性好的区域能吸引更多的居民和工商企业。居民出行费用和企业运输成本随着交通条件改善而降低，如果在某城市周边另有一个重要城市且经济更发达，则重大交通枢纽及站区开发导致的两个城市之间的通勤时间缩短，会吸引在发达城市工作的人到住宅价格相对较低的城市来定居，导致居住地和工作地分离的“摇摆效应”现象产生。

高铁加速地理时空压缩，缩短城市间时空距离。如雷阿尔城市 2003 年居住人口约为 65703 人，是马德里—塞维利亚高铁沿线的一个中小城市。高铁开通前，与马德里几乎没有任何通勤交通工具，可达性很差。1992 年高铁开通，这个城市与马德里中央车站的通勤时间小于 1 小时，距离为 100km，最短通勤时间为 51 分钟。高铁开通后，许多不住在雷阿尔城或该省的居民，开始逐渐搬至这里，每天或者每周通勤马德里。欧洲类似通勤城镇还有很多，阿什福德距离伦敦市 88km，是人口约为 10 万人的中等规模的小镇。1996 年高铁开通后，不动产价格增长了 26.5%，人口增长率比整个英格兰的东南地区高出 11%，就业率高出 6%，成为大伦敦地区的一个重要的通勤城镇。

高铁催生新的职住模式，城际联系日益紧密。沪宁高铁走廊地区城际快速交通的公交化，促使异地通勤的常态化现象出现，区域化的通勤和就业现象开始涌现。跨城通勤流在宁镇扬、沪—嘉、沪—苏的职住异地率分别达 44%、45%和 48%，形成以一周通勤为主的职住模式，出现了一定比例的一日通勤模式的“城际通勤候鸟族”。同城化的特征和趋势表现为就业通勤同城化、居住生活同城化等特征。

高铁促进产业布局和文化娱乐同城化。高速铁路开通后，提升了区域的可达性，人们方便出行，为各种商业活动、旅游度假、文化交流等活动提供了便利的条件。不同规模、不同等级、不同经济发展水平的城市的产业布局能够站在更高的层面来规划，实现产业的跨空间转移，打破城市间的空间阻隔，改变时空观念，改变人们的生活方式。

3. 集聚效应(扩大空间差异)

高铁形成了沿线不同城市间的时空压缩，在时空距离、可达性和城市区位等方面发生了重构，加快了区域一体化进程，促进了城市系统的整合和重组，很大程度地改变空间范围和产业结构，形成一个整体经济走廊或者交通走廊区域的空间效益集聚。交通运输条件对于区域经济集聚有着重要的影响，运输成本是影响经济集聚的重要原因。交通运输设施一般需要大量的投资，产生了很大的固定成本，因此交通运输线路量具有规模经济的特点。在交通设施沿线和站点布局可以节约交易成本和信息成本，获得较高的集聚效应。

Chen 分析英国 125/225 城际铁路对英国经济地理的影响，研究发现无论高铁抑或非高铁城市，1h 城镇都有大幅度的人口增长和良好的经济表现，如就业率提升。有无高铁的区别主要在于反映经济竞争力的附加值指标和作为补充的可支配收入指标，从中可看出高铁 1h 城镇的经济竞争力远高于全国平均水平。而非高铁的 1h 城镇具有较低的附加值和较高的可支配收入，说明这类城镇吸引了高收入的居民而不是高价值的就业岗位，即不在本地工作的通勤人口增加。在一些2h城镇中，同时存在着人口减少、失业率下降以及附加值高于英国平均水平的现象。离伦敦1h内的城镇对办公楼开发的吸引力增大，其中3个高铁城镇对私人服务和知识密集型活动的吸引更强，尽管它们有不同的产业活动类型。相反，非高铁城镇以公共服务活动为主，研究证明因没有与伦敦的快速铁路联系，它们的知识经济发展会面临困难。王巍等(2019)分析高铁网络对产业空间集聚的影响，发现高铁开通劳动力转移渠道强化了中心城市的产业集聚水平，显著降低了区域非中心城市的产业集聚水平。高铁开通提高了沿海地区非中心城市的产业集聚程度，降低了内陆地区非中心城市的产业集聚程度。李红昌等（2016）基于城市可达性分析高速铁路对地区经济集聚产生的影响，研究发现高铁开通促进经济向西部地区集聚，有益于经济趋向均等化。

高铁改善外部可达性会加强在区域中的吸引力，加强经济发展潜力，促进城市系统的整合和重组，形成高铁廊道区域的空间效应集聚。但是在集聚效应加速要素流动的同时，也促使经济流、技术流等要素流入发展能级高的中心城市，导致虹吸效应，次级城市的资金、企业和人才的流失，加剧城市间的不平衡发展。

4. 扩散效应(缩小空间差异)

扩散效应是指随着经济的发展，经济中心地区会逐步向周边地区开始辐射、扩散，从而带动周边地区的发展，缩小两者之间的差异。扩散效应以资源要素的流动为基础，要素流动的深度、广度决定了扩散效应的影响程度。交通运输设施为产业扩散提供了有效路径，交通运输越便利，各地之间的经济交流和联系越广泛，经济合作程度越深，为产业扩散提供了良好的外部环境。高铁对产业扩散的影响主要集中在以下两个方面。第一，高铁带动要素流动而产生扩散效应。扩散效应是以要素的流动来实现的，高铁为要素的流动和扩散提供了载体，改善了要素流动条件。一般而言，大城市在技术、资本、人才、信息等领域有着优势，而中小城市的发展需要这些要素的补充。高铁建成之后，大城市的资本、技术、人才、信息资源能够更容易地流动到周边的中小城镇，为中小城镇的发展提供动力。第二，拥挤和成本上升带来的扩散。由于大量人口在大城市的集聚而产生“大城市病”，不仅不利于城市的发展，还给城市中的企业和个人增加了成本负担，成本的上升会使得企业向中心城镇进行扩散。

5. 虹吸效应(扩大空间差异)

虹吸效应是指高铁带来要素流动的便利性，城市间产生要素加速流动，也促使资金、人才、信息向发展环境优越、行政效能高的区域聚集。通过专家学者分析可知，高铁并不是均匀地带动沿线城市的经济增长，在社会、经济和空间效益方面会重新分配。虹吸效应与集聚效应相似，与扩散效应是相反的关系，都是向某些发达、发展成熟的大城市聚集资本和人才，引起区域和城市间非均衡的发展过程。

研究证实，高铁建设带来的虹吸效应使得大城市借助高铁优势，吸引更多的人流、信息流等要素，它们拥有庞大的消费市场、大量的工作机会、完善的基础设施、政府政策的帮扶，能够为企业和个人发展提供良好的外部环境，吸引周边地区的资源向自身集聚。连接至高铁网络后的大都市获得了巨大的发展机会，越来越多的乘客从其他地区更便捷地涌入大城市，大城市从而不断地发挥空间集聚效应，竞争力不断得到提升。然而，沿线小城市原有的优势无法发挥，区位优势逐渐消失，导致生产要素向产业带或发达地区集中的现象，是社会经济发展格局“极化”的特征。

对高铁廊道中的中小城市而言，不能一概而论，有的可能带来正面效应，也有可能是负面效应，或许他们将在经济实力和竞争力面前遇到新的挑战。一方面，高铁给沿线的中小城市带来了机会。法国的里尔(Lille)、西班牙的科多巴等许多中小城市通过与高铁连接，改变了传统的孤立地位，可达性得到提升，凭借自身的自然资源优势，获得了相对区位优势。这些城市与大城市之间的便利交通基础设施，帮助他们获得了大量的经济活动，包括城市旅游观光、会展、会议等相关活动。对于那些经济发展条件不好、无资源优势的城市可能产生虹吸效应，许多中小城市连接至高铁后，发展机会减少，人流、资本流等要素流入临近的大城市，产生消极效应。在中国拥有大量资源的城市，如北京、上海、广州等城市，能够吸引更多的要素，或者具有独特的旅游资源要素的城市，如杭州、昆明等，也将获得更多的发展机会。

6. 替代效应(竞争与协同发展)

高铁的替代效应包括旅游目的地的替代效应和交通方式的替代效应。旅游目的地的替代效应是指高铁的建成提高了区域旅游的可达性，游客可以花费更短的时间到达旅游目的地，减少不必要的时间浪费。大多数旅游者因为考虑到时间因素就会选择高铁作为交通工具。交通方式的替代效应指的是每一种交通方式能够做到相互替代，例如航空、公路、水路、铁路等都具有很强的替代性。

高铁通过大幅度地提高列车速度，弥补了铁路速度低的特点，使得高铁相对其他交通方式有较强的技术经济(骆玲、曹洪，2010)。

(1)高铁具有经济快捷的优势。在速度方面，航空运输的速度快，但在800~1000km以内，乘坐高铁比飞机消耗时间要少，高铁竞争力更强。

(2)高铁具有运量大的运输能力优势。不论是客运还是货运，水路和铁路相对于公路和航空运输而言，具有绝对优势。

(3)高铁具有较高的安全性。高铁由于是全封闭中自动化运行，又有一系列完善的安全保障系统，所以安全程度是其他交通工具无法比拟的。

(4)高铁具有舒适和便捷性。高铁车厢内布置温馨干净，车厢宽敞舒适，旅客活动空间大；运行平稳，减振和隔音效果好，车内安静。

(5)高铁属于绿色环保交通。高铁对环境污染最低，具有节约能源的优势。因为使用电能，所以碳排放量几乎为零，需要治理环境污染所花费用仅有1.7%，相对汽车(92%)和航空(6%)较小(乔英忍、曹国炳，2001)。

高速铁路较少受到天气因素的影响，比飞机更准时，比汽车快速、舒适，高铁运输方式占据绝对的优势。

7. 极化效应(扩大空间差异)

高铁的城市空间极化效应，是指高铁开通后对沿线城市内部空间结构产生影响，并引导城市功能区沿高铁轴线方向进行调整和优化的过程。城市内部空间结构是由节点、梯度、通道、网络和环境等五个要素自下而上相联系，与城市物质要素相结合，自动演化为城市空间结构系统。在这个系统中，一个要素的变化将会引起其他相关要素的相应变化。具体而言，高铁将引起城市中心和通达性的变化，其本身就是新的城市空间通道。加之高铁所带来的巨大的物资流、人流和信息流，高铁的节点成为天然的城市中心区域，高铁通道成为城市新的发展轴线，并改变城市原有功能分区和梯度等级，如高铁沿线城市呈现同城效应，引导城市功能区沿高铁轴线重新布局，进而使得整个城市的内部空间结构发生相应的变化。理论和实证研究均表明，交通运输一向是重要的区位影响因素，“在基础设施高度发达的地区，运营组织可以提高或降低一个地区或城市的区位优势”。高铁建设可能创造新的区位优势，也可能对某些区域产生不利影响。如长三角城市群高铁网络形成后，沿线城市市场区位均获得了提升，但提升幅度在时间和空间上存在明显的差异性。长三角城市群高铁网络引致的非均衡时空收敛效应使高铁沿线城市市场区位等级发生了重构，加剧了大城市和小城市区位条件的非均衡。

2.4.3　高铁对区域空间发展影响的机理

高铁网络主要包含三种距离网络，并在网络空间上产生影响。

(1)通勤距离网络，即人们普遍接受的“1 小时通勤圈”。国际大都市交通圈的通勤距离出行范围一般达到 100km 左右，通勤时间通常在 1 小时以内(李仁涵，2007)。以 1 小时为界的“1 小时通勤圈”是同城化核心效应的时空距离。高铁网络将所在的城市组成一个相互协作和协调的区域，城市和区域之间联系越发紧密，高铁将各个城市紧密联系在一起，逐渐形成高铁走廊、都市圈和都市区的层级体系，形成高铁廊道地区同城化效应，是区域时空催化下的产物。

(2)跨城一日交流距离网络，即“1 日交流圈”。根据国际相关经验，《日本第四次全国综合开发规划》提出重要城市之间的联系时间应控制在 3h 以内，以实现一日交流圈，3h 交通圈是实现跨城一日交流的重要前提。高铁网络将两个区域相互连接起来，高铁网络连接的节点城市区域逐渐增强联系，在各自 1h 通勤圈和 1 日交流圈，继续强化同城化、集聚和替代等效应。改变传统的城市化方式，有高铁连接的中心城市和周边的中小城市，随着城市和城市群间的可达性提高，促使人们更便捷地往返，从而加强了吸引力和辐射力，周边的中小城市扮演了大城市郊区化以及传统区域城市化的双重角色，形成了一种新的城镇化。高铁网络牵引城市群空间扩展方向，随着高铁网络形成和发展，初期集聚效应促进沿线经济增长、人口集聚，城市规模慢慢扩大，城市由单中心向多中心转变，逐渐形成城市群。高铁建设相对成熟，城市发展到一定时期后，重要枢纽城市产生巨大的扩散效应，在地理空间上形成点-轴-面的空间系统。

(3)长距离网络，通常在 800km~1000km 以上。长距离交通与功能区整合最为重要，持有区域协调发展理念，避免竞争带来的产业协调、环境污染和资源浪费。高铁城市与非高铁城市间以及区域和高铁廊道内部空间差异，促使城市、区域空间结构重组。高铁的通勤、交流和长距离运输三种方式，都对城市群空间结构和功能结构产生重要的影响(见图 2.23)。

高铁的开通极大缩短了区域、城市间的时空距离，改变了人们的出行方式和生活方式，随着高铁逐渐形成网络系统，提升可达空间，促进资本、人才、信息和知识要素的流动，推动了新型城镇化进程。高铁对区域空间的影响效应开始显现，触媒效应集聚功能催生新增长极，站点地区的城市空间系统发生变化，但中国很多地区也出现了高铁站点场所价值相对过度发展的情况，如镇江南站、天津南站、常州北站、无锡东站和泰安站等。高铁建设和逐步网络化成为支撑更广大地域同城化的重要手段。目前

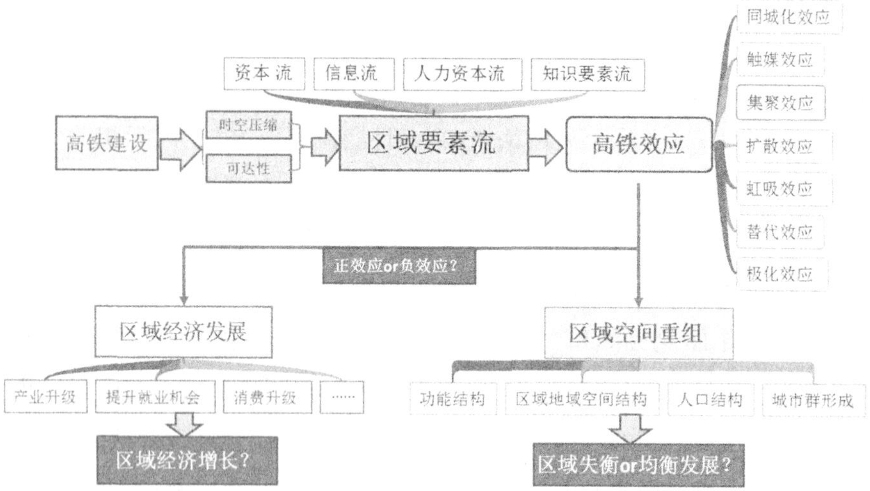

图2.23　高铁对区域空间发展影响机理

中国很多地区提出和实践了同城化构想，包括港深、广佛、沈抚、合淮、汉孝、京津、宁镇扬、杭州都市圈、南昌都市圈、宁波都市圈等。同城化效应伴随着集聚效应、虹吸效应和极化效应。同城化效应和地区增长极将打破原有地区的空间均衡状态，导致非均衡的区域空间，出现新的中心区域节点——高铁新城和高铁产业集聚带，在节点和轴线上集聚区域要素如资金流、人流、技术流、信息流、政策流等，随着节点、轴线不断集聚和强化，点-轴空间结构系统形成后，扩散效应产生，各要素将扩散到周边区域，并促进和带动其发展，空间结构将呈现出相对均衡发展。

值得注意的是，高铁只是起到了空间系统发展的“催化剂”作用，集中体现在区域空间结构的重构与区域经济发展和转型两个层面。然而，并不是链接到高铁网络就一定获得正面效应，高铁开通不一定促进区域经济增长，更不可能所有的高铁站点都可以发展成为高铁新城，也有可能成为传说中的“空城”或者“鬼城”。只有具有空间吸引力、政策推动力、市场驱动力和强化自身要素禀赋的区域和城市，才能直接影响公众的出行选择，产生集聚效应。而那些高铁开通后，只是提升可达性，城市自身没有什么资源和吸引力，同时未能够在发展中突出城市特色、增强吸引力或政策法规等推动力的城市，交通便捷性带来的是虹吸效应或替代效应的负面效应，而不是集聚和发展的正面效应。高铁建设使得高铁走廊内的城市与未连接高铁的城市间产生巨大的空间效应差异，高铁廊道内部的城市间也形成相对的空间分配差异，高铁对区域空间重组以及资源再分配的影响逐渐显现。中小城市在较难改变城市规模大小和距大城市距离的情况下，在廊道中寻找城市的合理定位十分重要。

2.5　本章小结

本章主要介绍研究的理论基础，主要包括城市群基础理论、区域空间发展理论、空间结构理论以及高铁影响下的空间变异机理研究。城市群基础理论包括"田园城市"理论、增长极理论、克里斯泰勒的中心地理论、点轴渐进扩散理论、圈层结构理论等。区域空间发展理论包括全球城市区域、巨型区域。空间结构理论包括空间尺度、空间要素结构、空间演化阶段、空间演化动力机制的整理。从戈特曼和弗里德曼对城市群的空间结构形成的观点来看，有大同小异之处，认为首先是单个城市孤立发展，然后单个城市向外扩展，城市之间联系加强，最终形成城市群或都市带，同时他们都强调交通的作用，交通在城市群空间发展和演化过程中起着重要的作用，城市的发展会沿着交通干线轴向延伸。高铁通过缩短区域间时间距离，加速资本流、信息流、人力资本流和知识要素流等流动，产生同城化效应、触媒效应、集聚效应、扩散效应等多种效应，影响区域经济发展和区域空间重组。如何应对这些变化？在区域空间系统的重构与经济发展转移与升级过程中，同样需要城市自身的要素禀赋、劳动力素质、地理位置、发展环境以及政策推动力等相关因素。依托国家高铁网络、结合国家发展战略，从整体性出发，强调中东西一体化发展，城市和乡村一体化发展，提升整体竞争力。如何应对高铁所带来的发展机遇是城市规划面临的挑战，如何实现区域空间协同发展是未来发展和研究的重中之重。

第3章 国内外相关研究综述

本章重点介绍国内外的相关研究综述，主要从两个大的方面进行阐述：国内外城市群(巨型城市区域)的空间研究；国内外高铁与城市群空间发展综述，分别从高铁的直接交通系统影响、高铁对区域空间发展和城市圈三个方面阐述。在直接交通层面，学者们主要分析高铁缩短出行时间以及不同模式之间的竞争与协作关系；在区域层面，重点探讨高铁对区域发展方向、区域差异和均衡度等方面的影响；在城市圈层面，主要论点在于多模式协调发展，如高铁与航空、高铁与地铁一体化发展。

3.1 国内外城市群(巨型城市区域)空间研究综述

3.1.1 国外巨型城市区域研究

1. 欧洲空间发展战略(ESDP)

1999年，欧洲规划部长级波茨坦会议通过了《欧洲空间发展战略——寻求欧盟地域平衡和可持续的发展》(ESDP，1999)的文件，是当时欧盟15国提出的第一个空间发展战略，首次提出多中心发展的政策目标。经过长达10年的合作交流，ESDP已由成员国与欧洲委员会完成，堪称欧洲尺度的空间规划讨论的里程碑。ESDP主要包括两个部分，如表3-1所示。

第一部分是寻求欧盟地域范围内的平衡和可持续发展：空间发展政策的作用，介绍“地域”(Territory)欧洲政策新的地理单元特征，欧盟的空间发展问题需要突破体制障碍，通过不同的政府和管理层之间的合作来解决。ESDP 提出三个层面的空间合作：共同体层面、跨国/国家层面、区域/地方层面。认识到欧盟内部存在的空间差异，阻碍区域平衡和持续空间发展，基于生态和文化遗产威胁提出了加强经济和社会的聚合、平衡和可持续发展的目标。为了实现这个目标，区域和地方机构之间需要进行合作，区域和地方机构为了实现跨越国界协力合作。欧盟在交通方面提出泛欧洲网络(TEN)，目的在于增强经济和社会聚合度(cohesion)，如图 3.1 所示。空间发展指导方针是发展多中心与均衡的城市体系，强化发展城市与乡村的伙伴关系；倡导交通与通信整体发展的观念，通过改善基础设施提高可达性，形成多中心发展模式，缩小空间差异，促进多模式交通发展，需要对多模式运输方式和交通基础设施进行协调管理，机场、铁路、公路和港口等管理部门，应制定整体性的联合运输战略；在欧洲人口稠密区域，800km 以内的高速铁路可以代替航空运输，而人口稀少的边缘地区应将航空作为发展重点。

表 3-1　　《欧洲空间发展战略》目录

Part A：寻求欧盟地域范围内平衡和可持续发展：空间发展政策的作用	
1 欧盟层面上的空间策略	2 欧盟政策对地域的影响
1.1 “地域”(Territory)：欧洲政策的一个新空间维度	2.1 欧盟空间政策的影响日趋增强
1.2 空间发展差异	2.2 具有空间影响的欧盟政策
1.3 ESDP 的基本目标	2.2.1 竞争政策
1.4 ESDP 的地位	2.2.2 泛欧网络(TEN)
1.5 ESDP 作为一个过程	2.2.3 结构基金(Structural Funds)
	2.2.4 共同农业政策
	2.2.5 环境政策
	2.2.6 研究和技术开发(RTD)
	2.2.7 欧洲投资银行的贷款活动
	2.3 推进空间整合的共同体政策

续表

Part A：寻求欧盟地域范围内平衡和可持续发展：空间发展政策的作用	
3 欧盟地域的政策目标与政策选择 3.1 政策的空间定位 3.2 多中心空间发展与新型城乡关系 3.2.1 欧盟多中心与均衡的空间发展 3.2.2 动态的、富有吸引力和竞争力的城市与城市化区域 3.2.3 本土化、多样化与高效发展的乡村地区 3.2.4 城乡合作伙伴关系 3.3 平等获得基础设施和知识 3.3.1 改善交通条件和获得知识的综合手段 3.3.2 多中心发展模式：提高可达性 3.3.3 基础设施的高效与可持续利用 3.3.4 创新与知识传播的基础 3.4 自然与文化遗产的明智管理 3.4.1 作为可利用资源的自然与文化遗产 3.4.2 自然遗产的保护与开发 3.4.3 水资源管理——空间发展的一个特殊挑战 3.4.4 富于创造性的文化景观管理 3.4.5 富于创造性的文化遗产管理	4　ESDP 的实施 4.1 寻求整体性的空间发展 4.2 ESDP 在共同体层面的实施 4.3 各成员国之间的跨国合作 4.4 跨境合作和区域间合作 4.5 ESDP 在成员国中的实施 4.6 ESDP 对泛欧合作和国际合作的重要性 5 欧盟的扩展：对欧洲空间发展政策提出的新挑战 5.1 ESDP 覆盖的新地域 5.2 新加入国家空间发展的主要特点 5.2.1 人口 5.2.2 经济 5.2.3 交通 5.2.4 环境 5.2.5 结论 5.3 在未来成员国中欧洲空间发展政策的具体任务 5.4 扩展对于欧盟区域的空间影响 5.5 有关欧盟扩张的 ESDP 政策目标与选择 5.6 将欧盟扩展融入欧洲空间发展和规划的原则

续表

Part B：欧盟地域：趋势，机会和挑战	
1 欧盟空间发展现状及趋势 1.1 欧盟的地理特征 1.2 人口发展趋势 1.3 经济发展趋势 1.4 环境发展趋势	2 对欧洲具有重要意义的空间发展问题 2.1 欧洲城市体系的变化趋势 2.1.1 城市网络的形成 2.1.2 城市经济机遇的变化 2.1.3 持续的城市蔓延 2.1.4 城市社会分化现象加剧 2.1.5 提高城市环境质量
2.2 乡村地区角色和功能的变化 2.2.1 城市和乡村地区之间的相互依赖性日益增强 2.2.2 乡村地区发展的不同路线 2.2.3 农业和林业的变化——经济发展和土地利用的结果 2.3 交通与网络 2.3.1 网络的界限与整合问题 2.3.2 交通流量和拥堵的增加 2.3.3 欧盟在可达性方面存在的缺陷 2.3.4 聚集和发展走廊 2.3.5 在创新与知识传播方面表现出的不均衡	2.4 自然和文化遗产 2.4.1 生态多样性和自然区域 2.4.2 对水资源的威胁 2.4.3 对于文化景观的压力在持续增长 2.4.4 对于文化遗产的压力在增加 3 空间整合发展计划和远景 3.1 具有空间影响的欧盟计划 3.2 INTERREG II C 创新计划 3.3 欧洲区域发展基金(ERDF)第 10 条中的跨国空间发展试点行动 3.4 空间发展远景 4 欧盟新加入国家和成员国基础数据

资料来源：根据 ESDP(1999)整理

第二部分是分析欧盟空间发展现状与问题等。从欧美的地理特征、人口发展、经济发展和环境发展分析现状趋势。欧盟是世界上第三富裕的经济区域，仅次于日本和美国，欧盟的自然特征是位于欧亚大陆西缘的“半岛形状”。欧盟人口在未来的 20~30 年，将面临三种变化趋势：(1)人口

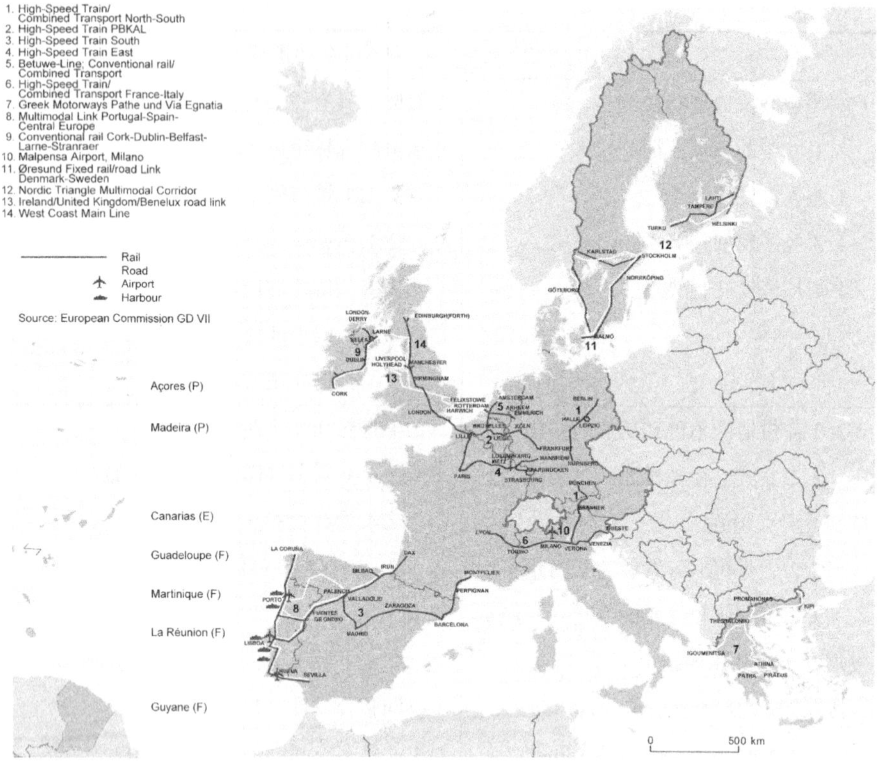

图 3.1 TEN-T 泛欧洲交通网络的 14 个优先项目

图片来源：ESDP，1999

自然增长一直很低，且出现下降的趋势；（2）大多数的移民迁入城市地区，加强了城市化模式，高城市化的地区，特别是西北欧未来人口经历较高增长，而一些人口密度低的地区，人口可能继续呈下降的趋势；（3）欧盟人口的平均年龄将继续增长，面临人口老龄化的趋势，区域间人均 GDP 也存在差异。在欧洲城市体系变化趋势上，随着城市网络的形成，城市和地区间跨越边境的合作增多，城市经济机遇发生变化，城市继续蔓延，城市社会分化现象加剧，城市环境质量亟待提高，乡村地区的角色与功能发生变化。在交通和网络方面，交通流量的增加与拥堵情况加剧，欧洲可达性存在差距，应消除交通网络之间的差异，重建城市和地区间新的交通联系，因集聚趋势，在欧洲出现了大量的发展走廊(development corridors)。

ESDP 意图在整个欧盟境内实现动态的经济一体化。ESDP 强调对话和辩论，是一个非正式的参考框架，不具有约束性。在共同体(欧盟)层面，通过跨界/跨国及在地区/地方层面三种形式的合作空间政策。主要是实现地域政策目标，以平等的基础设施和多模式交通衔接，构建多中心空间发展与新型城乡关系，同时也注重自然和文化遗产管理。

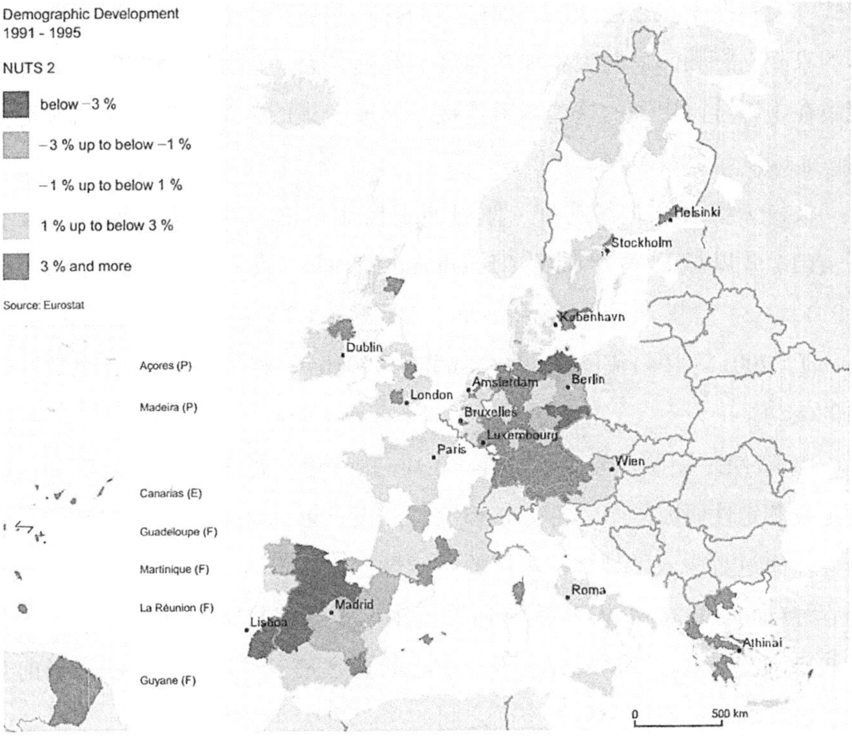

图 3.2 人口发展(1991—1995 年)

图片来源：ESDP，1999

2. POLYNET 项目

在西北欧“Interreg IIIB”计划下受到欧盟委员会资助，POLYNET 项目的 8 个研究小组在彼得·霍尔爵士和凯西·佩恩博士的领导下，分析比较英格兰东南部、兰斯塔德、比利时中部、莱茵鲁尔、莱茵—美因、瑞士北部欧洲大都市区、巴黎区域和大都柏林共 8 个欧洲巨型城市区域的功能。

彼得·霍尔提出“多中心巨型城市区域(MCR：mega-city region)在世界经济全球化和信息化背景下产生，高端经济由制造、加工向服务生产，尤其是转向处理信息的高端服务业”(Castells，1989a；Hall，1995)，在当今世界高度城市化地区出现，是一种全新的现象。巨型城市区域是一种新的形式，最新探索在东亚地区，如中国的珠三角城市群、长三角城市群、日本的京阪走廊和印尼的大雅加达地区。高速公路、高速铁路和电信电缆把聚集在中心城市周围的这些城镇连接，形成密集的人流和信息流的流动空间(Castells，1996b)。

彼得·霍尔爵士和凯西·佩恩博士构建理论公式，提出四个关键要素：(1)世界城市等级体系(Friedmann，1986)或者全球城市(Sassen，1991)；(2)世界城市网络(Taylor，2001)；(3)全球城市区域的重视(Scoot，2001)；(4)流动空间(Castells，1996b)，科斯特提出的网络社会内的流动。

POLYNET 团队在假设区域是多中心并且越来越多中心的基础上，进行定量和定性研究。第一部分是理论与假设；第二部分是定量的测度多中心性。通过对构成巨型城市区域的功能性，在城市区域采用“位序-规模”、自容性(self-containment)程度和通勤流来测量它们日常的联系程度的三个方法来测度多中心性。研究发现多中心的概念是多尺度的，反映了当前知识经济下的流动空间和地方空间之间的功能相互依赖性。

位序-规模指数证实了巨型城市区域划分为两组：英格兰东南部、比利时中部、莱茵—美因、瑞士北部、巴黎区域和大都柏林地区是强烈的首位分布，然而在他们当中的许多区域，单一的首位城市似乎在较低层次被叠加在位序-规模关系上，兰斯塔德和莱茵鲁尔是非首位分布，且没有首位度增加的趋势；后者部分较小的功能性城市从较大城市的损失中受益。

8 个巨型城市区域都表现出较高的自容性，其中由于主导的巴黎功能性城市区域几乎完全自容(98%)，巴黎区域表现出类似的情况，邻近的与巴黎具有紧密联系的小型功能性城市区域，芒特拉若利、默伦、蒙特罗、克里尔、莫城，具有强大的外向流及相对较弱地方自容性(50%~65%)。

第三部分探索定性的信息，通过与高端生产服务业部门的执行者和高级管理者进行访谈得到信息。分为3个章节来介绍公司和地方：巨型城市区域内部；流的关系，包括内部和外部联系；人和地方，指相互关联的“流动空间”和“地方空间”。

第四部分对8个区域分别进行研究，探讨如何更好地应对战略规划的挑战和存在的复杂多中心。

3. 多中心大都市理论评述

多中心发展策略来自欧洲。20世纪90年代期间，欧盟、地方各级层对巨型城市区域空间发展战略及空间规划框架的兴趣增加。欧洲空间发展战略(ESDP)首次提出多中心发展的政策目标：彼得·霍尔爵士和凯西·佩恩博士(Hall，2006)领导下的欧洲多中心巨型城市区域可持续发展管理项目，欧盟持续对多中心巨型城市区域开展规划建设，多中心巨型城市区域研究在学术领域逐渐扩大，其研究范围不断扩展，在研究内容上不断深化。但是，巨型区域和多中心都是新兴的概念，如何让空间发展战略规划和政策目标变得行之有效，是当前需要学者和政府考虑的首要问题。

3.1.2　国内城市群空间发展研究综述

在中国，改革开放政策打破计划经济，市场集聚和交换生产要素的作用日益凸显，城市间的联系和合作日益加强，城镇化飞速发展，城市群作为一种地理现象，得到城市地理学、经济学和城市规划学等学术界的重视。

2017年4月19日，在武汉大学图书馆中国知网数据库里，输入“城市群”，共查到45096篇文章，进行计量可视化分析发现(见图3.3)。对城市群的相关研究始于20世纪80年代，主要涉及内容是对概念的引入与界定，如 1983 年于洪俊、宁越敏在《城市地理概论》中引入戈特曼的“巨大都市带”思想。前期的研究因城市群的概念尚未形成统一的术语，主要以“城市密集区”为主。2000 年后，中国城市群研究掀起热潮，对中国城市群研究的重点如表 3-2。

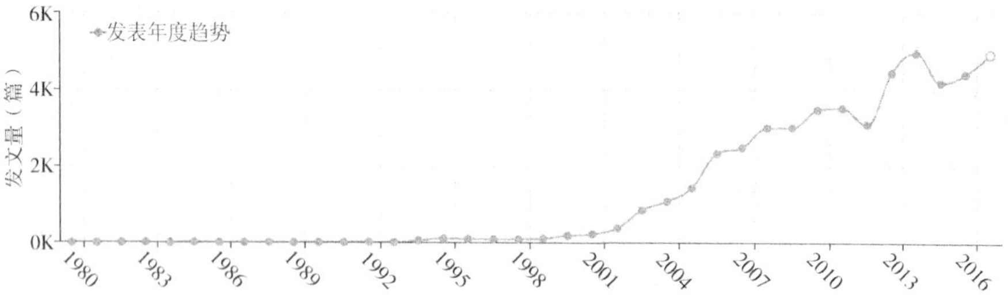

图 3.3　城市群相关研究成果分布

表 3-2　　　　中国城市群研究重要内容与指标选取汇总

研究问题	选取指标/变量	代表作者
空间演化	动力机制：扩展强度指数，空间关联模型，多维驱动力分析模型	王利伟，冯长春，叶玉瑶
	演化阶段	张京祥，邹军
	演化模式	彭翀，顾朝林
空间结构	生态空间：特色产业簇群	郭荣朝，苗长虹
	空间作用：引力模型，社会网络分析，ESDA 空间自相关	徐美，董青，毕秀晶
	空间联系：城市流强度模型，区位熵	胡盈，叶玉瑶
	集合效能：DEA	王伟，刘耀彬
	高速铁路：可达性，空间联系	姜博，罗震东，张京祥，方大春
竞争力	因子分析，主成分分析，聚类分析	王发曾，倪鹏飞，宁越敏

续表

研究问题	选取指标/变量	代表作者
区域一体化	产业结构：贸易流量法	苗长虹，郭荣朝
	经济一体化：价值指数法	吴志军，潘竟虎
	空间协调：熵值法，协调度模型	丁建军，覃成林

总的来说，国内城市群研究内容可归为以下8个方面：(1)城市群概念、特征、相关理论、实证研究的介绍和综述、分析借鉴；(2)城市群空间结构优化及其空间演化阶段、模式和规律的研究；(3)城市群空间演化的动力机制的研究；(4)城市群空间联系的研究；(5)城市群竞争力和时空演化研究；(6)城市群区域一体化、区域协调的研究；(7)城市群发展的政策建议；(8)城市群集聚扩散的研究。其中对城市群空间结构的研究和城市群形成与发展的动力机制是研究的热点话题，故着重对城市群空间结构及动力机制的相关研究进行综述。

1. 城市群空间结构研究

目前，城市群空间结构及其优化整合是城市群研究的热点。对中国城市群空间结构的研究在空间尺度上主要有两个：第一个是研究单体城市群的内部空间结构及其演化优化，第二个是对于城市群体系空间布局和演化的研究。研究主要包括城市群空间结构特征(王良健，2005)、空间联系(余沛，2011)、相互作用(何胜，2014)、结构优化(韩玉刚，2010)、高铁对空间结构影响(方大春，2015)，以及部分学者较独特的研究角度，如郭荣朝、苗长虹(2010)的基于特色产业簇群的城市群空间优化。

在单体城市群内部空间结构方面，胡盈(2016)利用引力模型和城市流分析长江中游城市群空间联系得出："长江中游城市群经济联系有明显的层级关系。"徐美、刘春腊(2009)等学者通过空间相互作用，发现泛长株潭城市群空间联系较弱，首位城市带动作用不强，并提出反"K"字型模式对其空间结构进行优化。毕秀晶(2014)利用城市引力模型、社会网络分析，测度长三角城市群内城市经济联系，发现长三角城市群是以上海为核心城市的多中心格局特点，由“点”向“面”转变，形成连绵区。叶玉瑶(2004)采用“城市流”定量方法，发现珠江三角洲城市群空间结构以香港和广州为发展极核的“双核多心”的空间网络结构，并提出空间优化策略。韩玉刚(2010)等基于城市能级对江淮城市群提出节点优化、轴线优化、拓展方向选择，优化空间结构。刘耀彬(2009)等引入中心地理论，利用EDA模型分析城市群的结构效能。王伟(2008)研究发现空间能效上珠三角城市群>长三角城市群>京津冀城市群，通过调控中心城市与外围地域关系优化城市群的整体效益。

在城市群体系空间结构方面，董青(2010)等利用引力模型思想和ESDA方法，认为2000年后中国城市群体系空间结构进入“结构稳态”期，呈现不均衡性增加的态势，且呈现轴线发展。在地域空间上呈现出东部城市群的团块状集聚和西部地区城市群的线状集聚。曾鹏(2011)等研究得出：中国的城市群和城市群间在沿海地区基本上连成了一条带状，并沿长江流域向中西部延伸，整体呈现出倒“T”形结构；城市群内各城市集中于交通干线或者河流，核心城市以高速公路和铁路干线为扩散轴向外扩散延伸；城市群的未来发展是中西部地区。

目前，对城市群空间结构的研究，在研究方法上，由定性分析向定性与定量相结合的方向转化，并开始关注特色产业簇群、生态环境保护、信息化与全球化的影响及新技术的应用等领域。但是由于长期缺少合适的空间结构分析工具，目前大多分析方法是引力模型、社会网络分析、基于城市流和区位熵等，也有学者使用中心地理论和DEA模型测度城市群空间能效，但中心地系统是一个完全理想的规模结构与空间结构形态，现实中城市群中心城市或群体重心的重心位置、城市节点的空间配置格局内受到多要素的影响，如自然综合要素、政治和经济环境、交通技术与通信技术的革新。高铁迅速发展，城市空间呈蛙跳式发展，所以中心地理论在信息化、全球化的时代，对空间结构测度或存偏颇。对空间结构如何影响经济和被经济影响的机制并不清楚。在研究内容上，多数学者集中于对城市群空间联系和空间作用的研究基础上，优化城市群空间结构。在空间尺度上，研究单个城市群和城市群体系空间结构两种，并提出优化策略。在优化策略的内容上，主要从三个方面提出：点、线、面。高铁时代，城市群空间结构发生变化，引导城市群空间合理发展，实现系统理论中的核心内容，部分组成系统之后，超过原来部分之和的力量，即"1+1>2"是系统论的核心，是当今学者应该关注和研究的热点话题。

2. 城市群空间发展模式

城市群空间发展模式包括节点、轴线、面等空间要素，但在市场经济、信息化和全球化背景下，流空间又形成了网络空间(城市)，城市群空间也表现出了错综复杂的演化模式，多中心和网络化成为城市群演化的主体特征(王颖等，2012；吴启焰，2012；沈丽珍，2009)。

彭翀、顾朝林(2011)在《城市化进程下中国城市群空间运行及其机理研究》一书中，将城市群空间形态格局归为极核型、走廊型、多极型和复合型四种空间模式，如图3.4所示。

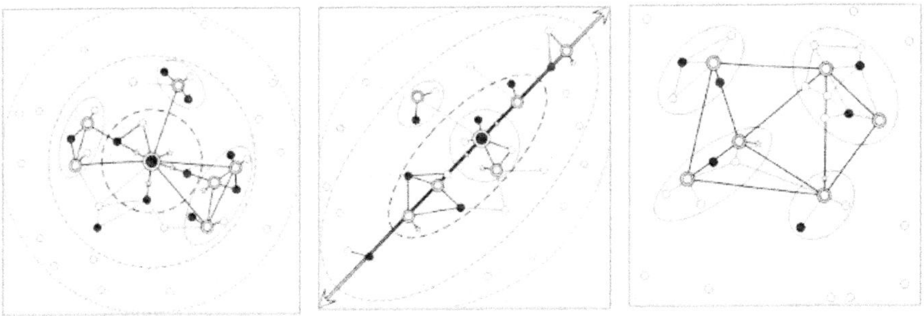

（1）极核型　（2）走廊型　（3）多极型

图3.4　城市群空间形态

图片来源：彭翀，顾朝林(2011)

彭翀、王静(2015)研究中部城市群演化模式得出，武汉城市圈、中原城市群和太原都市圈呈现极核型圈层拓展模式，腹地较大，核心城市比周边城市整体发展水平较强。环鄱阳湖城市群和江淮城市群受到鄱阳湖、九江和景德镇的影响，表现出走廊型轴向扩展模式，腹地较小，受自然和外界影响大；长株潭城市群是多极型复合拓展模式，腹地紧凑，周边株洲、湘潭二市基础好，整体发展较强。

陈玉光(2009)概括为 4 种模式：核心-放射空间模式(沿发展轴扩展)、双子座的空间模式、核心-圈层空间模式、多中心网络化空间模式。倪鹏飞(2006)按城市组合的城市群空间形态划分成为单中心、双核心和多中心城市群这三种模式。吴启焰(1999)认为虽然城市群的空间布局形态存在差异，但空间扩张模式只有点-环状扩张和走廊-串珠状(bead on string)梯度扩

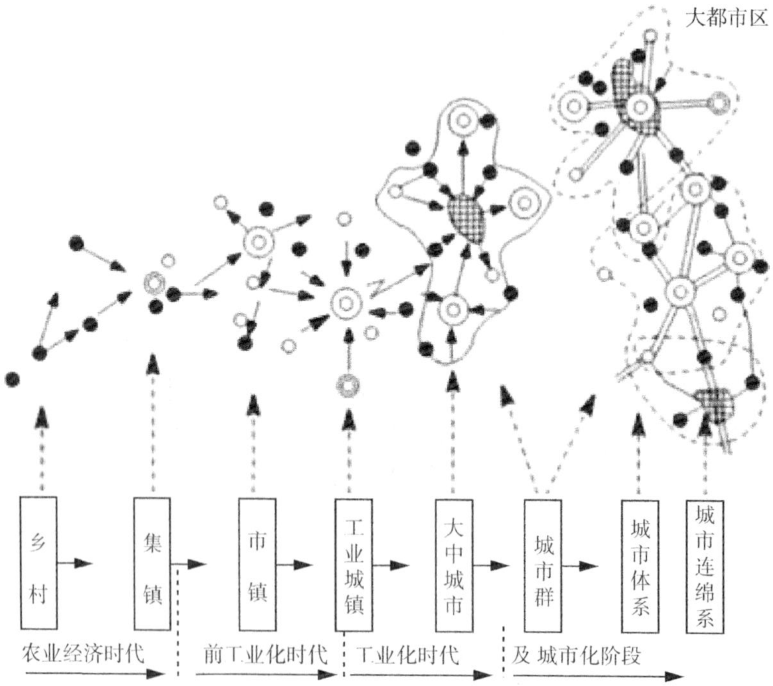

图 3.5　区域城市群空间演化模式

图片来源：姚士谋、陈振光、叶高斌等，2015

张两种。姚士谋(2015)从城市群形成阶段和城市间相互作用提出："各个城市相互作用是城市群形成的过程，形成大中小城市(镇)的有序竞争的等级体系"，如图3.5所示。

结合国内外较成熟的城市群发展模式，主要包括圈层发展模式(极核模式、双核模式、多中心模式)、带状轴向拓展、放射拓展、多核网络发展等模式。

3.2 国外高铁的多尺度空间发展影响综述

3.2.1 高铁直接交通影响

1. 减少运行时间、增加乘客量

高铁提供给人们安全、快速、舒适和经济的出行方式，高铁相比普通铁路运行时速较快，因此高铁建设大大缩短了出行时间(见表3-3)。时速快成为乘客选择高铁作为交通方式的重要原因。"欧洲之星"、日本新干线、韩国高铁(KTX)等高铁运营后，城市间运行时间缩短比例约为30%~60%，铁路乘客量明显增加。其中首尔到釜山从4h10min缩短到2h40min。平均每日客流量增长了38%，从2004年72万名乘客到2006年增长到100万名乘客(MOCT，2007)；在德国、比利时、西班牙、法国、意大利和英国高铁线路上，乘客数量从1990年的152亿增加到2008年的923.3亿(Siim，2010)。

表3-3　**出行时间：高铁对普通火车**

作者	国家	线路	出行时间		变化率	距离(km)	通车时间
			普通火车	高铁			
Sands(1993)	日本	东京—大阪	6h30′	4h	-38.33%	515	1964

续表

作者	国家	线路	出行时间		变化率	距离(km)	通车时间
			普通火车	高铁			
Bonnafous(1987)	日本	大阪—博多	8h30′	4h40′	-45.10%	554	1972/1975
Bonnafous (1987)	法国	巴黎—里昂	—	2h20′	—	427	1981/1983
Cascetta et al. (2011)	意大利	罗马—那不勒斯	1h45′	1h5′	-38.10%	213	2005
De Rus and Inglada(1997)	西班牙	马德里—塞维利亚	5h55′	2h30′	-57.45%	535	1992
Froidh(2005)	瑞典	斯德哥尔摩—埃斯科特纳	1h40′	1h	-40.00%	115	1997
Chang and lee (2008)	韩国	首尔—釜山	4h10′	2h40′	-36.00%	441.7	2004
Siim (2010)	欧洲之星	伦敦—巴黎	5h12′	2h15′	-56.73%	492	2007

2. 减少其他交通模式的份额

高铁的安全性、便捷性以及舒适的乘坐环境，吸引了来自其他交通模式的乘客，并产生了竞争关系。研究发现，在距离的选择上，欧洲高铁乘客平均通行距离为372km，一般距离400km~600km更受青睐，低于150km则选择公路或者传统火车。出行小于3小时，高铁相对航空和小汽车更有竞争力(Pagliara，2012)。高铁服务主要改善中长距离和国际联系，作为航空或小汽车的替代品，主要是因它能够从航空、小汽车等交通模式捕获相当大的乘客市场(Pagliara，2006；Román，2010)。如西班牙马德里到巴塞罗那高铁运营后，高铁乘客约占总乘客的42.1%，其中，31.2%来自航空乘客，0.9%来自公共汽车乘客，4.7%来自普通列车乘客，5.3%来自小汽车乘客。数据显示高铁对航空的影响较大(Givoni，2007)，如表3-4、图3.6所示：

表3-4　　高铁对其他交通模式影响

作者	线路或城市	与其他交通模式竞争的主要结果
Behrens and Pels (2012)	伦敦—巴黎	高铁是航空的中距离替代品；出行时间和频次是市场份额主要因素，频次越高，越能抵消长时间旅行；休闲和商务乘客有不同影响因素。
Suh et al. (2005)	首尔8个城市	17%高铁乘客来自航空，高铁对飞机影响比小汽车大。
Dobruszkes (2011)	科隆—慕尼黑、巴黎—布鲁塞尔，巴黎—梅茨(Metz)	高铁高效性促使乘客从航空转向高铁的交通模式转换，航空乘客逐渐减少。
Park and Ha (2006)	首尔—大邱	高铁是韩国航空乘客减少的重要原因，仅有28%乘客会选择飞机出行，更多乘客则选择高铁。
Pagliara et al. (2012)	马德里—巴塞罗那	高铁影响交通模式选择，但减少航空乘客只发生在高铁出行时间少于三个小时。
Coto-Millán et al. (2007)	马德里—巴塞罗那① 马德里—塞维利亚②	①高铁乘客占总乘客的42.1%，其中小汽车乘客减少5.3%，飞机减少31.2%，公共汽车较少0.9%，传统火车减少4.7%。②高铁吸引小汽车11.5%的乘客，飞机22.3%，公共汽车3.4%，传统火车11.4%。

资料来源：刘莉文，张明(2018)

3.2.2 高铁对区域空间的影响

1. 空间发展方向性

高铁对区域空间结构影响最大的争议在于空间发展的方向性，即在高

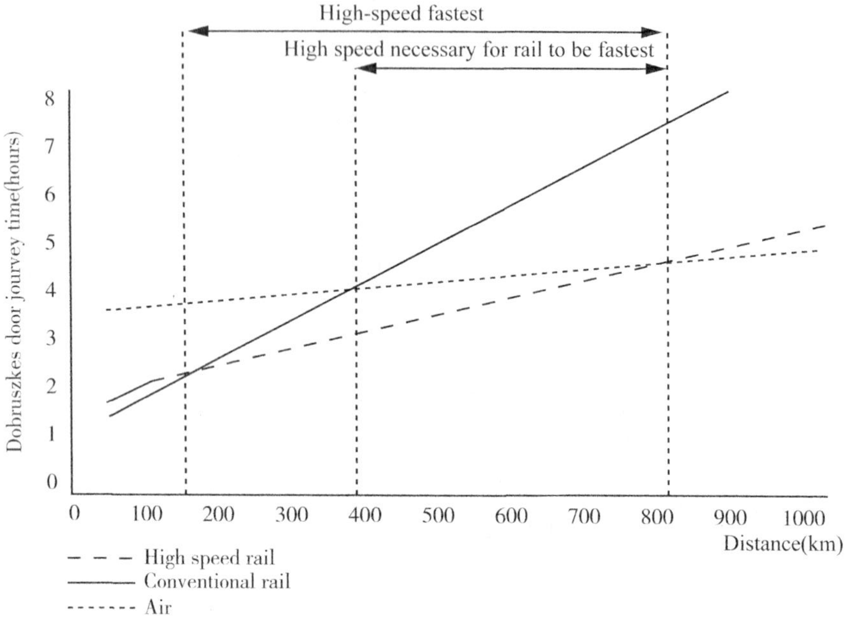

图 3.6 出行时间、距离比较(高铁和传统铁路和飞机)

图片来源：High-speed rails：international comparisons，Steer Davies Gleave，Commission for Integrated Transport，London，2004

铁站点、廊道或都市圈集聚经济和人口，引起“极化效应”；还是核心区向其腹地经济扩散产生“分散效应”的均衡发展(Vickerman，1994)。高铁促进经济活力和人口移动从核心区域流向周边或者偏远地区，或者相反。有的学者认为关于改善交通基础设施的区域政策并没有缩小欧洲区域间差异(Vickerman，1991)，然而也有学者指出能够减少边缘地区的障碍(Broecker，1988)。高铁引起城市群自身范围扩大，高铁沿线区域比未通高铁的区域发展快，高铁沿线城市整体经济增长，如东京城市群扩大成为东京—大阪都市连绵带(Murayama，1994)，大巴黎扩张成为巴黎—里昂都市区(张艳，2011)。高铁可以产生“极化效应”，空间上反映出“核心-边缘”模式，同时也产生“分散效应”，在空间上反映为“多中心”模式。Garmendia(2011，2012)研究得出高铁改变城市区域系统的层次结构。高铁连接的核心城市和一些仅仅经过的城市(无车站)，核心城市因此会变得空间距离更近，而偏远地方会变得相对更远。在东英格兰和法国北部，英吉利海峡海底隧道高铁，区际间“欧洲之星”服务引起了“极化效应”。

2. 扩大区域差异

Brotchie(1991)以日本东海道新干线为例，研究发现在高铁建成10年内，高铁沿线的城市人口出现了明显增长，设高铁站的城市相对无车站的城市人口增长率平均高了22%。Kim(2000)对首尔—釜山高铁线路研究，结果发现就业分散发展，多朝着人口较少的地区转移，但居住人口呈现集聚的趋势。Willigers(2011)等研究荷兰高铁网络，研究说明高铁服务吸引办公，增强办公地区。Urena(2009)等分析巴黎—里尔高铁线路，研究发现高铁运行后，里尔吸引国际会计公司和一些国家银行，大型会议中心被建设。

霍尔(2009)指出“高铁重要的不是速度，却是它引起的时空收缩效应”。Vickerman(1999，2015)对欧洲高铁进行研究，发现高铁带来时空压缩(见图3.7)，且高铁连接城市时空改变较大，但并不能反映所有城市，已通高铁城市和区域获得便利程度远高于未通高铁的城市和区域，高铁扩大中心地区和边缘地区的差异性，高铁建设没有实现区域平衡发展，为了实现这一目标，不仅需要提供基础设施，也需要一个适当监管框架的服务条款和相应措施。

3. 均衡度(Equality)影响

均衡发展的思想主要来自欧洲交通和区域政策相关文件，如整合(cohesion)、多中心城市(polycentricity)和边缘地区(peripherality)概念(Bröcker，2010；Peters，2003)，力争通过交通的平等化来实现核心区和边缘区协调发展。Monzón(2013)等研究西班牙高铁对空间差异的影响，发现高铁扩大空间差异；高铁可达性集中于高铁站点和人口高密度地区。目前高铁站形成“岛”“阴影区域”，高铁带来“隧道效应”。起初位置较差的

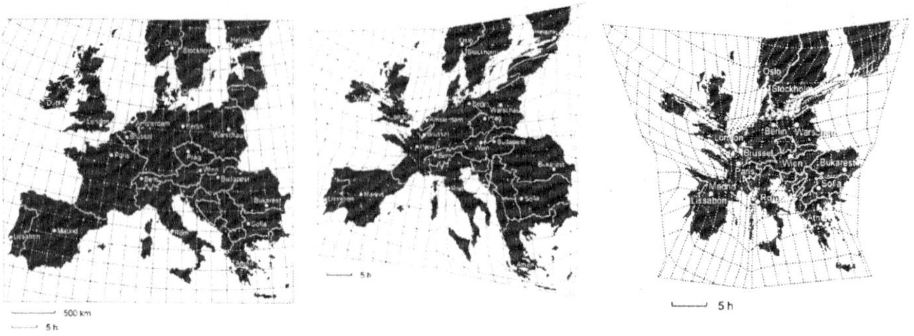

图 3.7　欧洲高铁网络基础图和 1993—2010 时空压缩图

图片来源：Vickerman R W，Spiekermann K，Wegener M(1999).

城市，可达性的相对改变较高，而原本被铁路网连接大城市，可达性提高却有限。在空间均衡方面，高铁提升西班牙的地域(territorial)均衡，但是应该注意的是高铁也引起部分城市不均衡发展。

Gutiérrez(1996，2001)对欧洲高铁网络进行分析，高铁带来空间上的扭曲，出现“廊道”和“孤岛”。研究说明基础设施质量越高，可达性越扭曲，且产生更多不连续的空间。在欧洲层面，高铁提高可达性，出行时间标准差系数 CV 值减少了 1.87%，潜力可达性标准差系数 CV 值减少了 1.37%，日可达性标准差系数 CV 值减少了 2.3%，有助于欧洲经济格局向更加均衡的方向发展；在区域(西班牙)层面，出行时间标准差系数 CV 值增加了 4.95%，潜力可达性标准差系数 CV 值增加了 3.39%，日可达性标准差系数 CV 值增加了 3.55%，城市间均衡度减少；在高铁廊道层面，高铁开通前，小城市可达性远远小于大城市，高铁开通后，小城市因位于高铁廊道获得较大的可达性提升，出行时间标准差系数 CV 值减少了 5.45%，潜力可达性标准差系数 CV 值减少了 18.47%，日可达性标准差系数 CV 值减少了 16.84%，高铁廊上的城市均衡发展。此外，在欧洲层面，长距离出行对空间均衡影响大，相反短距离出行影响较小。Ortega(2012)研究西班牙高铁网络发现，高铁增加可达性，在国家和廊道层面产生积极影响，引起“凝聚效应”；在区域层面出现非均衡和“极化效应”(见图 3.8)。

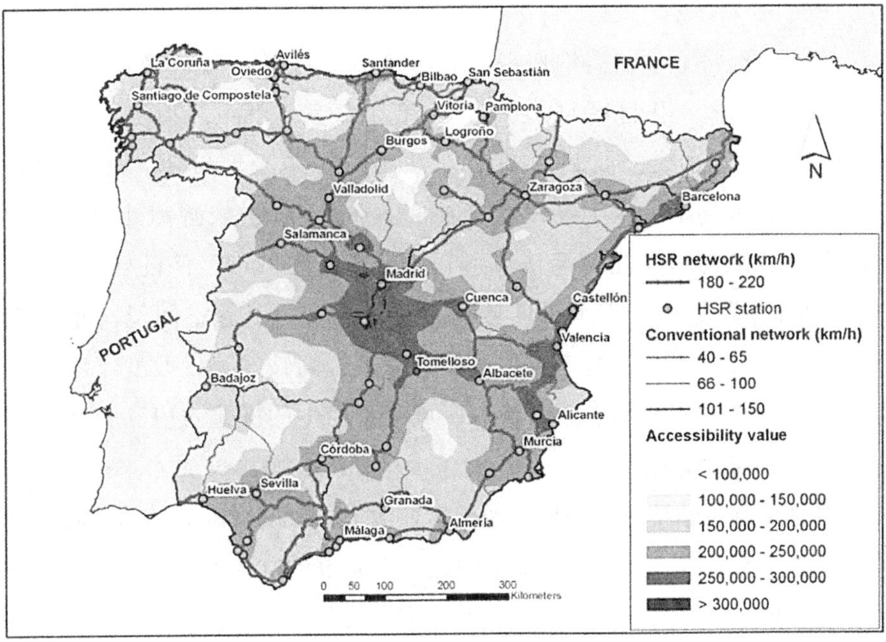

图 3.8 高铁影响下的西班牙可达性

图片来源：Monzón A et al.(2013)

Thomaset(2013)等发现英吉利海峡隧道促进英法间便利出行，但依然有障碍存在，并非像倡导者所设想的无摩擦交通。对肯特(Kent)、Nord-Pas-de-Calais 区域影响是有限或是负面的，发生区域间不均衡现象；虽提高了城市群和节点城市里尔的连接性，但伦敦、布鲁塞尔和巴黎并没有获益。Sasaki(1997)等对新干线进行区域系统研究，发现新干线促进发达区域的分散效应，却未解决过度集聚的问题。随着高铁的建设完成，区域空间仍以集聚为主，高铁服务不利于区域空间分散。Taniguchi(1995)认为日本新干线城市群通勤模式，中心节点城市受益于高铁网络。Brotchie(1991)发现东京和大阪通过扩张，经济实力增强，且在中央位置比外围位置影响大，但因有太多外部影响因素，衡量高铁带来更广泛空间的经济效益难度较大。

4. 差异化空间经济的影响

在空间经济方面，高铁服务促进旅游业、服务行业以及商务贸易，刺激服务需求，引起区域收入增加繁荣经济(Chen，2015；Haynes，1997)。日本新干线(Sasaki，1997)、法国TGV以及西班牙AVE的研究发现，高铁最终结果在于极大地增加商业经济、促进旅游和其他的服务部门发展，从而繁荣当地经济，引起城市蔓延和城市经济的转型发展。Chen(2012)表示高铁带来了区域间不均衡发展，引起空间经济重组现象。基础设施改善从长远来看促进经济发展，高铁的建设改变了时空概念，形成区域内交通网络。高铁对区域经济产生的极化效应和分散效应共存并相互影响。

高铁提升可达性，提高地区经济发展潜力，形成经济活动的空间再分配，如表3-5所示。通过高铁线路的连接，城市可以获得再生的机会，或许产生新的城际关系，从而提高区域实力和竞争力。高铁提高可达性，同时也增大区域空间差异，带来空间不均衡等问题。总的来说，高铁不仅提升区域和国家的可达性(Adler，2010)，也引起“廊道效应”“孤岛”和“极化效应”(Javier，1996；Shaw，2014；Levinson，2014)。

表3-5 **高铁对可达性影响**

作者	思路(方向)	高铁线路(站)	研究结果
Vickerman (1999)	可达性、经济发展	欧洲西北部高铁网	高铁没有实现区域可达性和经济平衡，为了实现这一目标，不仅需要基础设施提供，也需一个适当监管框架的服务条款和相应措施。
Gutiérrez et al. (1996)	可达性模式	欧洲高铁网	高质量的基础设施(高铁)可达性产生扭曲，出现“廊道”和“孤岛”。研究说明基础设施质量越高，可达性越扭曲，且产生更多不连续的空间。

续表

作者	思路(方向)	高铁线路(站)	研究结果
Ortega et al.(2012)	可达性评价地域整合性	西班牙加里西亚(Galician)	高铁增加可达性，在国家和廊道层面产生积极影响，引起“凝聚效应”；在区域层面出现不平衡和“极化效应”。
Monzón et al.(2013)	可达性分析效率和空间公平	西班牙高铁网	高铁引起空间极化，从而引发空间不公平；高铁可达性集中在高铁站点周围；目前高铁站形成“岛”和阴影区域“隧道效应”。起初位置较差的城市，可达性的相对改变量更高，而原本被铁路网连接大城市，可达性提高相对值却有限。
Vickerman et al.	可达性和区域发展	欧洲高铁网	高铁对中心和边缘城市的可达性影响不同，最适合发展高铁的地区为人口密集的中心区域。
Gutiérrez(2001)	可达性	欧洲高铁网	在欧洲层面，高铁可达性均衡发展；但是在国家层面则加剧空间不均衡。在欧洲层面，长距离出行影响大，相反短距离出行影响较小。

注：作者整理。

5. 区域协调发展战略

高铁减少长距离运行时间，高铁与机场、地铁、汽车等较好接驳，提高区域出行便利度，高铁廊道外的城市也可受益于高铁服务(Gutiérrez，2010；Garmendia，2011)。对于非高铁城市来说，最近的高铁站可能作为一个换乘节点，进而连接到高铁网络。高铁廊道外的城市也可能提高可达性，有高铁站的城市成为地区新的“核心位置”。大型中心城市因开通高铁而受益，尤其是城市核心区域，但会威胁边缘位置的城市(Hall，2009)。欧盟意识到“边缘化”的弊端，因而推动均衡和区域协调的战略，支持区域规划，如欧洲区域策略。“欧洲空间发展战略”首次提出多中心发展(polycentric)和地区凝聚力(territorial cohesion)政策；欧洲多中心巨型城市区域可持续发展管理项目，试图通过高速铁路加强多中心之间的联系，协调国家之间的多主体利益的冲突和结构失衡，以实现多中心和均衡的空间发展。

3.2.3　高铁对都市圈的交通影响

1. 高铁与多模式交通政策

多模式交通主要是指超过一种交通工具的运输方式，是一个新兴的研究领域，是国外近十几年来关注的热点问题。随着新的交通工具不断出现，小汽车被大量使用，形成复杂的城市交通网络，加速城市空间拓展，带来交通噪音、温室效应、公共空间较少和交通事故等诸多城市交通和环境问题。难点问题在于通过构建便捷的多模式交通体系，改变个人交通出行方式，使大众转向对公共交通依赖。

国外采取了一系列的相关政策行动来突破障碍，通过整合多种交通模式，发挥各种模式的优势特点，提供便捷、舒适的、无缝衔接的多模式交通体系。其主要的政策行动包括三个方面：(1)一般的交通实施策略；(2)可持续发展概念的介绍和推动；(3)整合交通设施和交通服务措施。

世界各国尝试通过多模式交通系统，实现交通网络秩序化的目的，并制定相应法律文件和战略措施，有以下几个针对多模式交通的法律文件和建议。1991年美国制定了《多模式地面运输效率法案》(ISTEA)，其第二部分声称：多模式交通是美国的政策，制定国家经济高效、环保的多模式运输系统，建立在全球经济中竞争的基础上，并以节能的方式运输人员和货物。并成立多模式交通国家中心(NCIT，the National Center for Intermodal Transportation)，评价和规划多模式联运系统。2001年英国伦敦于出台了《多模式交通枢纽最佳实践导则》(*The Intermodal Transport Interchange for London-Best Practice Guidelines*)，且制定《换乘枢纽规划——改善伦敦的换乘》(*Interchange Plan-Improving Interchange in London*)，希望通过增加交通方式选择和提升换乘体验，实现提高城市交通可达性和服务质量的目的。欧盟通过白皮书、绿皮书、沟通和建议等政策，实现多模式交通体系。

可持续交通是指在增加出行安全和效率的同时，减少污染、噪音、拥挤等影响。国外已关注发展可持续交通，其中多模式交通实施选择，常被认为是实现可持续交通的路径。在乘客运输方面，提供具有竞争力的门对门的公共交通，减少私家汽车使用。美国加利福尼亚大学伯克利大学Elizabeth研究可持续交通，坚定走以公交导向的TOD发展模式，倡导提高密度增加土地使用效率、混合的土地利用，减少小汽车出行并增加社区活力、宜居的步行环境；并在可持续交通方面提出6个战略：(1)最基础的是可达性和机动性；(2)友好城市：自行车+步行；(3)TOD、辅助公交和共乘；(4)远程遥控；(5)通过新技术提供有效的交通管制；(6)溢价回收策略(Elizabeth，2011)。美国得克萨斯州奥斯汀大学张明教授提出从土地使用与交通的整合来实现城市的精明增长(张明，2005)。

整合交通设施和服务主要是整合交通网络联系、节点、信息和设施，为乘客出行提供便利交通服务，突破硬件、软件和管理等方面的障碍，为满足乘客便利出行，整合短、中、长距离交通整合系统，减少小汽车使用，增加公共交通，实现交通可持续发展。

国外利用现代化交通管理手段，整合现有交通工具，开展多模式无缝衔接，对实现可持续发展交通和城市发展有重要意义。借鉴国外多模式发展经验，对高速铁路快速发展的中国，具有重要的借鉴和指导意义。

2. 整合高铁与航空

随着科技进步，多种交通方式出现，飞机、高铁、城际铁路、轨道交通、小汽车等，多模式交通出行是最佳解决问题的方式。以高铁与航空整合为重点进行阐述，在欧盟存在多个机场与火车站共建，如表3-6所示。

表3-6　　　　　　　　　　　　欧盟机场和火车连接

铁路类型	机场数量	机　　场
高铁(HSR)	1	里昂机场
高铁和慢车(local train)	4	巴黎戴高乐机场；斯德哥尔摩阿兰达国际机场；法兰克福；挪威奥斯陆
长距离火车和慢车	5	阿姆斯特丹史基浦机场；布鲁塞尔国际机场；哥本哈根；柏林费尔德机场；伯明翰机场
慢车	18	伦敦机场(希斯罗、盖特威克、卢顿、Stantead)、曼彻斯特、纽卡斯尔、巴黎奥利机场、马拉加、意大利比萨、罗马、米兰马尔彭萨国际机场、杜塞尔多夫国际机场、慕尼黑、斯图加特、维也纳、Freidrichshafen、巴塞罗那、马德里巴拉哈斯
地铁(underground trains)	4	伦敦希斯罗机场、纽卡斯尔、巴黎奥利机场、马德里巴拉哈斯机场
在建	4	纽伦堡(地铁)、德国汉诺威市、德累斯顿、科隆

资料来源：EC(1998；1999)

高铁与航空存在竞争与合作的关系，可通过两种不同模式的互补达成合作关系。高铁满足中短途乘客，航空则吸引长途乘客。提升铁路(高铁)与航空多模式换乘服务，能提高机场地面可达系统的机动性，通过铁路把乘客载至和运出机场，减少较短途的航空出行，有助于整合航空和铁路系统。目前，越来越多的学者研究他们间的整合性(Froidh，2008)。高铁和航空公司整合的实例，如法兰克福、阿姆斯特丹的史基浦，其中法兰克福机场是欧洲唯一成功推出“空铁联运”业务的机场(王晶，2011)。高铁与主要机场合作，高铁作为短期和中期的距离，飞机则有利于更长距离的服务(Hall，2009)。Murakami(2016)等对世界上10个区域内的82个城市，100个最繁忙的机场，包括在亚洲和中东地区有和没有机场铁路连接(airport rail links)，研究机场火车连接与经济生产的关系，结果显示：与机场铁路连接或通过铁路缩短出行时间的城市获得更高的经济生产力，而那些没有机场铁路连接或者以其他出行模式连接，需要较长时间的城市经济生产力提高相对较小；同时证明投资机场铁路基础设施和快速运输服务(express services)，提高机场连接可达性，可带来广泛的经济效益，经济集聚于中央商务区。Terpstra(2015)等选取荷兰、比利时、法国北部和德国西部机场研究高铁与机场的关系，发现高铁的运营可以提高机场的收益；乘客也获得更多的选择机会。整合高铁和航空，航空业市场优势增加。因此，应在机场建设火车站，强化两种交通模式无缝衔接。

3. 高铁与自行车

停车换乘是个人交通(私家车、自行车)与出租车、公共交通(汽车、火车)间的换乘。自行车是与公共交通接驳实现无缝换乘的最好交通工具。越来越多的服务实现自行车与公共交通衔接，作为基础设施同时也提供其他服务。在法国尚贝里，2002 年在火车站附近，建设大型自行车站提高联运出行。同时提供了额外的服务，如自行车存储、免费检查和租赁。欧盟成员国在火车站设置自行车停车站，其数量和容量如表 3-7 所示。

表 3-7　**自行车站数量和容量：选定的火车站**

国家	自行车站总数	选择的站点(名字/容量)
荷兰	104	莱顿/7000；乌特勒支/6200；格罗宁根/2700；阿姆斯特/2400；代尔夫特/2000；海牙/1800
德国	25	明斯特/3000；吕内堡/1000；佛莱堡/1000；曼海姆/800；赖内/750
丹麦	2	哥本哈根/300
意大利	2	费拉拉/200

数据来源：EC(1999)

3.3　国内高铁对多尺度空间发展影响综述

本部分主要从高铁的直接交通影响、高铁对区域空间影响和都市圈三个方面，分别介绍国内高铁及其城市群的空间发展影响。

3.3.1　高铁直接交通影响

1. 减少运行时间

随着中国高铁的快速建设，缩短了城市间运行时间，南北方向运行时间大约减少了65%，东西方向运行时间大约减少了75%；运行空间距离减少了约9%。高速带来的时空变化，刺激更多潜在旅游者出行(Wang et al.，2012)。高铁减少了城市和区域间的出行时间。高铁开通后，高铁城市之间运行时间减节省少了50%~65%。其中，有高铁城市出行时间减少较多，节省比例为54.5%，无高铁城市仅节省了33.7%(刘莉文、张明，2017)。

2. 高铁对航空的影响

中国进入“高铁时代”，高铁对民航运输的冲击力日趋增大，与沿线航线发生明显的竞争关系。如春秋航空退出郑州—上海航线；南航撤出太原—北京航线；成渝两地“和谐号”动车组开通后，运行19年的重庆—成都西南黄金航线(382km)停运；2010年郑西高铁正式开通后；郑州—西安(474km)两个城市间航线停运，高铁威胁了民航业(徐凤，2016)。

航空为争夺旅客开展了价格战，航空公司对部分航线推出了较低折扣机票，导致盈利水平下降。以武广航线为例，2009年12月武广高铁开通运营后，引发高铁对航空的冲击，航空收益水平下滑，武汉—广州下滑比例为15.10%，客座率水平下滑2.2%左右(杨年，2012)，如表3-8所示。

表 3-8　　**2010 年 1 月—3 月广州—武汉航线经营情况**

航段	承运人	旅客量(人)			客座率(%)		收入情况(元)			
		旅客量	日均	同比	客座	同比	平均	同比	座公里	同比
广州—武汉	东航	25438	282.6	36.70%	80.69%	-6.65%	522	-12.70%	0.4913	-19.40%
	国航	14357	159.5	—	87.78%	—	503	—	0.5033	—
	南航	83666	929.6	10.60%	85.51%	-1.66%	493	-10.00%	0.4560	-12.10%
	深航	19937	221.5	171.40%	87.03%	3.01	478	-14.90%	0.3064	7.50%
	行业	143398	1593.3	30.60%	85.04%	-2.26%	499	-11.20%	0.4378	-10.40%
武汉—广州	东航	24497	272.2	47.60%	78.40%	0.51	427	-21.00%	0.3837	-20.40%
	国航	12813	142.4	—	78.34%	—	518	—	0.4560	—
	南航	77939	866	9.90%	79.57%	-3.10%	454	-16.00%	0.3940	-19.20%
	深航	18406	204.5	195.20%	81.78%	7.81	394	-23.70%	0.2327	4.40%
	行业	133655	1482.1	32.80%	79.53%	-2.20%	447	-16.80%	0.3676	-15.10%

资料来源：《国内空铁联合运输网络规划方法研究》，杨年(2012)

朱晖、潘爱丰(2014)等学者研究铁路、航空服务的腹地范围，发现在空间上，城际、高铁和航空客运有各自的优势范围。其中城际轨道腹地范围为 200km，高铁服务在“2 小时等时圈”范围。(见图 3.9)。

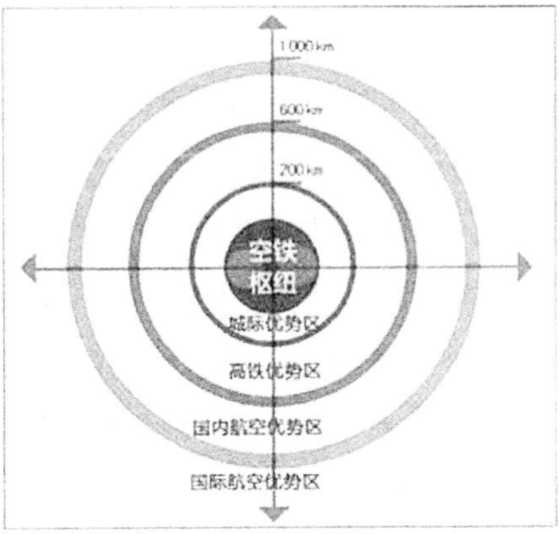

图 3.9　空铁枢纽影响理论模型示意图

图片来源：朱晖、潘爱丰(2014)

3.3.2　高铁对区域空间的影响

1. 扩大区域差异

在全国尺度，国内学者对高铁对空间影响研究较少，但已有研究对中国高铁影响和经济发展有重要意义。戴学珍选择京沪高速铁路沿线72个城市，探讨了京沪高铁可达性变化的空间分异规律。研究发现京沪高铁产生“廊道效应”，增加高铁城市与非高铁城市之间的差异，加剧了区域发展的非均衡性(戴学珍，2016)。高铁网络建设的非均衡性，导致城市间获益存在不均衡问题，“相对区位”会发生改变，高铁能够引起重组城市空间结构(王姣娥等，2011；王缉宪，2011)。Jiao(2014)等发现高铁导致不均衡的可达空间。Cao(2013)研究全国49个城市，发现京沪沿线城市获得可达性高。钟业喜(2015)等选取全国31个地级市分析一日交流圈范围，研究发现高铁提升可达性，但不同城市、区域的可达性改善程度存在差距，差异显著且呈现东中西差异分布。姜博(2016)对中国“四纵四横”高铁网络可达性进行对比分析，发现全国高铁可达性强弱变化呈明显地带性规律。

赵丹(2012)分析长三角城市群可达性，结果说明高铁缩短了城市之间的时空距离，通过都市圈、经济轴带的形成与发展，促进了区域均衡化空间结构的形成，但对城市可达性水平存在区域差异。高铁带来区域可达性水平不均衡的影响，已通高铁的城市与未通高铁的城市之间、不同规模城市之间以及国家和城市群的尺度上存在差异。由于全国铁路网建设的非均衡性，各城市在网络优化中的获益是非均衡的，导致其“相对区位”发生改变，对重塑区域与城市空间结构产生了重要影响。高铁通过极化效应、集聚效应与扩散效应，呈现“点-轴-面”的时空系统演变过程(张莉等，2012)。Chen(2013)对上海—南京和上海—杭州高铁线路，采用点-轴-网络系统模型，得出从上海和其他主要的城市(节点)溢出效应，沿着主要轴线促进城市和区域发展，整个大城市群空间协调发展，高铁同时也产生了一系列的地理和社会方面的问题。高铁加强节点TOD，增加廊道溢出效应和区域资源分配的机会，一些经济活动或经济资源，从高层次的城市流向低层次的城市，都市化程度日益加强，使得上海成为长三角城市群中更占主导地位的中心城市(姚涵，2013)。高铁导致长三角城市群不均衡分布的经济效益(Chen，2013)。

2. 同城化效应

高铁促进了同城化、一体化效应(张学良等，2010；赵渺希，2012)。城市间高铁的衔接，加快了资源在空间的合理流动和有效配置，带来了资源共享、服务共享的同城化效应，体现在居住工作异地化、旅游休闲同城化、产业布局同城化、交通一体化等方面。方大春(2014)通过京广高铁沿线城市，研究高铁对城市空间影响，发现京广高铁的建成加强了环渤海经济圈、中原经济圈、武汉都市圈和珠三角经济区之间的密切联系，有效地降低了运行时间成本，为人员流动带来极大便利，对于促进我国南北区域经济协调发展有着重要的作用。徐长乐、郇亚丽(2011)提出高铁带来城市经济发展圈的同城效应。姜博(2015)对哈大高铁的研究发现，高铁提高城市可达性，促进重塑东北地区的空间格局，产生"中心-边缘"的空间格局，近域大城市空间整合，打破传统的区域空间格局，形成复杂的空间分化与组合，高铁导致同城效应。

3. 差异化空间经济的影响

在旅游影响上，汪德根教授研究证明高铁具有马太效应、过滤效应、扩散效应和叠加效应，并提出了旅游空间优化策略。Wang(2012)等学者研究中国旅游发展业，认为高铁增大了旅游空间市场，但同时带来了更广泛的竞争空间，使得重新分配旅游中心。徐长乐、郇亚丽(2011)提出："高铁催化高铁沿线城市经济发展，催化产业结构快速转型，便利民众多样化的出行需求。"史佳璐(2015)分析高铁对城市空间结构的影响，得出高铁改变了济南"东强西弱"的格局，逐渐优化济南的城市空间形态，支撑城市发展建设和产业转型发展，加速城市空间结构演进。高速铁路对上海对外交通能够产生根本缓解与系统质变的作用，京沪高铁有助于实现铁路的高运量，催化上海和周围地区的经济联系，将促进与支撑上海城市发展，甚至有可能影响上海的城市布局(侯明明，2008)。

3.3.3　高铁对都市圈的交通影响

1. 高铁交通圈

高铁改变城际交通分布结构，增加人们的出行需求，影响人们对城际出行的空间感知，“1小时交通圈”是都市圈、经济圈、生活圈的基础(侯雪，2011；黄翌，2013)。姜博(2015)、初楠臣(2016)基于可达性变化，分别分析哈大铁路、哈齐城际高铁和长三角城市群高铁，提出高铁引起城市可达性的变化，带来1h高铁经济圈、同城化效应、高铁经济走廊，加速空间格局的渐变与重塑等区域空间格局的影响。

2. 多模式交通换乘

交通综合一体化发展的要求成为共识，尤其是高铁与城市轨道交通系统的整合(段进，2009)。Wang(2013)等分析发现中国高铁车站通常位于城市边缘，高铁车站可达性较差，阻碍了高铁系统的有效性。陈璨(2012)指出城市群综合运输体系应与城市群空间结构、产业布局相适应，在建立与城市群发展相适宜的交通走廊、构建中心城区间快速交通网络、改善交界区域交通网络和公交服务、提升综合客运枢纽功能和服务水平、促进一体化货运组织、鼓励体制和机制创新等六个方面给予了政策与建议。牛玉(2016)从公共交通网络、快速公共交通系统和改善接驳换乘等方面，提出高铁站与城市交通有效接驳的建议。周军(2013)提出完善换乘衔接服务体系和枢纽信息化、一体化水平等对策，优化高铁客运枢纽与城市交通衔接。叶杉(2013)建议武汉站提高公共交通方式的换乘接驳，提供多种接驳需求。长沙高铁南站主要是以高铁运输为主，建议增加地铁、轻轨等多种交通，完善高铁站的接驳换乘系统，与长沙市内部交通系统整合发展(申浩等，2012)。

3.4 高速铁路的发展与案例研究

3.4.1 高速铁路的发展历程

到2011年底，全球有17166km的高速铁路，到2025年，考虑到计划和在建线路，23个国家建设高铁线路长达42322km(UIC，2011)。1964年，日本最早开始高速客运系统。全球高铁建设主要经历4个发展阶段。第一次浪潮是1964—1990年，在日本新干线开通之后，法国开始建设东南和大西洋的TGV线路，意大利建设了罗马至佛罗伦萨的高铁线路，德国也建设高速铁路。第二次浪潮是20世纪90年代中期，法国、德国、意大利、西班牙、比利时、荷兰、瑞典、英国等欧洲国家，本国或跨国高速铁路的快速建设，进而促成欧洲高铁网络(见图3.10)。第三次浪潮是90年代至今，在世界范围内掀起了高铁的建设热潮(见图3.11)，中国成为建设高铁热情最高的国家。2004年《中长期铁路网规划》，提出到2015年建成12000km的高铁线路，形成四横四纵的网络。中国政府投资高铁建设，2008—2010年，高铁总投资约为3000亿美元。2008年8月1日真正意义的高铁——京津城际高铁开通运营时速为350km/h。目前，中国高铁运营里程居世界第一，2015年中国高铁运营里程达到1.9万km。“中国高铁”被提到前所未有的政治高度。2014年4月，国务院常务会议确定了深化铁路投融资体制改革和加快铁路建设的5项政策措施，提出加快完善高速铁路网，贯通北京至兰州、重庆至厦门等高铁通道，拓展区域连接线。2016年7月，国家发改委公布修订之后的《中长期铁路网规划》，到2020年，中国铁路网规模将有15万km，其中高速铁路营业里程达到3万km，覆盖80%以上的大城市；到2025年，铁路网规模约达17.5万km，高速铁路可达3.8万km。

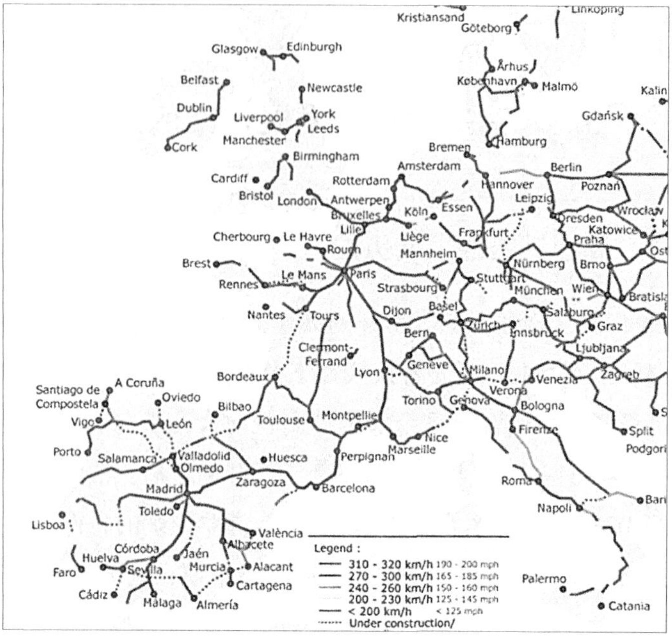

图 3. 10　欧洲高铁网络

图片来源：Independent Transport Commission，2014

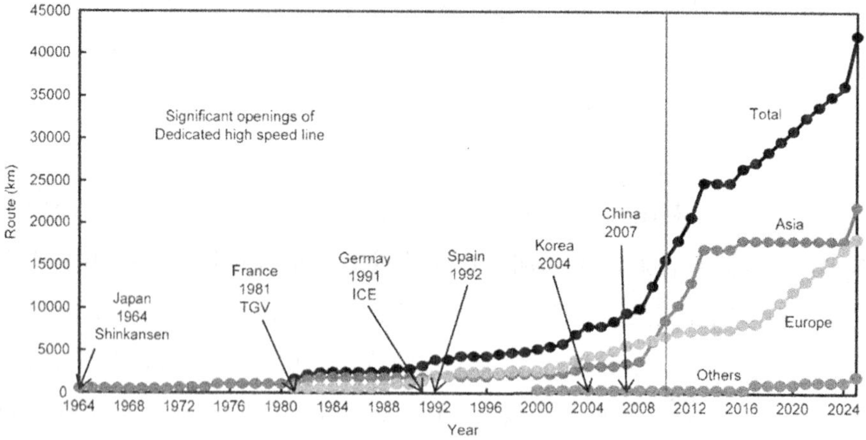

图 3. 11　世界高铁线路发展

图片来源：Smith R A，Zhou J (2014)

表 3-9 高铁枢纽交通连接案例

	大阪关西国际机场站	里昂机场车站	戴高乐国际机场站	上海虹桥站
概况	关西国际机场为京阪神都会区和关西地方的主要机场，邻近有神户机场、大阪国际机场，位于大阪湾东南部的泉州近海离岸5km的人工岛上，距离大阪市约38km，距离大阪市中心只需约1小时的车程。	机场距离里昂市东部中心20km，机场的两条跑道排列南北，是整个罗纳普阿尔卑斯山地区的重要交通枢纽，是一个集地铁、公交和火车的中转枢纽站。	戴高乐国际机场是欧洲主要的航空中心，也是法国主要的国际机场，位于巴黎东北25km处的鲁瓦西。机场有法航巴士、专线巴士、市郊火车、地铁等公共交通与市区连接。	上海虹桥站位于上海市闵行区申虹路，总占地面积超过130万m^2，站房总建筑面积约23万m^2，其中铁路站房约10万m^2，雨棚面积约11万m^2，立体共分5层。
遥感影像			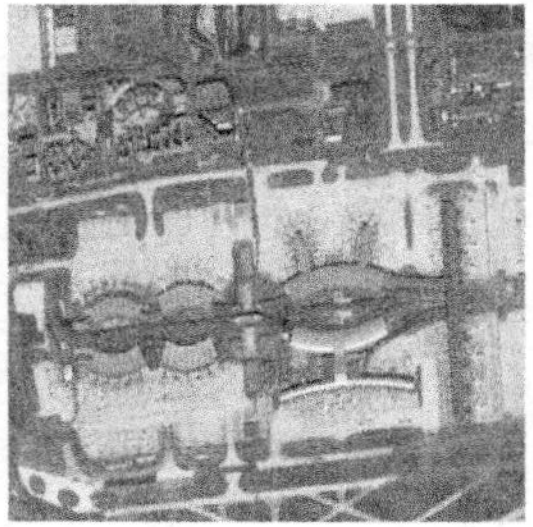	

续表

		大阪关西国际机场站	里昂机场车站	戴高乐国际机场站	上海虹桥站
交通接驳	换乘模式	综合体内部纵向换乘	综合体内部纵向换乘	综合体内部纵向换乘	综合体内部纵向换乘
	集散交通	飞机、地铁、高速船、机场大巴、出租车、私家车	高铁、飞机、公交、出租车、私家车	高铁、轨道专线、飞机、公交、出租车、私家车	高铁、地铁、飞机、公交、出租车、私家车
	交通层数	4	3	3	5
	立面布局（交通层）	4F：国际航线出发大厅 3F：商业、餐饮 2F：国际航线出发、到达大厅 1F：国际航线到达、机场快线、出租车、机场巴士乘车	1F：机场连接平台 0F：转换平台 -1F：轨道站台	2F：转车层 1F：候车层 0F：轨道站台	2F：高架道路出发层 1F：到达换乘廊道层 0F：机场大厅、轨道及站台、巴士站、广场及停车 -1F：换乘层，布置地下车库、地铁站厅、进站厅和出站通道
	换乘节点	换乘大厅	综合大厅	综合大厅	连接通道

续表

		大阪关西国际机场站	里昂机场车站	戴高乐国际机场站	上海虹桥站
功能构成	枢纽综合体	交通功能为主，配置商业、餐饮、酒店功能	交通功能为主，配置部分商业、餐饮功能	交通功能为主，配置酒店、商业、餐饮及休闲娱乐功能	交通功能为主，配置部分商业、餐饮功能
	枢纽地区	开敞空间和配套设施为主	以绿地为主，布置大量地面停车	配置酒店及少量办公	大量公共开敞空间，配置部分商务、居住及酒店功能
服务设施	枢纽综合体	文化设施(航空主题公园)、银行、警察局、邮政局、诊所、宠物寄养点、汽车租赁等	外汇局、汽车租赁	办公、休闲娱乐、银行、邮局、医护药品中心	派出所、银行、邮局
环境设计	枢纽内部空间	航站楼采用方向性明确的弓形桁架，站内信息化、自动化程度高	车站造型独特	—	信息化、自动化程度高
	站前广场	无明确站前广场，枢纽综合体内部组织室内广场空间	小规模站前广场，广场周边布置大规模停车场	无站前广场	大尺度站前广场，主要用于交通和客流组织

3.4.2　高铁枢纽交通连接案例研究

研究选取大阪关西国际机场、里昂机场车站、上海虹桥火车站作为典型案例，对比分析高铁枢纽作为综合交通网络多交通模式衔接换乘的节点，在机场设置高铁站，与地铁、公交、出租车等城市内部交通和机场、大巴等外部交通的衔接换乘，见表3-9。

3.4.3　高铁对区域城市发展影响——法国里尔站案例

里尔是法国北部诺尔加来海峡大区首府，里尔城市联合体人口约120万人，历史上以采矿和纺织为主体产业，是法国北部最重要的铁路和交通枢纽(见图3.12)。

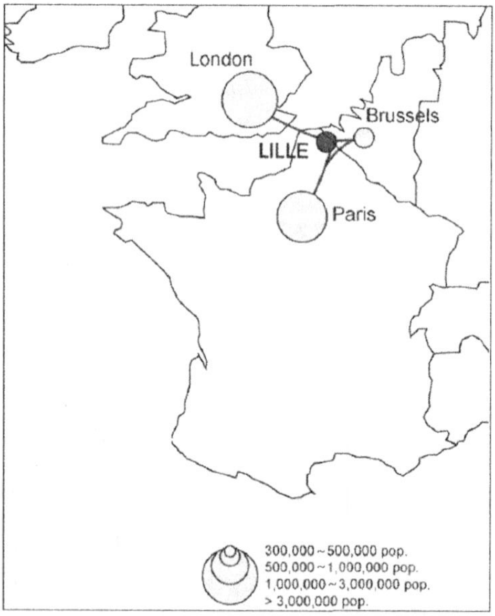

图3.12　里尔区位、临近城市人口规模

注：来源于 Ureña，J. M.，P. Menerault，et al. The high-speed rail challenge for big intermediate cities：A national，regional and local perspective[J]. Cities，2009，26(5)：266-279.

1. 里尔发展历程

“二战”之后，法国经济复苏较快，里尔的工业生产和建设活动都很活跃，里尔、图尔宽和鲁贝的工业化、城市化进程加快。同时法国于20世纪50年代制定了全国性区域规划，在里尔东部建起了一个新城，这些城市相互联合构成了法国最大的城市联合体，成为法国最重要的工业中心。

从20世纪60年代开始，经济危机席卷法国，里尔的优势产业包括纺织、服装加工及采矿业，由于煤炭和纺织业的衰退，里尔遭受了经济危机的重创。传统工业不断衰退和萎缩，里尔地区的经济结构开始转型，而屡屡受挫的城市中心区开发计划又抑制了城市新型产业的发展。随着城市失业等社会问题的凸显，里尔面临着老工业城市日趋衰败的命运。

在20世纪末，欧洲一体化进程的深化打破了传统城市由国家行政划分等级的局面，国家疆域边界的弱化产生了“泛欧城市”这一新的城市概念。1986年，法国、德国、比利时和荷兰等国家共同签署协议，同意建设欧洲北部的高铁网络。在这种宏观环境下，欧洲的中等城市竭力寻求发展的契机，以便在欧洲新的城市格局中占有一席之地。里尔优越的地理位置为其发展提供了机遇。通过高铁建设带动区域发展给里尔地区走出困境带来了曙光。里尔城市联合体(CUDL)的努力争取使两个大型建设活动——高铁系统(TCV)北部网(巴黎—里尔—布鲁塞尔)和英吉利海峡隧道连接里尔成功，里尔的区位优势显著得到提升，并成了联系法国至英国、比利时、荷兰等西欧邻国的重要交通枢纽，同时里尔市及里尔地区开始复苏、活跃。里尔从TGV获得的发展机遇扩大到整个区域，有效地促进了区域整体发展，里尔成为伦敦、巴黎和欧盟所在地布鲁塞尔的重心。通过快速交通，将3个城市的经济活力直接辐射到里尔，形成现在的“欧洲里尔”。

(1)里尔站选址。里尔市新建的高铁车站——里尔欧洲站位于旧城边缘，是欧洲物流中心。在法国总理皮埃尔·马龙(Pierre Mauroy)的敦促下，法国国家铁路公司(SNCF)最终将高速列车的车站由塞克林(Seclin)改至里尔市中心。里尔欧洲站位于里尔城区的东北部，用地内部聚集了大量交通线路，包括相互斜交的环城公路、TGV 高速铁路和老铁路。为了使用地结构清晰，在规划中将环城公路的局部改为平行于 TGV 线路。

图 3. 13 里尔站在里尔市的位置

(2)里尔站多模式交通衔接。里尔原有的火车站弗朗德站服务于通往巴黎的高铁系统(TGV)以及其他国内铁路。这两座车站之间的距离约为 500km。这个交通枢纽实现了高铁、传统铁路、城市道路以及高速公路等多模式交通的便捷转换，地铁、有轨电车以及公共汽车的无缝换乘。TGV 与新旧车站、国际与国内、城际与城市内交通网络的良好接驳，使里尔一跃成为欧洲可达性最好的城市。

(3)里尔站点周边地区的建设。1988 年经济危机时期，里尔建立了欧洲里尔都市发展公司(Euralille-Metropole)，并制定了发展框架，即以南北向的新的 TGV 车站为发展中轴，向两侧开发 $70hm^2$ 的建筑用地，作为欧洲的新商务中心(见表 3-10、图 3. 14 和图 3. 15)。总投资 18 亿欧元，重要建设计划有：一期为 63000 间办公室、700 套住房，$66000m^2$ 商业中心，$18000m^2$ 里尔会演中心，住宅，公建，旅馆，8 公顷公园，6000 个车位的停车场；二期为里尔会演中心续建 15000m^2，大区政府占用地 50000m^2，800 套住宅，55000m^2 商务活动及办公室，13000m^2 公共建筑。

表 3-10　　　　里尔高铁站区的用地功能和比例

基地面积(hm^2)		70	
总建筑面积(万 m^2)		27.37	比例
其中	商务办公	4.57	16.7%
	住宅	1.76	6.4%
	酒店	1.86	6.8%
	商业娱乐	9.63	35.19%
	会展	3.8	13.9%
	学校	1.14	4.2%
公园(万 m^2)		10	
停车场(车位数)		6100	

(4)里尔高铁对区域城市的影响。分为交通的影响和非交通的影响，主要包括：①出行时间大大缩短；②载客量大幅度增加；③交通方式转变，航班有所减少，巴黎至布鲁塞尔的航班取消；④社会人口的变化。在高铁建成之前，里尔市处于一种离散的状态，在 1982—1990 年，城市才停止人口流失，人口才开始缓慢增长。1990 年以后，里尔市城市化地区开始扩张。对人口密度的分析，显示了一种再集聚的趋势，更多的人迁移到密度更高的中心地区。这种趋势说明高铁会把增长分布转移到中心地区，尤其是对大城市而言。许多上班族住在里尔这样的高铁沿线城市，方便到巴黎等更大的城市去上班；⑤国际影响。通过修建高铁，加强与英国、比利时的交通网络衔接，尤其是通过英吉利海峡隧道和英国连通，加强了彼此间联系。地区的可达性不同，高铁所产生的社会经济影响也不同。城市及其郊区的规模对城市的发展至关重要。一个城市至少要有 75 万人才能满足建设高铁的要求。作为区域中心的大城市从经济发展中获益远远大于较小

的城市。对于经济环境不好的区域和城市，尤其是相对于周边区域或城市较差时，高铁的开通可能会导致经济活动的转移，从而带来消极影响。

图3.14　欧洲里尔鸟瞰图

2.“欧洲里尔”的经验

(1)优越的交通条件：紧邻新旧火车站，通过交通集散广场、高架桥等与各个火车站和城市快速路在空间上保持了紧密的联系，公共汽车站、地铁站、地下停车场的设置，通过柯布西耶桥的建设强调与老火车站、城市中心的联系，极大方便了人们各种方式的出行(无论是步行者、公交乘客还是私人汽车)，使“欧洲里尔”有极佳的通达性，这是它成为最具吸引力的城市中心的重要因素之一。

(2)便利的商业设施：将所有的商业购物设施及娱乐中心都聚集到一个大型建筑基座里面来，为人们提供极为便利的全天候的休闲购物环境，在这里从容地购物、散步、参加休闲文化活动。

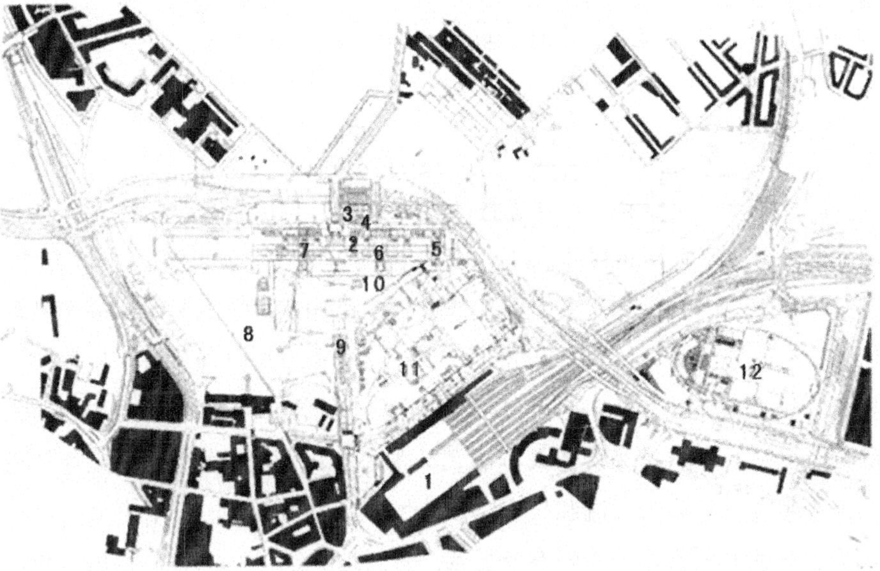

图 3.15 欧洲里尔的平面图

注：1—里尔老火车站；2—TGV 车站；3—地铁车站；4—皮拉内西大厅；5—世界贸易中心；6—克莱迪特大厦；7—旅馆(未建)；8—公园；9—柯布西耶高架桥；10—欧洲广场；11—车站购物中心，欧洲里尔中心；12—会展中心

(3)多功能的融合：在商业中心复合体上设置酒店、办公、住宅等塔式建筑，同时规划大型会演中心，在整个基地边缘地段开发住宅办公等项目，使城市新中心除了商业功能之外，还兼有行政办公、居住、文化娱乐、会议展览等多种功能。

(4)提供一定的就业岗位：得益于多种城市功能的融合，商业购物、行政办公、文化娱乐、会议展览等场馆的兴建，大量商店、公司的入驻，至 2001 年，“欧洲里尔”共提供了 6500 个就业岗位。

(5)城市新形象与公共空间的创造：得益于大师们的设计，“欧洲里尔”塑造了崭新的城市中心形象，它独树一帜的各类公共建筑造型，具有鲜明的风格与个性，在火车站台和站前广场之间设置“TGV 视窗”，成为游客观光的新景点。

3.4.4　国内外高铁站点选址和定位

1. 国外高铁站点选址和定位

国外基于城市更新和产业更替的内在要求，主要将高铁引入市中心带动金融商务等高端功能开发，多以新站建设与老站更新共存的发展方式。以法国里尔站为例，最初法国国家铁路公司(SNCF)主张将TGV的车站设在里尔市南部的赛克林，主要是为了节省成本和缩短路程。法国皮埃尔·马龙(Pierre Mauroy)市长提出“不要让高速列车停在沙漠中”，力主在里尔市中心设站，更新并保留老火车站。马龙还提出“里尔所在的区域整体发展，才能吸引足够的人流和投资，成为欧洲一线城市”。里尔市将从高铁TGV获得的发展机遇扩大到整个区域，有效地促进了区域整体发展，里尔的项目资金来源大大增加。

表3-11　　国外大城市高铁站距离市中心距离(km)

国家	高铁车站	距市中心距离(km)	选址类型
法国	法兰克福站	2	城市中心型
德国	柏林中央站	2.5	城市中心型
荷兰	阿姆斯特丹南站	4	城市中心型
法国	巴黎北站	2.8	城市中心型
日本	东京站	1.2	城市中心型

国外高铁站点周边作为金融、商务、办公、教育、商业、居住等一体化的功能区，集商务、办公为核心兼具购物、休闲、居住等多种功能。如欧洲里尔的功能区主要分为：

· 交通中心：TGV车站、地铁和火车站；

· 商务信息中心：世界贸易中心、克莱迪特大厦、其他办公用房；
· 城市公共设施中心：车站购物中心、会展中心、综合服务中心；
· 城市公园：包括城市公园和欧洲广场。

在欧洲里尔的规划中，两套网格体系相互交叠，一套是沿 TGV 轴线，通过组织方块体量的建筑群来强化交通流线；另一套是沿老铁路和车站的方向，强化维利大街的走向。欧洲里尔与城市和近郊的联系主要通过柯布西耶大道。在环线调整后，原来封闭的环线道路改为可步行穿越的林荫路，从而将会展中心与欧洲里尔的其他部分联系起来。

从商务区与 TGV 车站的结合、覆盖了近 $4hm^2$ 地面的车站购物中心(Station Triangle)，到三位一体的会展中心(Congrexpo)。里尔的特定用地条件造就了欧洲里尔巨构的品质，因为在这样一个被交通网络分割得支离破碎的复杂现状上，整合破碎必然形成集聚。建筑的相互覆盖、连接和并置，形成了自然而然的巨构。

2. 国内高铁站点选址和定位

国内基于对土地城镇化路径的依赖，自上而下的布置形式，铁路部门出于降低成本、线型选择等方面考虑，常将高铁站点选址远离城区或设置于城市边缘和外围，城镇化空间形态呈现低密度蔓延的特点，以新站建设为主，老站功能逐步转向普铁。造成这种情形的主要原因可能有以下几个方面：①城市规划意图，以高铁枢纽支撑大城市外围副中心或中小城市新中心的形成；②保障高铁线路运行速度，避免穿越中心区限速干扰；③出于协调和工程便利及成本考虑，新增外围站点较之在城市中心区改造或新增站点，实施阻力和协调难度相对更低(李鑫、赵强等，2019)。以京沪高铁沿线站点为例，多数城市设置在城市建成区范围边缘和外围，限制了站点周边地区与城市的互动，即区域交通设施难以带动城市发展，如天津南站和滁州站，距城区约为 10~14.9km，德州、无锡、苏州和上海站距离为 15~20km。

表 3-12　　　　　中国大城市高铁站距离市中心距离(km)

城市	高铁车站	距市中心距离(km)	选址类型
北京	北京西	11.8	城市外围型
上海	上海虹桥	15.3	城市外围型
武汉	武汉	8.5	城市外围型
长沙	长沙南	14.5	城市外围型
南京	南京南	10.4	城市外围型
济南	济南西	20.3	城市外围型
天津	天津南	18	城市外围型
广州	广州南	16.1	城市外围型
杭州	杭州东站	13	城市外围型

国内高铁站点周边产业发展过分强调对商务人流、资本流的吸引，以促成在高铁站周边进行高端化、大规模开发建设，注重商务、金融等高端服务业，突出商务功能，定位为商业区或者商务副中心。但由于我国经济发展尚未达到西方国家水平，产业结构仍依赖于制造业，商务金融产业仅限于区域中心城市，非中心城市由于城市能级过低，很难通过高铁新城吸引到外部商务资本，所以我国中小城市高铁站点周边往往只能集聚零售、餐饮、住宿等低端服务功能。

表 3-13　　　　　中国高铁周边功能定位

城市	站点名称	功能定位
北京	新北京南站	突出商务功能，筹划北京南经济圈
天津	天津西站	集体路、公共交通综合枢纽与城市商务于一体的城市副中心
南京	南京南站	一级客运站、城市商业副中心
上海	虹桥站	上海面向长三角大的交通中心和区域服务中心
蚌埠	蚌埠南站	功能齐全的现代化新兴城区

续表

城市	站点名称	功能定位
沧州	西部新城	服务于高档休闲、旅游、娱乐、餐饮、服务业为主的商业区
德州	高铁新区	交通服务区，城市居住及综合服务区和工业产业区
无锡	无锡东站	新兴增长区，现代生产服务和旅游服务的空间载体

3.5 本章小结

本章综述国内外城市群(巨型城市区域)研究现状，欧盟持续对多中心巨型城市进行区域规划建设，美国关注巨型区域的发展，中国学者对城市群研究在学术领域逐渐扩大，其研究范围不断扩展，在研究内容上不断深化。综述国内外高铁对多尺度空间发展的影响，主要从直接交通影响、区域空间的影响、都市圈的影响等几个方面论述。同时，进行高铁发展历程和案例分析研究，梳理高铁发展的理论研究和实践进程。高铁作为城市群连接重要的外部交通工具，与其他交通工具存在竞争与合作的关系，推动着城市群空间经济发展，促进了城市转型发展。高铁对区域空间影响的差异性备受国内外学者关注，同时高铁与其他交通模式的无缝换乘也是研究热点之一。

高铁是技术创新的产物，目前相对于中国高速铁路快速发展，国内关于高铁的研究相对还较少，这体现在以下几个方面：①高铁对全国层面的影响研究较少；②多限于对武广、京沪等单条高铁线路和较成熟的长三角、珠三角城市群研究，对长江中游城市群以及其他线路研究较少。因此，有必要了解国外高铁对空间经济的影响，借鉴其研究理论和方法。关注中国中西部地区的发展，研究高铁对区域和城市空间的影响，有利于填补研究空白，科学制定区域发展规划策略。

第4章　研究方法

本章在相关理论研究和国内外高铁建设对城市群空间发展文献综述的基础上，分析研究经验和不足，提出两个时间节点和三个空间尺度的研究思路，从而形成本研究的方法体系，构建高铁对区域的时空形态影响、高铁对区域经济生产力的影响、城市群地理空间结构和高铁对区域空间差异等影响的研究方法，收集三个空间尺度的数据，构建基础地理信息数据库。

4.1　研究思路

4.1.1　研究节点——双时间节点

研究主要包括两个时间节点，即2006年高铁开通前和2014年高铁开通后。选择2006年作为高铁开通前的时间节点，是在研究中摸索中得出的。

时间选择：2008年1月1日京津城际铁路开通，被公认为中国的首条高铁。但是铁道部决定2007年4月18日起实施第6次提速，第6次提速新产品——开行城际间和城市群间动车组。因为部分线路动车组的时速在200km以上，利用已开通动车组的城市出行时间，与2014年的出行时间进行对比分析，必然会影响研究结果的可靠性与准确性。因此最后选择2006年为未开通高铁的时间，2014年作为开通高铁后的时间。

4.1.2　研究尺度——三个空间尺度

研究主要包括三个空间尺度，即宏观尺度——全国尺度、中观尺度——长江中游城市群和微观尺度——都市圈。研究在这三个空间尺度上，在全国高铁网络、城市群内高铁网、高铁站点三个层面，逐级逐层分析，探讨高铁建设对机动性、区域经济生产力、空间形态、航空腹地范围变化等影响。

(1)在宏观尺度上，全国铁路(高铁和普铁)网络中，选取266个地级市为基本空间单元，包括高铁经过的城市和高铁廊道外无高铁经过的地级市，分析2006—2014年高铁对全国19个城市群、四大国土区域的机动性(平均出行时间)和可达性的影响；以柯布道格拉斯生产函数为基本模型，量化高铁对区域经济生产率的影响。

(2)在中观尺度上，选择长江中游城市群内铁路、高速公路、县道网络，在市辖区、县级市行政单元下，研究区域包括长江中游城市群185个县市(区)，探析高铁对长江中游城市群空间影响。利用平均出行时间、可达性方法，对比研究2006年(无高铁)与2014年(有高铁)长江中游城市群时空形态变化，利用CV、标准可达性等方法，研究高铁对长江中游城市群空间差异影响。

(3)在微观尺度上，以城市圈为研究对象，所选区域大于长江中游城市群范围，总共包括300个县市区。研究区域协同性，探讨高铁与航空(外部交通)、高铁与地铁、常规公交(对内交通)的多模式衔接。基于中三角4个机场构成的城市圈，探讨高铁与航空的多模式整合、高铁对机场服务腹地范围的影响。高铁与城市中、小运量交通方式之间的高效换乘，即以高铁与地铁、公交的多模式整合，分析高铁对武汉市可达空间的影响。通过发展多模式交通，方便旅客多模式交通间便利的交通接驳，实现高效换乘。通过高铁与城市交通的一体化，实现武汉建设发展的目标。

4.2　研究方法

全国尺度的研究方法主要包括平均出行时间、可达性、双对数模型，分析高铁对中国城市群时间形态和区域经济的影响。城市群尺度的主要研究方法包括首位度指数、区位熵、平均出行时间、可达性、CV，测度高铁对区域空间差异的影响。城市圈尺度主要利用等时圈，进行高铁与航空、地铁等交通一体化研究。

4.2.1　高铁对区域的时空形态影响

1. 平均出行时间

研究采用平均出行时间，测度高铁建设带来的城市间时空压缩，指从某一城市到其他城市的平均出行时间，计算公式如下：

$$\mathrm{TA}_i = \sum_{i=1}^{n} T_{ij}/n \tag{4-1}$$

式中，TA_i 为城市 i 到其他城市的平均出行时间，T_{ij} 是城市 i 到所选区域内 j 城市的最小出行时间，n 为交通网络中所选择的城市总数。其中，TA_i 的值越小，说明该城市的机动性越好；通高铁前后差值越大，表示高铁对时空压缩越大。

2. 等时圈

等时圈指在限定的出行时间内，一个节点城市可达人口数量或经济活动，反映限定时间内高度经济联系区域，如一日交流圈反映了以一日为周期的经济高度联系地区（王德，2003）。经验证明，高铁服务不仅增加乘客量，同时增加当日往返乘客的比例。在研究机场腹地范围时，选取 1h、1.5h 和 2h 作为等时圈，测度个人或公司的商务办公、娱乐休闲和就业通勤等交流联系区域。在都市圈范围内，反映内部联系方便程度的交通时距，通常选择0.5h等时圈和1h等时圈，本书研究高铁站腹地范围变化，选择1h内等时圈。

可达城市数(DAC)，是指在限定时间内，某一城市能够到达其他城市的个数，计算公式如下：

$$\mathrm{DAC}_i = \sum_j N_{jt} \tag{4-2}$$

式中，DAC_i 为城市 i 在 t 时间内能到达城市的数量，其值越大，说明与城市 i 经济联系紧密的城市越多。

可达人口或经济活动(DAM)，是指在限定时间内，某一城市可达的人口数量或经济活动量，计算公式如下：

$$\mathrm{DAM}_i = \sum_j N_{jt} M_j \tag{4-3}$$

式中，DAM_i 为城市 i 在 t 时间内能到达人口数量或经济生产总值(GDP)；M_j 指城市 j 的人口总数或地区生产总值(GDP)。

3. 可达性

可达性指获得目的地机遇的容易度，其中机遇可指人口(劳动力)、就业、服务等，依可达性分析的应用目的而定。可达性的度量有许多不同的模型方法，最常见的为用重力模型数据来测度可达性，这是分析高铁对区域可达性影响的常用方法(Vickerman，1999)。

$$\mathrm{PA}_i = \sum_j \frac{E_j}{(T_{ij})^{\alpha}} \tag{4-4}$$

上式中，PA_i 为城市 i 的可达性，反映城市 i 的吸引力；E_j 代表城市 j 的机遇；I_{ij} 为出发地与目的地之间的出行成本，如时间、距离等，α 值反映出行者对出行成本的敏感度，其大小决定目的地机遇吸引力的距离衰减速度，一般是通过调查的实证研究获取。根据学者已有研究，若研究区域较大(如国家范围或者大区域范围)，α 通常取值为1(Ortega，2013；Gutiérrez，2001；cao，2013)，因此本研究中的 α 采用经验值1。

对 E_j 的度量采用不同数据时对 PA_i 有相应不同的解读。例如，E_j 采用人口数值时，PA_i 可解读为市场可达性；E_j 采用就业岗位数值时，PA_i 可解读为就业可达性或就业潜力；E_j 采用 GDP 数值时，PA_i 可解读为经济中心度。区域间的商务、办公等交流主要与单位就业人口相关，且就业人口与区域空间经济发展紧密相关，本研究利用常用的可达性重力模型，选取就业、总人口数据进行分析。

4. 高铁、经济增长与可达性

分析高铁建设对可达性影响，在可达性的计算中，使用2006年就业人口数据，但时间数据为2014年的平均出行时间，与2006年可达性的差值，计算得出的可达性变化值 PA^{2014T}，可以说源于高铁的作用。

$$PA_i^{2014T} = \sum_j \frac{E_j^{2006}}{(T_{ij}^{2014})^{\alpha}} - \sum_j \frac{E_j^{2006}}{(T_{ij}^{2006})^{\alpha}} \tag{4-5}$$

基于类似的思路，再次计算，使用2006年平均出行时间，但就业采用2014年的数据，与2006年可达性的差值，由此计算得出可达性变化值 PA^{2014E}，可以说源于经济增长的作用。

$$PA_i^{2014E} = \sum_j \frac{E_j^{2014}}{(T_{ij}^{2006})^{\alpha}} - \sum_j \frac{E_j^{2006}}{(T_{ij}^{2006})^{\alpha}} \tag{4-6}$$

4.2.2 高铁对区域经济增长的影响

本研究以柯布道格拉斯生产函数为基本模型，分析高铁对区域经济增长的影响。此类函数的应用较为常见，例如穆拉卡米(Murakami，2016)等研究机场与火车连接对经济的影响时采用了柯布道格拉斯生产函数模型。与多数既有研究有所不同的是本研究采用2006—2014年的变化值建立回归模型。

$$\Delta G = C(\Delta T)^{\beta_1}(\Delta E)^{\beta_2}(\Delta F)^{\beta_3}(\Delta S)^{\beta_4}(\Delta B)^{\beta_5} \tag{4-7}$$

式中：G 为人均 GDP(元)；T 为高铁平均出行时间(分钟)；E 为就业人口(人)；F 为境外直接投资(元)；S 为社会消费(元)；B 为建成区面积(km^2)。

对式(4-7)取自然对数转换得出如下线性方程：

$$\ln\left(\frac{G14}{G06}\right)=\ln\left[e^{\beta_0}\left(\frac{T14}{T06}\right)^{\beta_1}\left(\frac{E14}{E06}\right)^{\beta_2}\left(\frac{F14}{F06}\right)^{\beta_3}\left(\frac{S14}{S06}\right)^{\beta_4}\left(\frac{B14}{B06}\right)^{\beta_5}\right]$$

$$\ln\left(\frac{G14}{G06}\right)=\beta_0+\beta_1\ln\left(\frac{T14}{T06}\right)+\beta_2\ln\left(\frac{E14}{E06}\right)+\beta_3\ln\left(\frac{F14}{F06}\right)+\beta_4\ln\left(\frac{S14}{S06}\right)+\beta_5\ln\left(\frac{B14}{B06}\right)+\varepsilon \tag{4-8}$$

式中，β_0为常数项；$\beta_1\sim\beta_5$为回归系数，亦即弹性系数；ε为随机误差。

出行时间、资本投入、城市建设方面的各变量之间有可能产生多重共线性(multicollinearity)，本研究通过计算方差膨胀因子(Variance Inflation Factor，简称 VIF)，识别引起多重共线性的解释变量，将其排除出模型。

4.2.3 城市群地理空间结构分析

1. 首位度指数

1949 年，齐普夫(G. K. Zipf)提出，用于计算在一体化的城市体系的城市规模分布，计算公式为：$P_r=P_1/r$。

式中：P_r是第 R 位城市的人口，P_1 是最大城市的人口，r 是 P_r 城市的位序。其含义是：第二位城市的人口是最大城市的 1/2，第三位城市是最大城市人口的 1/3，依此类推。这被称为齐普夫法则或齐普夫定律。

另外相关的概念是“城市首位度”。1939 年，马克·杰斐逊(M. Jefferson)提出了城市首位律(Law of the Primate City)。所谓城市首位度，指一国或地区最大城市的人口数与第二大城市的人口数之比值，通常用它来反映该国或地区的城市规模结构和人口集中程度。

两城市指数尽管容易理解和计算方便，但不免以偏概全。避免首位度两城市指数的简单化，学者们提出四城市指数和十一城市指数。

四城市指数：

$$S = P_1/(P_2 + P_3 + P_4) \tag{4-9}$$

十一城市指数：

$$S = 2 \cdot P_1/(P_2 + P_3 + \cdots + P_{11}) \tag{4-10}$$

2. 区位熵

区位熵分析法是空间分析中用以计量所考察的多种对象相对分布的一种方法，可明确地计算出某一地区、某一时段的现状优势产业，区位熵表示该区域某一行业的规模水平和专业化程度，通常认为是一个区域特定部门的产值在该区域总产值中所占的比重，该部门产值在背景区域总产值中所占比重方面的比率。区位熵值越大，表明该区域产业优势越大。区位熵大于1，可以认为该产业是地区的专业化部门；区位熵越大，专业化水平越高；如果区位熵小于或等于1，则认为该产业是自给性部门。

本研究区位熵，是指某城市某产业就业人员数与该城市全部就业人员数之比和全国该产业从业人员数与全国所有产业就业人员数之比相除所得的商。

$$\mathrm{LQ} = \frac{N_1}{A_1} \Big/ \frac{N_0}{A_0} \tag{4-11}$$

式中，N_1 为研究城市某产业的从业人员数；A_1 为研究城市所有的从业人员总数；N_0 为全国该产业的从业人员数；A_0 为全国所有的从业人员数。

4.2.4 高铁对区域发展空间差异的影响

1. 可达性差异分析

高铁可达性差异影响是指通高铁前后的可达性变化，主要有相对可达性变化和绝对可达性变化。

相对可达性变化计算公式如下：

$$\mathrm{PA}^{a}=\frac{PA_{i}^{H}-PA_{i}^{O}}{PA_{i}^{O}}\times 100 \tag{4-12}$$

式中，PA^{a} 为 i 城市相对可达性变化；PA_{i}^{H} 为 i 城市通高铁后可达性；PA_{i}^{O} 为 i 城市未通高铁前可达性。

绝对可达性变化计算公式如下：

$$\mathrm{PA}^{b}=\mathrm{PA}_{i}^{H}-\mathrm{PA}_{i}^{O} \tag{4-13}$$

式中，PA^{b} 为 i 城市绝对可达性变化，PA_{i}^{H} 为 i 城市通高铁后可达性，PA_{i}^{O} 为 i 城市未通高铁前可达性。

2. 均衡度分析

均衡度影响通常基于学者对可达性差异的分析，用可达性空间分布来度量(Kim，2015；Gutiérrez，2001)。本研究使用两种方法来测度均衡度影响。

第一种方法是使用标准差系数 CV，CV 是标准差与均值的比率，测度城市间增加空间均衡或扩大差异。其中，如 CV 减少，说明增加空间均衡度。计算公式如下：

$$\mathrm{CV}=\sigma/\mu，\text{其中 }\sigma=\sqrt{\frac{1}{n}\sum_{i=1}^{n}(x_{i}-\mu)^{2}}，\mu=\frac{1}{n}\sum_{i=1}^{n}x_{i} \tag{4-14}$$

第二个是标准可达性变化，即城市相对或绝对可达性值与整个城市群可达性均值的比值，如城市可达性高于均值，则值大于 1；反之，则值小于 1。标准可达性可反映不同城市间提升可达性差异，以便于制定有效的区域政策。

4.3 研究数据

4.3.1 数据获取

在全国层面，城市间最小运行时间从《2006 年列车时刻表》和《2014 年列车时刻表》计算获得，选取时刻表上的城市间运行时间，主要是获取历史铁路数据难度较大。数据是研究的基础，只有准确的数据支撑，才能得出科学的研究结果。在全国尺度上，查找列车时刻表，计算城市间最短出行时间，除获得较准确的时间外，还可以准确地判断哪些城市有铁路通过，哪些并无铁路通过；同时也可以获取城市是否开通高铁，确定铁路线路上是高铁、动车还是普铁运行，获取较详细准确的信息。

在长江中游城市群尺度和都市圈尺度，主要是对收集到的原始数据，通过栅格数据配准，坐标系统转换，数据矢量化，空间数据和属性数据链接，冗余数据剔除，基于遥感影像的道路数据补全等技术步骤进行整理。在ArcGIS10.3添加数据中，基于易图通科技(北京)有限公司提供的基础地图数据(获取时间为2016年秋季)，将高铁、普铁、高速公路、县道进行矢量化；最后构建完成基础地理数据的交通网络数据，汇入基础地理信息GIS数据库之中。

2015年湖北省和江西省人口数据分布由湖北统计局和江西统计局提供，其他属性数据从《中国城市统计年鉴》《湖北统计年鉴》《湖南统计年鉴》《江西统计年鉴》等年鉴中查取。

4.3.2　三个空间尺度基础地理信息数据库

研究整理收集到的三个尺度基础地理信息数据如表4-1所示。对收集到的原始数据，进行数据矢量化，研究利用ArcGIS10.3提供的多种空间分析方法，根据研究目标对原始数据进行处理，获取所需二手数据。主要包括：①利用网络分析工具，基于高铁网络、普通网络、高速公路、城市道路网络，分析机场腹地变化和高铁站出行等时圈的影响范围；②利用空间统计工具，统计城市内高铁运营里程、等时圈内城市个数等信息。

4.3.3　全国尺度的数据

本书以中国19个城市群为研究对象，选取266个地级市为基本空间单元，划分为东部、中部、西部和东北四个地区；对有高铁站点城市的高铁运营里程、高铁站距市中心等数据进行统计分析。

表 4-1　　三个空间尺度基础地理信息数据库及来源

名称	格式	包含信息	来源
全国尺度			
2014 年高铁网、中长期规划高铁网络数据	Shp	2014 年底高铁线路网络数据；2030 年中长期高速铁路路网规划；属性信息包括建成时间、运行时速、高铁站点等信息	作者整理
普通网络数据	Shp	2014 年底普铁线路网络数据，普铁站点	作者整理
长江中游城市群			
高铁网络数据	Shp	2014 年底和 2017 年高铁线路网络数据属性信息包括建成时间、运行时速、高铁站点等信息	作者整理
普通网络数据	Shp	2014 年底和 2017 年普铁线路网络数据，属性信息包括建成时间、运行时速、普铁站点等信息	作者整理
高速公路数据	Shp	2017 高速铁路网络数据，包括高速出入口	作者整理
县道数据	Shp	县道网络数据	作者整理
都市圈			
武汉市主城区路网数据	Shp	主城区路网单线数据，包括现状路网，及规划路网，属性信息包括建成时间、道路等级	作者整理
武汉市都市发展区路网数据	Shp	规划都市发展区路网数据，双线(道路红线)	武汉市土地利用和空间发展研究中心

续表

名称	格式	包含信息	来源
武汉市轨道交通网数据	Shp	包括2014年、2017年、2020武汉市轨道交通线路、站点	武汉市土地利用和空间发展研究中心
武汉市公交线路图	Shp	主城区2017年公交线路站点信息，包括2176个站点	作者整理

1. 中国城市群及城市选择

(1)城市选择。

研究所选取的266个地级市包括特大城市、大城市、中等城市、小城市，既包括2014年高铁城市，也包括非高铁城市。截至2014年底，未开通客运铁路共19个地级市，其中包含保山、滨州、鄂尔多斯、河池、呼伦贝尔、临沧、陇南、泸州、濮阳、庆阳、思茅、铜川、乌兰察布、吴忠、宿迁、雅安、阳江、云浮、舟山；此外，拉萨市缺乏相关统计数据，因此本研究未选择以上20个城市作为研究对象。此外，2011年7月14日经国务院批准，安徽省人民政府正式宣布撤销地级市巢湖市；三沙、毕节、铜仁、海东4个城市在2006年为非地级市，2014年是地级市，较难形成对比研究；香港、澳门和台湾地区由于特殊社会地理障碍的阻隔和统计口径不一致，因此上述城市也未列入研究对象范围。另外，有更名的2个城市在研究范围内，思茅(2006年)更名为普洱(2014年)；襄樊(2006年)更名为襄阳(2014年)。

按人口规模大小将266个地级市分为四类，其中包含23个特大城市(人口大于300万)，107个大城市(人口大于100万小于300万)，96个中等城市(人口大于50万小于100万)，40个小城市(人口小于50万)。其中134个已通高铁的城市占总研究城市总数的50%。本研究根据《中共中央、国务院关于促进中部地区崛起的若干意见》《国务院发布关于西部大开发若干政策措施的实施意见》，按我国的经济区域划分为东部、中部、西部和东北部四大地区。四个区域：东部(包括北京市、天津市、上海市、河北省、山东省、江苏省、浙江省、福建省、广东省、海南省)，中部(包括山西省、河南省、湖北省、安徽省、湖南省、江西省)，西部(包括内蒙古自治区、新疆维吾尔自治区、宁夏回族自治区、陕西省、甘肃省、青海省、重庆市、四川省、西藏自治区、广西壮族自治区、贵州省、云南省)和东北(包括黑龙江省、吉林省、辽宁省)。

(2)城市群选择。

截至2018年3月，国务院已经批复长江中游、哈长、成渝、长三角、中原和北部湾9个城市群发展规划。因其他城市群在编制过程中，城市群中所含的城市未定，故此未批复的城市群所包含城市根据百度百科和“十三五”规划中城市群空间分布示意图规划范围划定，如图4.1、表4-2所示。因在全国尺度上进行分析，选取地级市作为统计单元，19个城市群中所含城市是基于选取266个地级市，其中80个地级市不在19个城市群中。

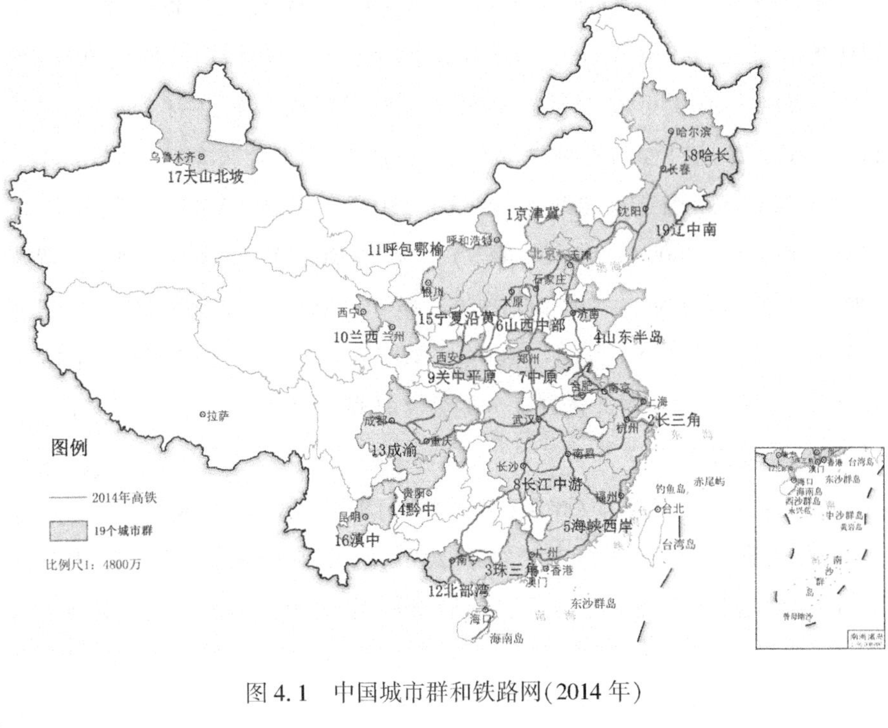

图4.1　中国城市群和铁路网(2014年)

部分城市群发展规划中，规划范围较模糊，本研究城市群中城市包含整个地级市，如《长江中游城市群发展规划》中提出“吉安市的部分县(区)”，故研究范围扩展至吉安市。

表 4-2　“十三五”规划中的城市群

区域板块	“十三五”规划中的 19 个城市群
东部地区	珠三角、长三角、海峡西岸、山东半岛和京津冀共 5 个城市群
中部地区	中原、长江中游和山西中部共 3 个城市群
西部地区	北部湾、滇中、黔中、成渝、关中平原、呼包鄂榆、宁夏沿黄、兰西、天山北坡共 9 个城市群
东北地区	辽中南城市群和哈长城市群共 2 个城市群

(3)出行时间数据。

城市间最小出行时间使用实际运行时间，主要来自 2006 年和 2014 年的列车时刻表。利用 ArcMap10.3 中的网络分析获得城市之间时间矩阵。其中，2006—2014 年改造和新建完成的地级市火车站共有 18 个，包括 2006 年处于改造过程中的曲靖火车站，以及 17 个新建火车站(括号中年份为通车时间)：巴中(2011)、丽江(2010)、吕梁(2011)、克拉玛依(2011)、宁德(2009)、台州(2009)、抚州(2013)、梧州(2009)、贺州(2009)、池州(2009)、中山(2011)、莆田(2009)、汕尾(2013)、三亚(2010)、珠海(2012)、江门(2011)、荆州(2012)。因为在 2006 年这 18 个城市没有铁路经过，因此选择部分的公路时间。

(4)其他数据。

在全国层面，选取 2006 年(未建高铁)的就业数据和 2014 年(已通高铁)的就业数据，主要来自 2007 年和 2015 年《中国城市统计年鉴》。E_j是城市 j 的单位就业人口总数，用于计算城市 i 的可达性。本研究选取就业人口数据来计算可达性，表示一个城市对于其他地域劳动力的吸引力(就业潜力)。人口、GDP、固定资产投资、社会消费品零售额等数据主要来源于

2007 年和 2015 年《中国城市统计年鉴》，并计算整理所得。

高铁长度：首先在 ArcMap10.3 中矢量化高铁线路，利用 ArcMap10.3 中统计分析工具，计算 266 个城市内部高铁运营里程。

2. 高铁对区域经济影响的样本描述

本研究选取全国 266 个城市样本，研究包含人均 GDP、就业、FDI 资本投资(实际使用外资额)、社会消费品零售额、高铁引起的出行时间、建成区面积等相关的变量，探析高铁对区域经济的影响，见表 4-3。

表 4-3　样本描述性统计表

	Obs.	Mean	Std. Dev.	Min	Max
2006 年人口(百万)	266	4.27	2.97	0.17	31.69
2014 年人口(百万)	266	4.55	3.19	0.20	33.58
2006 年 GDP（百万元）	266	71156.84	98731.22	4487.76	915418.00
2014 年 GDP（百万元）	266	228873.50	287279.60	18295.01	2160212.00
2006 年出行时间（分钟）	266	1316.78	353.59	846.49	3195.48
2014 年出行时间（分钟）	266	728.11	261.93	448.36	2358.15
2006 年就业（百万人）	266	0.40	0.50	0.04	5.03
2014 年就业（百万人）	266	0.66	0.99	0.06	9.23
2006 年 FDI（百万元）	266	328.30	779.62	0.00	6849.65
2014 年 FDI（百万元）	266	1008.46	2209.35	0.00	16828.97
2006 年社会消费品零售额(百万元)	266	24001.19	34995.41	1165.10	297297.20
2014 年社会消费品零售额(百万元)	266	84324.91	112553.60	2968.49	837511.90
2006 年建成区面积（km^2）	266	91.65	125.28	12.00	1182.00
2014 年建成区面积（km^2）	266	136.65	170.23	16.00	1306.00

4.3.4　长江中游城市群的数据

长江中游城市群由武汉都市圈、环长株潭城市群和环鄱阳湖城市群组成，包括湖北、湖南、江西3个省，28个地级市和3个省直管单位。城市群国土面积约31.7万km^2。2014年实现地区生产总值6万亿元，年末总人口1.21亿人，分别占全国的8.8%、8.8%。

1. 研究区域

在市辖区、县级市行政单元下，研究区域包括长江中游城市群185个县市(区)，包括长江中游城市群28个地级市市区、县级市和武汉市6个远郊区，其中到2014年底，共40个已通高铁的县市(区)，97个有铁路连接，88个无铁路连接。最短出行时间矩阵分别在ArcGIS10.3和Excel等工具绘制、计算生成。

2. 人口、产业等基础属性数据、时间数据

E_j是城市j的人口总数，用于计算城市i的可达性。此处用总人口数据来计算可达性，表示一个城市对于其他地域市场的吸引力。人口、GDP、固定资产投资等数据来源于2007年和2015年《湖北统计年鉴》《湖南统计年鉴》和《江西统计年鉴》，其中2015年湖北省、江西省人口数据由湖北统计局和江西统计局提供。第一、二、三产业就业数据主要来源于2007年和2015年《中国城市统计年鉴》。

时间数据：因研究主要目的是分析高铁对城市群区域发展差异的影响，为避免非高铁因素产生的影响，固定研究变量，剔除高速公路、国道等逐年变化的因素干扰，基础道路网络选取主要包括三个部分：高速铁路、普通铁路及县道网络。根据道路等级设定相应的运行时速，不同等级道路网速度的设定不同，县道设定为40km/h；铁路网络的运行时速根据中国现有铁路运营时刻表进行标定，其中普通铁路平均运行时速约为100 km/h，G字头高铁线路时速为350 km/h，D字和C字头列车时速为160~

200km/h，从而计算出所有城市之间的最短出行时间。截至2014年底，长江中游城市群共40个高铁站点，铁路网络共97个站点，普通铁路57个站点，设高铁站的城市获得高铁服务。由于不同交通工具换乘时间存在差异，且存在较难科学度量的特点，相对长江中游城市群较大范围的区域，最短出行时间均值影响较小，因此本研究未给予考虑。

4.3.5 都市圈的数据

都市圈主要是研究区域协同性，分析高铁和航空港的多模式整合对机场服务腹地的影响，以及武汉高铁与城市交通一体化发展。武汉市主城区路网数据在基础地理信息数据库已有介绍，此处重点介绍高铁与航空运输交通一体化的相关研究数据。

1. 研究区域和县市区选择

研究扩大到长江中游城市群以外，研究范围包括天河、黄花、三峡和昌北机场设置高铁站后2小时可达范围。研究节点包括双时间节点：即2006年高铁开通前，2017年7月高铁开通后。研究区域内主要高铁线路包括：京广高速铁路南北向干线，2012年12月26日全线开通，设计时速为350km/h，沿途设有武汉站、长沙南站等站点；沪昆高铁东西向干线，2016年12月28日全线运营，设计速度300~350km/h；沪汉蓉高速铁路，又名沪汉蓉快速客运通道，2014年7月1日全线通动车，其中宜昌到利川段为160km/h，其余段为200~250km/h；京九(向莆)方向，即福州到南昌方向动车，运行时速约200km/h；长沙到南宁方向高速铁路运行时速约200km/h。

可达的县市区包括城市行政区划中所辖的区、县和县级市，如长沙市包括长沙市区的芙蓉区、天心区、岳麓区、开福区、雨花区、望城区(县)、宁乡县、浏阳市、长沙县；武汉包括江岸区、江汉区、硚口区、汉阳区、武昌区、洪山区、青山区7个区为城区(位于三环线内)，东西湖区、蔡甸区、江夏区、黄陂区、新洲区、汉南区6个区为郊区(位于三环线外)，共 13 个市辖区。研究总共包括 300 个县市区。

2. 人口、GDP 与时间数据

2014 年人口和 GDP 数据来源于 2015 年城市统计年鉴，主要包括《湖北统计年鉴》《湖南统计年鉴》《江西统计年鉴》《河南统计年鉴》等；2015 年湖北省、江西省人口数据由湖北统计局和江西统计局提供。部分县市(区)数据来自《2014 年国民经济和社会发展统计公报》及人民政府 2015 年政府工作报告，如《遂平县人民政府 2015 年政府工作报告》。

时间数据：构建研究区域内城市之间的道路网络，基础道路网络选取主要包括四个部分，包括高速公路、县道、普通铁路和高速铁路。空间行政边界矢量数据从国家地理信息中心所提供的 1∶400 万中国电子地形图中提取，尽量取各县市区实际所在地作为县市(区)点坐标。不同等级道路网速度的设定不同，县道设定为 40km/h；高速公路设定速度为 100km/h；普通铁路平均运行时速约为 100km/h。京广和沪昆高速铁路设定速度为 300km/h，D 和 C 字头客运专线为 160~200km/h。构建研究区域内县市区之间的铁路和道路网络，利用中 ArcGIS 网络分析方法，绘制四个机场有无高铁通过及设置高铁站的等时圈。

4.4 本章小结

本章重点借鉴已有研究方法，根据研究问题，构建“双时间节点+多尺度”实证研究思路，即 2006 年高铁开通前、2014 年高铁开通后的两个时间节点和全国尺度、城市群、城市圈三个空间尺度的研究思路，在三个空间尺度上，选取相应的研究方法。在全国尺度，主要使用研究方法有平均出行时间、可达性，分析高铁对城市与区域的时空形态的影响；以柯布道格拉斯生产函数为基本模型，探析高铁对区域经济生产力的影响。在城市群尺度，利用首位度指数、区位熵、可达性变化和均衡度，分析高铁对长江中游城市群空间结构和空间差异的影响；在都市圈尺度，主要利用等时圈，探讨高铁对航空腹地范围的影响和高铁与城市交通一体化。在三个空间尺度上，构建地理信息数据库并获取相应的人口、经济等属性数据。

第5章　全国尺度：高铁对中国城市群空间发展的影响

研究证明高铁提升地区竞争力、促进经济发展和生态环保以及提高居民工作出行和生活品质。但也有学者发现高铁增加欧洲区域间差异，在高铁站点、高铁廊道或都市圈产生经济、人口空间集聚，引起区域非平衡发展的“极化效应”。目前学术争议点在于，高铁促进经济活力和人口从核心区域流向周边或者偏远地区，抑或相反？高铁是否产生区域和城市间的差异化现象？

高铁网络是实现城市群空间策略的重要的基础设施。中国高铁发展速度前所未有，但运行时间相对较短，学术界目前还缺乏深入的研究。本章重点厘清：①高铁对中国城市群机动性的影响，探析高铁如何影响不同城市和区域的机动性？②高铁对中国空间形态的影响；分析高铁如何影响可达空间模式，增加或缩小产生区域差异？③高铁对中国经济发展的影响，探讨高铁缩短出行时间如何促进区域经济发展？研究高铁对城市、区域可达性与区域经济生产力的影响，有助于发挥区域交通设施带动作用，从而推进区域协调、高效和可持续发展。

5.1　高铁对中国城市群可达性的影响

通过分析高铁建设对城市群时空距离、可达性、均衡度的影响；探讨高铁建设与经济发展与可达性之间的关系。图5.1、图5.2表达了不同城市和区域的可达性分布，图片使用ArcMap10.3制作，主要目的是可视化高铁开通前后的可达性变化情况。

5.1.1 缩小时空距离

高铁对城市空间结构的重要影响是减少城市间时空距离。高铁建设缩短城市到经济中心的出行时间。表 5-1 显示 2006 年(无高铁)和 2014 年(有高铁)不同区域和城市群的出行时间变化情况。高铁时空影响包括两方面:在全国范围内,高铁带来显著的时空压缩;在不同区域、不同规模和不同城市群之间,高铁服务较明显地缩短城市间出行时间,但减少的出行时间存在差异,具体结果如下:

在全国范围内,高铁产生明显的时空压缩效应,未通高铁的城市,通过其他交通方式的衔接,同样受益于高铁网络。平均出行时间缩短 589 分钟,从 2006 年未开通高铁的 1317 分钟,到 2014 年开通高铁后的 728 分钟,节省比例高达 44.7%。

在城市群方面,19 个城市群之间平均出行时间减少存在差异。如天山北坡城市群节省比例最小为 29%,成渝城市群节省了 42.6%,珠三角城市群平均出行时间节省最多为 52.6%。但从绝对出行时间变化来看,天山北坡城市群节省最多为 882 分钟。

在城市规模上,人口大市受益颇多。特大城市比中小城市节省比例最多为 49.3%,大中小城市间节省比例差异并不明显。其中小城市节省 41.4%,中等城市节省 44.2%,大城市节省 45.7%。但是小城市的绝对出行时间变化却最多为 628 分钟。

表 5-1　　平均出行时间(分钟)

地区	2006 年(分钟)	2014 年(分钟)	2014 年较 2006 年(分钟)	节省时间(%)
城市群	均值	均值	均值	比例
全国	1317	728	-589	-44.7%

续表

地区	2006 年（分钟）	2014 年（分钟）	2014 年较 2006 年（分钟）	节省时间（%）
长三角	1132	584	-548	-48.4%
京津冀	1025	529	-496	-48.4%
珠江三角	1308	620	-688	-52.6%
长江中游	1016	537	-478	-47.1%
成渝	1483	852	-632	-42.6%
哈长	1512	861	-651	-43.0%
海峡西岸	1324	675	-649	-49.0%
中原	902	498	-404	-44.8%
关中平原	1086	575	-511	-47.1%
兰西	1537	915	-622	-40.5%
呼包鄂榆	1574	820	-755	-47.9%
北部湾	1545	835	-710	-46.0%
山东半岛	1194	664	-530	-44.4%
黔中	1550	962	-589	-38.0%
宁夏沿黄	1927	1082	-845	-43.8%
辽中南	1443	758	-686	-47.5%
山西中部	1167	573	-594	-50.9%
天山北坡	3044	2161	-882	-29.0%
滇中	2175	1396	-780	-35.8%
城市规模				
特大城市	1189	602	-587	-49.3%
大城市	1273	691	-582	-45.7%
中等城市	1313	733	-580	-44.2%
小城市	1518	890	-628	-41.4%
区域				
东部	1229	637	-592	-48.2%

续表

地区	2006年（分钟）	2014年（分钟）	2014年较2006年（分钟）	节省时间（%）
中部	1027	555	-472	-46.0%
西部	1613	940	-673	-41.7%
东北	1584	908	-676	-42.7%

在区域方面，东部和中部地区时空压缩程度高于全国平均。从绝对时间减少来看，西部和东北部出行时间分别缩短673分钟、676分钟，比东部(592分钟)和中部(472分钟)地区更受益于高铁服务。但在出行缩小比率上，东部和中部高于西部和东北地区。这或许是因为西部和东北部地区起初铁路线比较长。

表5-2对比分析城市群和区域中高铁城市和非高铁城市出行时间变化，结果显示，高铁城市比非高铁城市出行时间变化值较大，具体结果如表5-2所示：

表5-2　**出行时间变化(高铁城市与非高铁城市)**

		高铁城市			非高铁城市		
地区	2006年（分钟）	2014年（分钟）	2014年较2006年（分钟）	节省时间（%）	2014年（分钟）	2014年较2006年（分钟）	节省时间（%）
城市群	均值	均值	均值	比例	均值	均值	比例
全国	1317	599	-717	-54.5%	873	-443	-33.7%
长三角	1132	568	-564	-49.8%	617	-515	-45.5%
京津冀	1025	505	-520	-50.7%	610	-415	-40.5%
珠江三角	1308	615	-694	-53.0%	661	-647	-49.5%
长江中游	1016	518	-497	-49.0%	595	-420	-41.4%
成渝	1483	756	-728	-49.0%	924	-560	-37.7%
哈长	1512	788	-724	-47.9%	910	-602	-39.8%

续表

		高铁城市			非高铁城市		
地区	2006 年（分钟）	2014 年（分钟）	2014 年较 2006 年（分钟）	节省时间（%）	2014 年（分钟）	2014 年较 2006 年（分钟）	节省时间（%）
海峡西岸	1324	668	-656	-49.5%	732	-592	-44.7%
中原	902	469	-434	-48.1%	546	-356	-39.5%
关中平原	1086	549	-537	-49.5%	679	-407	-37.5%
兰西	1537	—	—	—	915	-622	-40.5%
呼包鄂榆	1574	—	—	—	820	-755	-47.9%
北部湾	1545	814	-731	-47.3%	861	-684	-44.3%
山东半岛	1194	578	-617	-51.7%	729	-465	-39.0%
黔中	1550	—	—	—	962	-589	-38.0%
宁夏沿黄	1927	—	—	—	1082	-845	-43.8%
辽中南	1443	714	-730	-50.6%	857	-586	-40.6%
山西中部	1167	536	-632	-54.1%	611	-557	-47.7%
天山北坡	3044	—	—	—	2161	-882	-29.0%
滇中	2175	—	—	—	1396	-780	-35.8%
城市规模							
特大城市	1189	602	-587	-49.3%			
大城市	1273	597	-676	-53.1%	825	-448	-35.2%
中等城市	1313	596	-717	-54.6%	848	-465	-35.4%
小城市	1518	620	-897	-59.1%	992	-526	-34.6%
区域							
东部	1229	610	-619	-50.3%	698	-531	-43.2%
中部	1027	515	-512	-49.8%	627	-400	-38.9%
西部	1613	694	-919	-57.0%	1036	-576	-35.7%
东北	1584	737	-847	-53.5%	1014	-570	-36.0%

在全国范围内，时空距离变得更近。2006 年无高铁时，全国平均时间是 1317 分钟，2014 年高铁开通后，高铁城市出行时间压缩到 599 分钟，

节省比例为 54.5%，未通高铁城市压缩时间为 873 分钟，节省比例 33.7%，高铁城市出行时间节省比例较多。

在城市群内，出行时间节省集中于高铁城市，如成渝城市群、关中平原城市群内，有无高铁时空压缩比例相差大于 10%。但部分城市群如长三角、珠三角城市群，城市群内部交通连接较好，已形成铁路网络系统，有无高铁城市间差异不明显。长三角城市群高铁城市出行时间节省 49.8%，非高铁城市节省了 45.5%。在不同城市群之间，有高铁城市时间缩短差异不明显，但未开通高铁的城市群差异较大。

在城市规模上，随着城市规模减少，高铁城市的出行时间节省比例和时间变化值逐渐变大，从特大城市到小城市出行时间节省比例分别是 49.3%、53.1%、54.6%和 59.1%。开通高铁的小城市受益于高铁服务最大，时间变化值最大 897 分钟。已通高铁的大、中、小城市之间，出行时间差距缩小；未开通高铁的大、中、小城市间无明显差异，节省比例大约在 35%。

在区域方面，高铁建设对西部和东北部地区的出行时间改变显著。东部和中部地区高铁城市出行时间变化值差异不大，节省 50%左右。西部和东北部地区的高铁城市出行时间节省较多，尤其西部地区节省了 57%，出行时间减少了 919 分钟。这或许是因为 2006 年的铁路运营速度较慢、机动性较差，高铁建设对西部地区出行时间改变显著。随着高铁网络逐渐形成，缩小东、中、西、东北地区之间的出行时间差距。

5.1.2 可达性

2006 年就业可达性的空间分布如图 5.1 所示。高可达性主要集中于北京、上海、武汉、郑州和广州等核心城市及其附近的城市，显示出明显的核心-边缘模式。东部沿海地区、中部地区比西部和东北地区可达性高，如乌鲁木齐、丽江、黑河、昆明等西部和东北部地区的城市，获得可达性较小，总体呈现由东到西梯度递减的总体趋势，区域差距较明显。

图 5.2 显示 2014 年中国就业可达性的空间分布。高铁开通后，改变可达空间分布的整体模式，沿高铁线路呈现明显的“廊道效应”，与国外学者

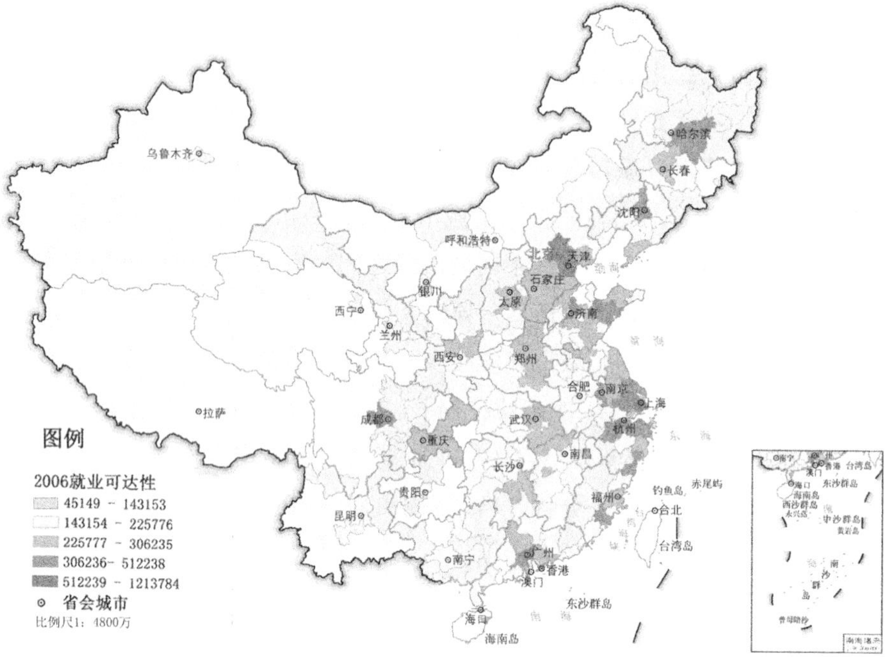

图 5.1　2006 年中国就业可达性空间分布图

Ortega & Monzón(2012)研究所发现的“廊道效应”相一致。主要包括北京—上海的商务廊道，北京—郑州—武汉—广州的南北廊道，以及西安—郑州—上海的东西廊道，其中沿京沪客运专线分布的城市(无锡、苏州、常州、镇江、南京、上海、廊坊、天津)可达性较高。高铁开通运营后，节点城市获益较大，如上海、南京、北京、武汉、郑州等城市。随着越来越多的人流、物流、经济流进入高铁廊道城市，或许会削弱偏远地区城市竞争力吸引力。在全国范围内可达性有较大提高，但在西部和东北地区相对中、东部地区来说可达性偏低，区域差异仍然存在。

表 5-3 对比分析高铁开通前后，不同城市群、不同区域和不同规模的可达性变化。可达性变化包括两个方面：全国范围内可达性提升明显；不同城市群、不同区域和不同城市规模的城市间，可达性增加比例存在差异，具体结果如下：

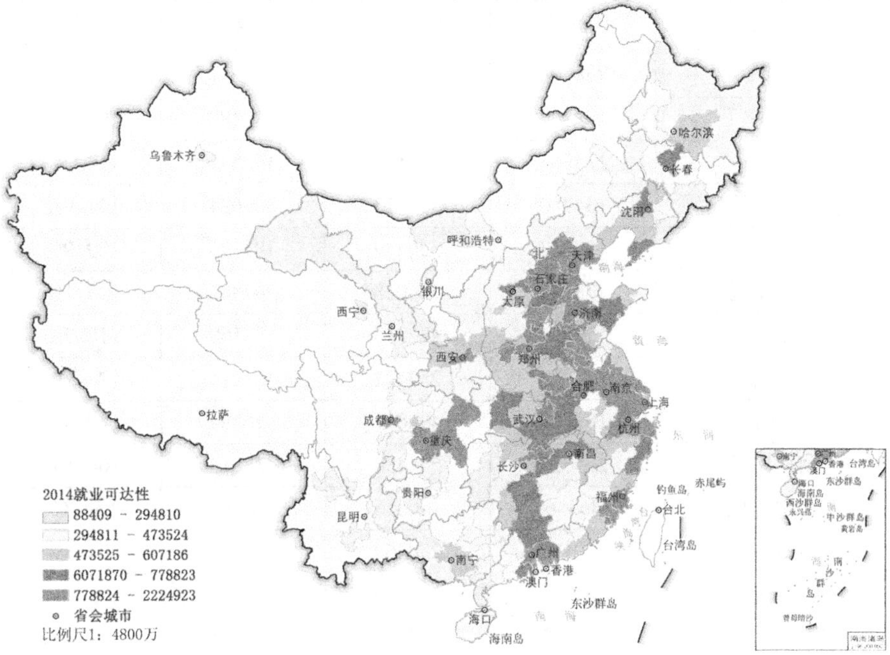

图 5.2　2014 年中国就业可达性空间分布图

表 5-3　　　　　　　　**中国可达性变化**

地区	PA2006	PA2014	PA14-06	PA[a]
城市群	均值	均值	均值	(%)
全国	195845	560564	364720	186.2%
长三角	291905	942747	650842	223.0%
京津冀	367141	946245	579104	157.7%
珠江三角洲	276493	887868	611376	221.1%
长江中游	198316	627815	429499	216.6%
成渝	151372	515333	363961	240.4%
哈长	193638	389985	196347	101.4%
海峡西岸	186702	525149	338448	181.3%

续表

地区	PA2006	PA2014	PA14-06	PA[a]
中原	238206	709823	471617	198.0%
关中平原	198962	587242	388280	195.2%
兰西	125663	269197	143534	114.2%
呼包鄂榆	134780	339473	204694	151.9%
北部湾	139533	320829	181296	129.9%
山东半岛	278141	626028	347887	125.1%
黔中	129056	282225	153168	118.7%
宁夏沿黄	92271	253482	161211	174.7%
辽中南	183423	499817	316394	172.5%
山西中部	205623	544438	338815	164.8%
天山北坡	86346	160355	74009	85.7%
滇中	120122	250469	130347	108.5%
城市规模				
特大城市	421087	1167918	746831	177.4%
大城市	202347	613082	410735	203.0%
中等城市	163481	447299	283819	173.6%
小城市	126611	342689	216078	170.7%
区域				
东部	270603	778837	508235	187.8%
中部	199008	609401	410393	206.2%
西部	123895	344055	220160	177.7%
东北	158445	372791	214346	135.3%

注：PA2006、PA2014 分别代表 2006 年和 2014 年的可达性；PA14-06＝PA2014-PA2006；a＝PA14-06/PA2006，表示可达性增幅。

在全国层面，可达性提升显著，增加比例为 186.2%。

在城市群范围内，可达性涨幅 85%～240%，其中长三角城市群(223%)、珠三角城市群(221.1%)、长江中游城市群(216.6%)、成渝城市群(240.4%)和京津冀城市群(157.7%)因具有良好的区位优势，集聚人口和经济，可达性提升比例较大。而哈长城市群(101.4%)、滇中城市群(108.5%)、天山北坡城市群(85.7%)、兰西城市群(114.2%)等区位较偏远或无高铁运营的城市群，对人口和经济集聚力较小，可达性提高比例较小。

在城市规模上，人口大市更受益于高铁服务，特大城市、大、中、小城市可达性提高比例分别为177.4%、203%、173.6%，170.7%，大城市增加比例最多。

在不同区域上，东部和中部地区可达性提升比例为187.8%和206.2%，比西部和东北地区提升较多。高铁建设促进就业人才流动，东部和中部地区对就业市场吸引力增强明显。

表5-4对不同城市群、不同区域和不同规模的城市进行对比分析，量化高铁城市与非高铁城市可达性变化。可达性变化包括两个方面：高铁城市较非高铁城市可达性提升较高；大、中、小高铁城市和东西部地区高铁城市间可达性差异缩小，具体结果如下：

在全国层面，高铁城市和非高铁城市可达性都明显增加，其中高铁城市的可达性增加比例高达278.4%；非高铁城市可达性提高比例为82.3%，非高铁城市可达性改变程度明显小于高铁城市。

在城市群方面，可达性变化存在差异；西部地区无高铁运营的兰西、呼包鄂榆、黔中、宁夏沿黄、天山北坡和滇中6个城市群，可达性提高较小；有高铁运营的城市群，高铁城市可达性增幅较高，如在长三角城市群，高铁城市可达性提高271%，非高铁城市增加120.9%。

在城市规模上，高铁城市随着城市规模变小，可达性增加比例却显示出增加的趋势，特大城市可达性变化比例为177.4%，大城市为260%，中等城市为261.3%，小城市312.3%，大、中、小城市间可达性差异缩小。非高铁城市可达性提高明显小于高铁城市。

在不同区域上，高铁建设增强西部地区可达性，增加就业吸引力和经济增长潜力。东、中、西、东北地区高铁城市间可达性差异缩小，西部地区高铁城市可达性增幅最大为343.2%，东北地区增幅为248.7%，东部地区高铁城市可达性增加比例为 228. 2%；区域内非高铁城市可达性增加差异不明显，东北地区增幅最小，为 65. 1%。

表 5-4　　可达性变化(高铁城市与非高铁城市)

		高铁城市				非高铁城市	
地区	PA 2006	PA 2014	PA14-06	PA[a]	PA 2014	PA14-06	PA[a]
城市群	均值	均值	均值	(%)	均值	均值	(%)
全国	195845	741010	545165	278. 4%	357022	161177	82. 3%
长三角	291905	1082949	791044	271. 0%	644816	352912	120. 9%
京津冀	367141	1082247	715106	194. 8%	402237	35096	9. 6%
珠江三角	276493	971661	695168	251. 4%	468908	192415	69. 6%
长江中游	198316	678865	480549	242. 3%	474666	276350	139. 3%
成渝	151372	793594	642222	424. 3%	306638	155265	102. 6%
哈长	193638	531571	337933	174. 5%	295594	101956	52. 7%
海峡西岸	186702	566611	379910	203. 5%	359301	172600	92. 4%
中原	238206	824441	586235	246. 1%	526435	288229	121. 0%
关中平原	198962	648609	449647	226. 0%	341774	142811	71. 8%
兰西	125663	—	—	—	269197	143534	114. 2%
呼包鄂榆	134780	—	—	—	339473	204694	151. 9%
北部湾	139533	334887	195354	140. 0%	309582	170049	121. 9%
山东半岛	278141	807573	529432	190. 3%	444483	166342	59. 8%
黔中	129056	—	—	—	282225	153168	118. 7%
宁夏沿黄	92271	—	—	—	253482	161211	174. 7%
辽中南	183423	561759	378335	206. 3%	360448	177025	96. 5%
山西中部	205623	672066	466443	226. 8%	416811	211188	102. 7%
天山北坡	86346	—	—	—	160355	74009	85. 7%
滇中	120122	—	—	—	250469	130347	108. 5%
城市规模							
特大城市	421087	1167918	746831	177. 4%	—	—	—
大城市	202347	728383	526035	260. 0%	447992	245645	121. 4%

续表

		高铁城市			非高铁城市		
地区	PA 2006	PA 2014	PA14-06	PA[a]	PA 2014	PA14-06	PA[a]
中等城市	163481	590678	427198	261.3%	325978	162498	99.4%
小城市	126611	522035	395424	312.3%	274661	148050	116.9%
区域							
东部	270603	888046	617444	228.2%	529841	259239	95.8%
中部	199008	699980	500971	251.7%	444419	245411	123.3%
西部	123895	549138	425243	343.2%	263631	139736	112.8%
东北	158445	552470	394025	248.7%	261560	103116	65.1%

注：PA2006、PA2014 分别代表 2006 年和 2014 年的可达性；PA14-06=PA2014- PA2006；a=PA14-06/PA2006，表示可达性增幅。

表 5-3 和表 5-4 的可达性平均值是由城市就业人口、城市间平均运行时间和其他方面的要素决定。2006—2014 年，我国各城市和区域经济持续增长，所示可达性变化不仅是高铁的因素，还有经济增长的原因，也存在其他因素的影响。下文估算区分高铁建设、经济增长、其他因素对可达性变化的贡献。

5.1.3 高铁建设、经济发展与可达性关系

为了弄清高铁建设对可达性的影响，将经济增长和其他因素的影响剥离出来，试图从三个方面观察可达性变化的影响：高铁影响、经济增长和其他因素。正如在方法论章节中介绍的，首先计算高铁服务带来的可达性变化，使用 2006 年就业人数和 2014 年出行时间，与 2006 年可达性的差值，其结果表示高铁建设对可达性的影响。基于类似的思路，使用 2014 年就业人数和 2006 年出行时间，与 2006 年可达性的差值，其结果表示经济增长对可达性的影响。总的可达性变化值减去高铁和就业增长引起的可达性变化值，即为其他方面的因素对可达性的影响。

表5-5对不同城市群、不同区域和不同规模城市进行对比分析，量化高铁、就业增长和其他因素对可达性的影响。结果发现可达性变化表现在两个方面：在不同的地理空间上，高铁、就业增长和其他因素对可达性的影响比例约占1/3；在不同城市群上存在空间差异，高铁影响的比例在20%~47%浮动。

在全国范围内，高铁建设引起的可达性增加比例为37.6%，经济增长对可达性增幅为35.7%，其他方面为26.7%。

在城市群上，高铁服务对不同城市群具有差异性影响。在中部地区的山西中部(44.2%)、关中平原(43.4%)和长江中游(42.7%)三个城市群和东北部的哈长(43.5%)、辽中南(47.3%)两个城市群，高铁服务对可达性影响所占比例大于40%。高铁对西部偏远地区且无高铁通过的城市群提升比例较小，如高铁对天山北坡、滇中、黔中城市群可达性提升比例为20%、23.8%、24.6%，但是西部地区城市群仍受益于高铁网络；相对来说，经济增长对西部偏远地区提升幅度较大，约为60%。

在城市规模上，在特大城市，高铁建设小于经济增长对可达性的影响，高铁提高可达性比例为30.6%，经济增长提高比例为44%。在大、中、小城市，高铁增加的可达性约为39%，经济增长提升可达性比例约为33%，高铁建设略大于经济增长对可达性的影响。

在区域层面，高铁对东北地区的可达性改变最多为44.9%，其次分别为中部地区41.6%、东部地区34.8%和西部地区33.4%。因东部地区包括京津冀、长三角、珠三角、山东半岛和海峡西岸5个城市群，西部地区包含关中平原、兰西、成渝、天山北坡、滇中、黔中、北部湾、宁夏沿黄、呼包鄂榆9个城市群，因此高铁对东部地区和西部地区内的城市群可达性影响差异较大。

总之，高铁建设、经济增长和其他方面对可达性的影响大约各占1/3；不同城市群受益于高铁服务的程度存在差异，区位偏远且无高铁运营的部分西部地区城市群，虽受益于高铁网络，但是高铁对可达性的影响比重较小(见表5-5)。

表 5-5 **高铁、经济增长和其他方面引起的可达性变化**

地区	PA1406	PA^{HSR}	PA^{EP}	PA^{2014T}		PA^{2014E}		PA^{Other}	
城市群	均值	均值	均值	均值	%	均值	%	均值	%
全国	364720	332945	325962	137100	37.6	130117	35.7	97502	26.7
长三角	650842	486263	585758	194358	29.9	293853	45.1	162630	25.0
京津冀	579104	620448	553350	253307	43.7	186209	32.2	139588	24.1
珠江三角	611376	455803	565975	179310	29.3	289482	47.3	142583	23.3
长江中游	429499	381540	315447	183224	42.7	117131	27.3	129143	30.1
成渝	363961	244520	289296	93148	25.6	137924	37.9	132890	36.5
哈长	196347	279015	255335	85377	43.5	61697	31.4	49272	25.1
海峡西岸	338448	314500	309086	127798	37.8	122384	36.2	88266	26.1
中原	471617	432011	386472	193805	41.1	148266	31.4	129546	27.5
关中平原	388280	367291	317698	168329	43.4	118736	30.6	101214	26.1
兰西	143534	174224	189651	48561	33.8	63988	44.6	30985	21.6
呼包鄂榆	204694	217456	204046	82676	40.4	69266	33.8	52753	25.8
北部湾	181296	201727	201558	62194	34.3	62025	34.2	57076	31.5
山东半岛	347887	411141	411105	133000	38.2	132964	38.2	81923	23.5
黔中	153168	165578	221688	36522	**23.8**	92632	60.5	24015	15.7
宁夏沿黄	161211	144360	168625	52089	32.3	76354	47.4	32768	20.3
辽中南	316394	333011	269919	149588	47.3	86496	27.3	80311	25.4
山西中部	338815	355403	302264	149780	44.2	96641	28.5	92394	27.3
天山北坡	74009	101141	136267	14795	**20.0**	49921	67.5	9294	12.6
滇中	130347	152251	196628	32129	**24.6**	76506	58.7	21712	16.7
城市规模									
特大城市	746831	649663	749699	228576	30.6	328612	44.0	189643	25.4
大城市	410735	362362	341263	160015	39.0	138916	33.8	111804	27.2
中等城市	283819	275466	258597	111985	39.5	95116	33.5	76717	27.0
小城市	216078	210093	203060	83482	38.6	76449	35.4	56147	26.0
区域									
东部	508235	447281	476800	176678	34.8	206197	40.6	125360	24.7
中部	410393	369761	319814	170753	41.6	120806	29.4	118834	29.0
西部	220160	197409	208213	73514	33.4	84318	38.3	62329	28.3
东北	214346	254684	222352	96239	44.9	63907	29.8	54200	25.3

注：总可达性变化(PA1406)= PA2014−PA2006，表征可达性变化；PA^{HSR} = 2006 年就业/2014 年时间；PA^{EP} = 2014 年就业/2006 年时间；高铁影响(PA^{2014T}) = PA^{HSR} − PA2006；经济增长影响(PA^{2014E}) = PA^{EP} − PA2006；其他影响(PA^{Other}) = PA1406−高铁影响(PA^{2014T})−经济增长影响(PA^{2014E})。

5.1.4　均衡度

本节通过计算可达性的标准差系数(CV)变化，分析高铁对中、东、西部和东北地区 4 个区域和 19 个城市群的均衡度影响。结果显示：尽管高铁建设限定线路和站点，但高铁不一定会扩大区域差异。具体的结果如表 5-6 所示：

在全国层面，高铁促进全国可达空间均衡发展，但增加的均衡幅度较小，标准差系数(CV)减少比例为 0.6%。

在城市群层面，19 个城市群中有 14 个城市群标准差系数(CV)减少，说明在 14 个城市群内趋于均衡发展。中原(102%)、长江中游(21%)、成渝(114.2%)、关中平原(65.6%)和宁夏沿黄(9.2%)5 个城市群中标准差系数(CV)增加，5 个城市群内朝着非均衡方向的发展，其中中原和成渝城市群内差异增加较大。

在区域层面，东部和东北部地区的标准差系数(CV)减少比例为 18.7%和 8.9%，东部和东北部地区相对均衡发展。中部和西部地区的标准差系数(CV)增加比例为 42.9%和 72.5%，对中部和西部地区的内部均衡发展促进作用不大。

表 5-6　　**标准差系数(CV)**

	CV2006	CV2014	CV(%)
全国	0.591	0.587	-0.6
长三角	0.512	0.444	-13.3
京津冀	0.885	0.535	-39.6
珠三角	0.525	0.399	-24
长江中游	0.204	0.248	21.5
成渝	0.46	0.985	114.2
哈长	0.501	0.361	-27.9
海峡西岸	0.401	0.278	-30.7

续表

	CV2006	CV2014	CV(%)
中原	0.13	0.262	102.3
关中平原	0.208	0.345	65.6
兰西	0.383	0.213	-44.4
呼包鄂榆	0.226	0.053	-76.4
北部湾	0.406	0.256	-37
山东半岛	0.356	0.353	-0.8
黔中	0.478	0.377	-21.1
宁夏沿黄	0.31	0.339	9.2
辽中南	0.34	0.245	-27.8
山西中部	0.381	0.294	-22.9
天山北坡	0.675	0.635	-6
滇中	0.714	0.497	-30.4
区域			
东部	0.6	0.488	-18.7
中部	0.21	0.301	42.9
西部	0.437	0.768	75.8
东北	0.485	0.442	-8.9

注：CV2006、CV2014分别为2006和2014年的标准差系数，CV(%)为2014年较2006年的标准差系数的变化率。

5.2 高铁建设对区域经济的影响

高铁建设改变区域交通条件，高铁建设是否促进区域经济生产率？目前，中国因高铁缩小出行时间对经济增长的影响尚不清楚。本节力图弥补研究的不足，首先分析城市群的人均地区生产总值(人均GDP)、人均就业生产总值(人均就业GDP)、每平方公里建成区的地区生产总值(地均

GDP)；其次在城市群内区分高铁与非高铁城市的人均 GDP、人均就业 GDP 与地均 GDP 的变化趋势；最后利用双对数回归模型，探讨高铁建设对区域经济生产力的影响。

首先分析高铁开通前后，中国平均经济生产力(GDP)的变化情况，如表 5-7 所示。

表 5-7 显示不同区域和城市群的人均 GDP、人均就业 GDP 与地均 GDP 变化。

在全国层面，266 个样本城市人均 GDP 从 2006 年的 16.7 千元增长到 2014 年的 50.4 千元，增加比例为 202%；人均就业 GDP 从 2006 年的 179.6 千元增长到 2014 年的 346.6 千元，增加比例为 93%；地均 GDP 从 2006 年的每平方公里 776.4 百万元增长到 2014 年的每平方公里 1674.9 百万元，增加比例为 116%。

在城市群层面，平均生产力显示出明显差异。如在 2006 年东部地区的海峡西岸城市群最小为 15.0 千元，其次为京津冀城市群为 26.3 千元、山东半岛城市群为 30.9 千元、长三角城市群为 32.9 千元，珠三角城市群人均 GDP 最大为 44.1 千元。经历经济增长后，2014 年城市群间差异仍旧存在。2014 年海峡西岸城市群人均 GDP 仍最小为 43.4 千元，其次为京津冀城市群为 74.9 千元、山东半岛城市群为 84.3 千元、长三角城市群为 91.1 千元，珠三角城市群人均 GDP 最大为 130.1 千元。人均就业 GDP、地均 GDP 与人均 GDP 类似，不同城市群之间，高铁开通前后仍存在差异。

在区域方面，2006 年不同区域人均、人均就业、地均 GDP 存在差异，2014 年依然存在差异。2014 年东部地区人均 GDP 为 72.8 千元，地均 GDP 为每平方公里 1942.5 百万，显著高于其他三个区域，但有个例外，东北地区人均就业 GDP 为 419.2 千元，高于东部地区的人均就业 GDP 为 372.3 千元。中、西部地区的人均 GDP 和人均就业 GDP 都小于东部和东北部地区。

上述 2006—2014 年的经济生产力增长趋势分析，没有说明是高铁引起的区域经济生产力(GDP)的变化。为了弄清高铁在区域经济发展中所扮演的角色。以 2014 年有无高铁运行为标准，对城市群内有高铁城市和无高铁城市计算人均 GDP、人均就业 GDP 和地均 GDP 三种平均生产力。如图 5.3、图 5.4、图 5.5 所示，划分为高铁城市和非高铁城市，计算每个城市群 2006 年和 2014 年的平均生产力，分析 GDP 变化趋势。

表 5-7　**平均 GDP**

地区	人均 GDP（千元/人）			人均就业 GDP（千元/人）			地均 GDP（百万/km²）		
	2006	2014	%	2006	2014	%	2006	2014	%
全国	16.7	50.4	202	179.6	346.6	93	776.4	1674.9	116
长三角	32.9	91.1	177	260.5	373.2	43	1077.1	2120.1	97
京津冀	26.3	74.9	184	171.4	368.1	115	745.9	1834.8	146
珠三角	44.1	130.1	195	274.8	339.6	24	913.5	1837.9	101
长江中游	11.5	42.6	272	140.5	375.2	167	792.5	1774	124
成渝	9.4	34.2	264	151.3	195.3	29	659.2	1406.6	113
哈长	16.5	52.6	219	139.2	459.7	230	631.2	1448.2	129
海峡西岸	15	43.4	190	174.8	347.7	99	1050.1	1873.4	78
中原	11.3	32.1	184	161.1	315.1	96	779.1	1715	120
关中平原	10.6	39.9	276	106.6	283.6	166	347.7	1437.7	314
兰西	10.4	32.4	213	97.1	254.4	162	343.1	925.4	170
呼包鄂榆	24.7	108.4	339	226.3	720.8	219	521.1	1864.2	258
北部湾	9.6	28.9	200	156.3	357.5	129	669.9	1297.1	94
山东半岛	30.9	84.3	173	233.7	473.1	102	1091.7	1816.7	66
黔中	7.8	28.4	264	101.1	263.8	161	504.5	1148.3	128
宁夏沿黄	20.5	75.7	270	109.7	416.9	280	235.9	731.9	210
辽中南	22.2	73.8	232	183.5	441.2	140	602.4	1542.6	156
山西中部	13.1	37.9	190	110.4	266.6	142	627.6	1239.7	98

续表

地区	人均 GDP（千元/人）			人均就业 GDP（千元/人）			地均 GDP（百万/km²）		
	2006	2014	%	2006	2014	%	2006	2014	%
天山北坡	42.4	101.6	140	160.3	353.3	120	423.3	671.6	59
滇中	14.3	43.5	203	173	283.5	64	584.6	1222.8	109
区域									
东部	26	72.8	180	222.2	372.3	68	986.2	1942.5	97
中部	10.3	33.4	225	143.5	333.3	132	721	1625.2	125
西部	10.1	35.6	252	140.4	272.4	94	522.5	1309.3	151
东北	17.2	56.9	231	144	419.2	191	547.8	1387.9	153

图 5.3　人均 GDP(城市群)

5.2.1 人均 GDP

图 5.3 显示所有城市的人均 GDP 从 2006 年到 2014 年都有不同程度增加，部分城市群如珠三角、长三角和京津冀等增长程度明显高于其他城市群。只有山东半岛城市群高铁城市人均 GDP 小于非高铁城市，其他的城市群高铁城市 2006 年和 2014 年人均 GDP 都大于非高铁城市。这个特殊性可能跟山东省的发展特点有关。在大多数省份，省会城市在人口和经济实力上占主导，在山东省的特殊性在于，许多二线城市表现强劲，如烟台和威海就是两个典型的城市，但他们在 2014 年没通高铁。

5.2.2 人均就业 GDP

图 5.4 显示 2006—2014 年所有城市人均就业 GDP 显著增长，但在高铁和非高铁城市之间，城市群的人均就业 GDP 却没有明显的趋势。随着时间的推移，人们可能会期待高铁城市的生产力会比非高铁城市高。但这种“期待案例”只出现在 4 个城市群：#2 长三角、#7 中原、#9 关中平原和#19 辽中南城市群。

在 2006 年，5 个高铁城市的人均就业 GDP 高于非高铁城市，但在 2014 年却出现了相反的情况，他们分别是#1 京津冀、#3 珠三角、#5 海峡西岸、#6 山西中部和#13 成渝城市群。在#4 山东半岛、#8 长江中游、#12 北部湾和#18 哈长城市群这 4 个城市群中，非高铁城市的人均就业 GDP 高于高铁城市。高铁的影响可能因行业而异。欧洲的经验表明，高铁对知识型产业和其他服务行业的影响可能会更大。国外学者对几个特定地区的研究，揭示了高铁在特定城市和地区促进新兴产业转型(Shao，2017；Chen，2017)。上述城市群的发展模式需要进一步研究，比如研究这些地区的经济结构和就业人口迁移。

图 5.4　人均就业 GDP(城市群)

5.2.3　地均 GDP

据图 5.5 显示，在 19 个城市群中，有 10 个城市群中高铁城市的地均 GDP 比非高铁城市低。尽管此研究数据很难对观察到的趋势作出较深刻的解释，但可以推测高铁城市的城市扩张速度相对非高铁城市较快。只有两个城市群：#1 京津冀和#19 辽中南城市群显示了“正常”趋势，即高铁城市的地均 GDP 比非高铁城市高。#8 长江中游城市群在 2006—2014 年，高铁和非高铁城市之间的地均 GDP 显示出了相反的模式。2006 年，高铁城市比非高铁城市的地均 GDP 高；然而 2014 年的数据却显示出相反的结果，非高铁城市比高铁城市地均 GDP 多。只有#3 珠三角城市群高铁与非高铁城市间的地均 GDP 差异较小。

图 5.5　地均 GDP(城市群)

5.2.4　对区域经济的影响

最后利用回归模型，研究对全国 266 个地级市，既含高铁城市也包括非高铁城市，探析高铁对区域经济增长的影响。其中，因变量为人均 GDP 变化值；自变量包括平均出行时间变化值(Time14/Time06)、人均就业人数变化值(EMPpc14/EMPpc06)，人均实际使用外资额(FDIpc14/FDIpc06)、人均社会消费品零售的变化值(Soc. Con. pc14/Soc. Con. pc06)，城市建成区面积变化值(Builtup14/Builtup06)，对因变量和自变量分别取自然对数，上述自变量括号后面分别对应结果中的符号。将相应的数据代入双对数模型中进行回归，分析 5 个自变量对人均 GDP 增长的模型参数，计算结果如表 5-8 所示。

表 5-8　人均 GDP 增长回归模型(2006—2014)

Dep. Var. : Ln(GRPpc14/lnGRPpc06)	所有样本城市					高铁城市					非高铁城市				
	Coef.	Std. Err.	t	P>|t|	Beta Coef.	Coef.	Std. Err.	t	P>|t|	Beta Coef.	Coef.	Std. Err.	t	P>|t|	Beta Coef.
ln(Time14/Time06)	0. 28*	0. 14	2. 05	0. 04	0. 12	0. 64**	0. 23	2. 83	0. 01	0. 22	-0. 10	0. 26	-0. 38	0. 70	-0. 03
ln(EMPpc14/EMPpc06)	0. 12**	0. 04	3. 13	0. 00	0. 19	0. 11**	0. 04	2. 86	0. 01	0. 23	0. 17 *	0. 08	2. 06	0. 04	0. 18
ln(FDIpc14/FDIpc06)	0. 03**	0. 01	3. 04	0. 00	0. 18	0. 02	0. 01	1. 16	0. 25	0. 09	0. 05**	0. 02	2. 89	0. 01	0. 26
ln(Soc. Con. pc14/Soc. Con. pc06)	0. 09 *	0. 05	1. 97	0. 05	0. 12	0. 07	0. 05	1. 49	0. 14	0. 12	0. 10	0. 09	1. 06	0. 29	0. 09
ln(Builtup14/Builtup06)	0. 09 *	0. 04	2. 20	0. 03	0. 13	0. 11**	0. 04	2. 6	0. 01	0. 21	0. 07	0. 07	0. 93	0. 36	0. 08
Constant	1. 10	0. 11	10. 28	0. 00	—	1. 38	0. 17	8. 25	0. 00	—	0. 86	0. 19	4. 62	0. 00	—
Number of obs. =	266					134					132				
F(5，246) =	8. 56					7. 88					3. 07				
Prob>F =	0. 00					0. 00					0. 01				
R-squared=	0. 14					0. 22					0. 12				
Adj R-squared =	0. 12					0. 20					0. 08				
Root MSE=	0. 22					0. 18					0. 25				

注：“*”“**”分别表示 5%、1%以上的水平上显著。

在全部样本模型的结果显示，5 个因变量的显著性水平均小于 0.05。说明高铁建设增加经济生产力，在其他条件不变化的情况下，出行时间每减少 10%，人均 GDP 将平均增加 2.8%。Cho 等(2013)分析高铁对日本经济生产力的影响，得出时间缩小影响生产力提升参数为 0.409~0.609。就业增长、FDI 资金投入和社会消费对经济生产力也起着积极促进作用，如 FDI 资金投入每增加 10%，人均 GDP 将平均增加 0.3%。中国常常通过土地开发来促进经济发展(Fan et al., 2016)。正如模型回归结果显示：在全国范围内，建成区面积每增加 10%，人均 GDP 平均增加 0.9%。

在高铁城市的模型中，高铁服务起到推动经济生产力的重要角色，在其他条件不变化的情况下，出行时间每减少 10%，人均 GDP 将平均增加 6.4%，大于基于全部样本的增幅(2.8%)。就业增长和建成区面积增加也提高高铁城市的经济生产力。

在无高铁通过城市的模型，结果显示 P 值为 0.7，说明在无高铁城市缩短出行时间对人均 GDP 的影响不显著。只有就业增长和 FDI 资金投入对经济生产力有促进作用。

表 5-7 中显示 β 参数，可以通过 β 值评估引起城市生产力变化的变量重要性。在全部样本模型中，就业和 FDI 资金投入的 β 参数值分别为 0.19、0.18，这两个自变量更有助于增加人均 GDP。出行时间减少和社会消费是同等重要的，因为 β 参数值为 0.12。城市扩张的 β 参数值为 0.13，略大于出行时间和社会消费对人均 GDP 增长的影响。在高铁城市的模型中，出行时间减少、就业增加和城市扩张的 β 参数值分别为 0.22、0.23、0.21，三个变量对经济生产力具有较积极的促进作用。在非高铁城市的模型中，FDI 资金投入的 β 参数值较大，为 0.26，对经济生产力影响较显著。

总之，高铁建设推动区域经济生产力，在其他条件不变化的情况下，出行时间每减少 10%，人均 GDP 将平均增加 2.8%。就业增长、城市建成区面积、FDI 资本投入以及社会消费(人民生活水平)都增加城市产出，对城市经济生产力有积极促进作用。因此正如对欧洲高铁研究发现，高铁对经济发展起着重要的催化剂的作用。随着高铁网络逐渐完善，全国高铁网络全面覆盖，促进中心城市的经济辐射带动作用，加强区域和城市间经济联系度，将增强高铁对区域经济发展的积极影响。

5.3　本章小结

本章重点研究高铁建设对可达性和区域经济生产力的影响，研究发现高铁建设缩小时空距离，提升全国可达性，提高区域经济生产力。高铁具有“廊道效应”，在空间上形成北京—上海的商务廊道，北京—郑州—武汉—广州的南北廊道，以及西安—郑州—上海的东西廊道，高可达性集聚在人口大市和高铁廊道上。高铁建设、经济增长和其他方面对可达性的影响大约各占 1/3；不同城市群受益于高铁的程度存在差异。高铁建设运营符合国家发展战略，高铁建设增加区域经济生产力，在其他条件不变化的情况下，出行时间每减少 10%，人均 GDP 将平均增加 2.8%。就业增长、城市建成区面积、FDI 资本投入以及社会消费(人民生活水平)都加速经济生产力发展。中国经济发展方向和趋势与国际战略方向一致。西部地区有高铁运营的城市群受益于高铁服务较多，高铁直接改善这些城市的区位条件，有助于实现高铁城市作为中心城市的辐射带动作用，增加与东中部地区城市交流合作的机会，实现城市群间及区域协调发展。高铁推动区域经济快速发展，高铁建设限定在特定的线路和站点，高铁不一定会扩大区域差异，研究显示高铁促进全国可达空间均衡发展，只是增幅较少，标准差系数(CV)减少比例为 0.6%。虽然不同城市群，区域可达性仍存在差异，但随着高铁网络的完善，区域和城市间全线贯通，大中小城市将更协调发展，高铁将有助于实现国家的发展战略，统筹城乡发展和区域发展，形成城乡经济社会一体化发展。

第6章　城市群尺度：高铁对长江中游城市群空间发展的影响

长江中游城市群是国家推进“长江经济带”“一带一路”“中部崛起”等的重要支撑点，同时也是缩小区域差距的突破之地。国外研究发现高铁提高可达性，但在空间上产生扭曲，出现“廊道”和“孤岛”。高铁发展会促进长江中游城市群空间均衡发展，还是极化发展的不均衡？

本章重点研究高铁对长江中游城市群区域发展差异的影响。主要包括：长江中游城市群地理空间结构；利用机动性、可达性和均衡度，分析高铁对长江中游城市群区域发展差异性的影响。探讨高铁扩大了还是缩小了长江中游城市群发展差异。

6.1　长江中游城市群地理空间结构

本节主要分析三个中心城市和三大城市圈(群)概况，人口分布与城镇空间发展格局，首位度指数特征，城市群空间结构特征，经济、产业与城镇职能格局。

6.1.1　中心城市和三大城市群(圈)概况

中心城市有武汉、长沙和南昌三个，三大城市群(圈)有武汉城市圈、环长株潭城市群、环鄱阳湖城市群，分析其概况，并进行对比研究。

1. 中心城市概况

武汉市别称“江城”，是中国中部地区的中心城市，国家第二批历史文化名城，楚文化的发祥地。是湖北省省会，重要的科研教育基地和综合交通枢纽、全国重要的工业基地。武汉地处江汉平原东部，是长江经济带核心城市之一。截至2014年末，全市下辖13个市辖区，3个国家级开发区，总面积8569km^2，全市常住人口1033.8万，城镇化率79.4%。武汉素有“九省通衢”之称，是国务院批准的全国首个综合交通枢纽研究试点城市。在地理位置上，具有两江汇流、三山百湖的山水城市格局，地处华中腹地横贯东西的长江、沪蓉高铁和纵穿南北的京广铁路的交汇处，是全国经济地理文化中心，具有其他中心城市不可替代的独特的承东启西、接南连北、吸引四面、辐射八方的区位优势。武汉市是中部地区唯一的副省级城市，商贸繁荣，市场容量巨大，科教发达，工业基础雄厚，是长江中游城市群中面积最大、人口最多、经济总量最大的特大中心城市，有能力成为中三角的金融中心、商贸中心、科教中心、制造中心和综合交通枢纽中心。

长沙是长江中游城市群重要的中心城市之一，首批国家历史文化名城，有“屈贾之乡”“楚汉名城”“潇湘洙泗”之称。长江中游城市群临近珠江三角洲的最大城市，是珠江三角洲与北方地区各省产生经济联系的必经之地。2014年，长沙市幅员11816km^2，其中市辖区面积1910km^2，市辖区建成面积336km^2；辖6个区、1个县级市，2个县，80个镇，14个乡，设有5个国家级开发区和9个省级园区。2014年末，长沙全市常住总人口731.2万。2015年4月设立的湘江新区，是打造“一带一路”的核心增长极和长江经济带的重要区域。长沙媒体娱乐业、装备制造、电子信息、商贸餐饮等产业在长江中游城市群中占有优势，是综合实力较强、产业特色突出的区域大城市、工商业重镇和交通枢纽城市。

南昌简称“洪”或“昌”，古称豫章、洪都，江西省省会，地处京九、浙赣、皖赣铁路干线交汇处，是京九线上最大的城市，国家航空、光电产业基地，世界级的光伏产业基地。截至2014年，南昌下辖6个市辖区、3个县及1个国家级开发区，土地面积7402km²，城市建成区面积262km²，常住人口524万。南昌是中国唯一个与长三角城市群、珠三角城市群和海峡西岸城市群相毗邻的省会城市，其战略地位和枢纽性区位优势明显，是国家重点支持建设的全国性综合交通枢纽。

2. 中心城市对比分析

2014年武汉地区生产总值达到10069.48亿元，占长江中游城市群生产总值的16.3%，分别是长沙和南昌的1.3和2.7倍；常住人口达1033万人，城镇化率达79.4%；地方财政收入1101.02亿元，占长江中游城市群的23.8%，社会消费品零售总额达到4369.32亿元，所占比重为18.6%；全社会固定资产投资总额达到7002.85亿元，比长沙多1567.1亿元，约为南昌的2倍，占长江中游城市群的13.7%。武汉因特殊的区位和现有经济条件，在长江中游城市群发展和建设中具有重要的功能和地位，长江中游城市群如建设成为世界型城市群，以武汉为中心，长沙和南昌为副中心，打造多中心、多节点的网络极核(见表6-1)。

表6-1　　**中心城市2014年经济指标**

地区	GDP	城镇人口/总人口	地方财政收入	固定资产投资	社会消费品零售总额	全市人口密度
	(亿元)	(万人)	(亿元)	(亿元)	(亿元)	人/km²
武汉市	10069.48	820.5/1033.8	1101.02	7002.85	4369.32	1206
长沙市	7824.81	528.9/731.15	386.85	5435.75	3293.55	619
南昌市	3667.96	371.3/524.01	342.21	3427.37	1474.75	708

资料来源：《湖北统计年鉴2015》《湖南统计年鉴2015》《江西统计年鉴2015》。

3. 三大城市群(圈)概况

武汉“1+8”城市圈，包括武汉、黄石、鄂州、黄冈、孝感、咸宁、仙桃、天门、潜江9市，该城市群占全省国土面积的1/3，2014年共58028km^2，人口总共3087.1万，超过全省的1/2，是湖北省最大的城市圈。武汉城市圈经济发达，产业结构合理，创造了全省66%国内生产总值，全省财政收入61%来自该经济圈，以近57.5%的固定资产支撑了全省60%左右的社会消费品零售额。

环长株潭城市群以“3+5”城市群为基础，包括长沙、株洲、湘潭、岳阳、益阳、常德、娄底、衡阳；占湖南省近1/5的国土面积，97596万km^2，全省41.6%人口集聚于此，达到了4105.8万。据统计2014年长株潭城市群固定资产投资15850.6亿元，占全省的72%，城市群的国内生产总值占全省的76.1%，并为全省贡献了70.1%的财政收入。

环鄱阳湖城市群包括环鄱阳湖区周边的南昌、九江、景德镇、鹰潭、上饶、萍乡、宜春和新余8市，总占地面积为83769km^2，总人口数占江西省的62%，GDP占全省的79.4%，地方财政收入占68%，是一个以南昌为中心的城市群。截止到2014年，区内全社会固定资产投资高达10678.12亿元之多。

4. 三大城市圈(群)对比分析

2014年3个城市群(圈)的生产总值，环长株潭城市群和武汉城市圈排名为前两名，环鄱阳湖城市群的经济总量较少为11631.56亿元，约为环长株潭城市群的1/2，长江中游城市群经济总量占全国的比重为9.1%。在财政收入上，三大城市群中排在首位的是武汉城市圈，环长株潭城市群排在了最后一位；在固定投资总额、社会消费品零售总额、人口总数方面，环长株潭城市群、武汉城市圈、环鄱阳湖城市群依次排列；在土地面积方面，环长株潭城市群最多，为97596km^2，武汉城市圈最少，为58028km^2(见表6-2)。

表 6-2　　　　长江中游城市群经济指标比重

指标	长江中游城市群			比重(%)
	武汉城市圈	环长株潭城市群	环鄱阳湖城市群	全国
GDP (亿元)	17247.15	21600.4	11631.56	9.1
地方财政收入(亿元)	1571.36	827.4	1280.1	—
固定资产投资(亿元)	14382	15850.6	10678.12	10.0
社会消费品零售总额(亿元)	7500.88	8064.9	3899.7	8.6
人口(万人)	3087.1	4105.8	2805.6	9.3
面积(km^2)	58028	97596	83769	7.3

资料来源：根据《湖北统计年鉴 2015》《湖南统计年鉴 2015》《江西统计年鉴 2015》计算整理所得。

6.1.2 人口分布与城镇空间发展格局

1. 城镇体系的规模结构特征

长江中游城市群内 31 个城市行政区下辖 41 个县级市，110 个县，77 个市辖区。湖北省以武汉为中心的 13 个城市，湖南省以长沙为中心的 8 个城市，江西省以南昌为中心的 10 个城市，构成了长江中游城市群多中心的格局(见表 6-3)。

表 6-3　　　　长江中游城市群行政区划

地区	县级市	县数	市辖区数	地区	县级市	县数	市辖区数
长沙市	1	2	6	黄冈市	2	7	1
株洲市	1	4	4	咸宁市	1	4	1
湘潭市	2	1	2	仙桃市	1		1

续表

地区	县级市	县数	市辖区数	地区	县级市	县数	市辖区数
衡阳市	2	5	5	天门市	1		
岳阳市	2	4	3	潜江市	1		
常德市	1	6	2	南昌市		4	5
益阳市	1	3	2	景德镇市	1	1	2
娄底市	2	2	1	萍乡市		3	2
武汉市			13	九江市	2	9	2
黄石市	1	1	13	新余市		1	1
荆州市	3	3	3	鹰潭市	1	1	1
宜昌市	3	5	2	吉安市	1	10	2
襄阳市	3	3	5	宜春市	3	6	1
鄂州市			3	抚州市		10	1
荆门市	1	2	3	上饶市	1	10	1
孝感市	3	3	2	总计	41	110	77

资料来源：根据《湖北统计年鉴2014》《湖南统计年鉴2014》《江西统计年鉴2014》计算。

从长江中游城市群规模等级划分和人口分布来看，城市群呈现如下格局(见图6.1、表6-4和表6-5)：500万以上的城市是武汉市市区，占中三角地区总人口的5.1%；200万~500万人口的特大城市有长沙市区、襄阳市区、南昌市区，占中三角地区总人口的6.4%；100万~200万的城市有25个，包含常德市区、宜昌市区、丰城市、鄱阳县、浏阳市、天门市、益阳市区、岳阳市区、荆州市区、株洲市区、宁乡县、耒阳市、衡阳市区、仙桃市、新化县、衡阳县、抚州市区、监利县、湘潭市区、宜春市区、鄂州市、长沙县、汉川市、钟祥市、涟源市。50万~100万的中等城市比重为46.6%，有82个城市，小于50万的小城市个数较多，共74个，但占比例仅有18.5%。总体而言，长江中游城市群人口空间极化明显，城镇规模等级结构不合理，武汉市市区总人口规模达到640万，而中间位序的城市个数偏少，特大城市仅有3个，中小城市所占的比重较大，总和为65.1%，超过半数，城市群城市等级结构呈现“两头小、中间大”的特征，人口空间分布极化的特点。

表6-4　　长江中游城市群城市规模及排序(前90)

地区	人口(万)	地区	人口(万)	地区	人口(万)
武汉市区	640.7	耒阳市	117.5	枣阳市	99.0
长沙市区	375.8	衡阳市区	116.8	衡南县	97.4
襄阳市区	229.3	仙桃市	116.6	平江县	97.2
南昌市区	202.8	新化县	112.7	醴陵市	96.7
常德市区	154.0	衡阳县	112.5	潜江市	95.4
宜昌市区	145.5	抚州市区	110.8	孝感市	91.8
丰城市	134.9	监利县	107.9	安化县	91.4
鄱阳县	131.9	湘潭市区	106.6	黄陂区	91.1
浏阳市	129.8	宜春市区	106.2	余干县	90.2
天门市	129.2	鄂州市	105.9	大冶市	90.1
益阳市区	126.3	长沙县	103.8	公安县	90.0
岳阳市区	125.9	汉川市	102.6	浠水县	87.8
荆州市区	122.4	钟祥市	101.5	麻城市	87.5
株洲市区	122.2	涟源市	100.9	双峰县	86.9
宁乡县	121.8	祁东县	99.9	黄梅县	86.4

资料来源：根据《湖北统计年鉴2014》《湖南统计年鉴2014》《江西统计年鉴2014》计算。

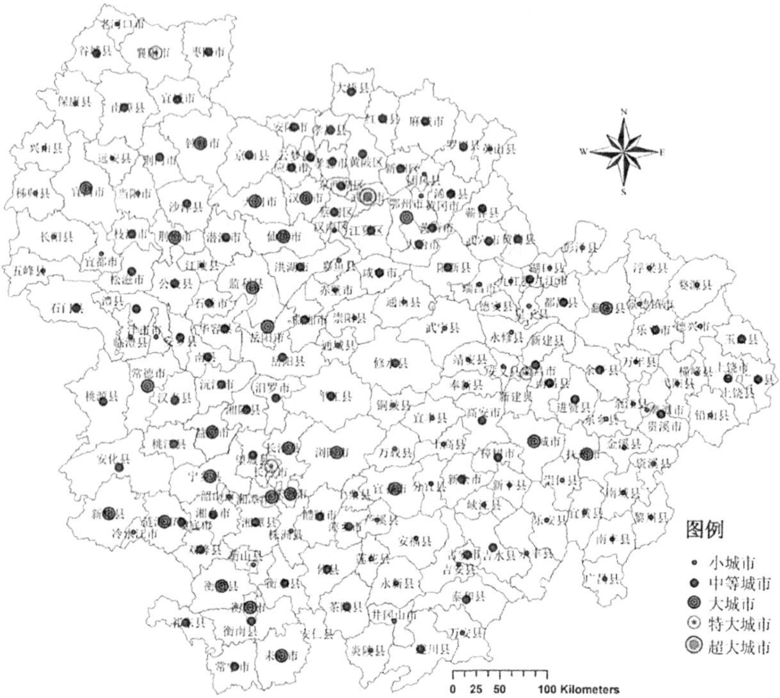

图6.1 长江中游城市群城镇体系的规模结构

表6-5 **长江中游城市群185个县市(区)规模等级划分**

等级	人口规模(万)	城市数量(个)	人口比重(%)	地区名称
超大城市	>500	1	5.1%	武汉市区
特大城市	200~500	3	6.4%	长沙市区、襄阳市区、南昌市区
大城市	100~200	25	23.4%	常德市区、宜昌市区、丰城市、鄱阳县、浏阳市、天门市、益阳市区、岳阳市区、荆州市区、株洲市区、宁乡县、耒阳市、衡阳市区、仙桃市、新化县、衡阳县、抚州市区、监利县、湘潭市区、宜春市区、鄂州市、长沙县、汉川市、钟祥市、涟源市

续表

等级	人口规模(万)	城市数量(个)	人口比重(%)	地区名称
中等城市	50~100	82	46.6%	祁东县、枣阳市、衡南县、平江县、醴陵市、潜江市、孝感市区、安化县、黄陂区、余干县、大冶市、公安县、浠水县、麻城市、双峰县、黄梅县、南昌县、新洲区、桃源县、洪湖市、湘潭县、新余市区、江夏区、乐平市、萍乡市、常宁市、高安市、阳新县、汉寿县等
小城市	<50	74	18.5%	景德镇市、万载县、老河口市、赤壁市、永新县、吉安县、当阳市、上栗县、东乡县、永丰县、铅山县、临澧县、瑞昌市、上饶市区、通城县、崇阳县、衡山县、安福县等

资料来源：根据《湖北统计年鉴 2015》《湖南统计年鉴 2015》《江西统计年鉴 2015》计算。

2. 城镇化水平格局

在城镇化水平的空间格局上(见表 6-6、表 6-7)，长江中游城市群(中三角)城镇化总体水平偏低为 54.33%，低于湖北省(55.67%)，高于湖南省(49.28%)，区域整体发展不平衡，内部城镇化差异较明显。在地级市层面，城镇化水平较高的地区分别是：以武汉为中心的武汉城市圈，武汉市的城镇化率是 79.4%，周边其他地区均小于武汉市；以长沙为中心的环长株潭城市群，长沙的城镇化率高达 72.3%，株洲城镇化率为 61.0%、湘潭城镇化率为 56.5%，而周边益阳、娄底、常德却只有 40%左右；环鄱阳湖城市群中，南昌作为中心城市，城镇化率是最高的(70.9%)，在东部呈现出“低谷”凹陷地区。

表 6-6　　　　长江中游城市群地级市城镇化现状

地区	总人口（万人）	城镇人口（万人）	城镇化率（%）	地区	总人口（万人）	城镇人口（万人）	城镇化率（%）
全国	136782	74916	54.77	长沙市	731.2	528.9	72.3
中三角	12729.22	6915.7	54.33	株洲市	396.09	241.61	61.0
湖北省	5816	3237.8	55.67	湘潭市	281.28	159.05	56.5
湖南省	6737.24	3320.11	49.28	衡阳市	730.34	354.36	48.5
江西省	4542.2	2281.1	50.2	岳阳市	559.51	292.58	52.3
武汉市	1033.8	820.5	79.4	常德市	583.1	258.3	44.3
黄石市	244.9	149.1	60.9	益阳市	450.0	201.1	44.7
宜昌市	410.5	229.7	56.0	娄底市	385.3	141.6	36.8
襄阳市	560.0	313.7	56.0	南昌市	524.0	371.3	70.9
鄂州市	105.9	67.3	63.6	景德镇市	163.0	101.5	62.3
孝感市	486.1	254.0	52.2	萍乡市	189.0	122.1	64.6
荆州市	574.4	284.3	49.5	九江市	480.7	236.0	49.1
黄冈市	626.3	263.7	42.1	鹰潭市	114.8	62.2	54.2
咸宁市	248.9	121.2	48.7	吉安市	488.1	217.9	44.7
仙桃市	116.6	62.1	53.3	宜春市	549.3	237.7	43.3
潜江市	95.4	49.8	52.2	抚州市	397.7	173.0	43.5
天门市	129.2	63.6	49.2	上饶市	668.8	306.7	45.9
荆门市	288.9	152.5	52.8	新余市	116.1	78.3	67.4

表 6-7　　　　长江中游城市群县级市城镇化现状

地区	总人口（万人）	城镇人口（万人）	城镇化率（%）	地区	总人口（万人）	城镇人口（万人）	城镇化率（%）
浏阳	129.77	71.85	55.4	松滋	129.77	71.85	55.4
醴陵	96.72	51.16	52.9	麻城	96.72	51.16	52.9
湘乡	79.8	29.02	36.4	武穴	79.8	29.02	36.4
韶山	9.6	4.04	42.1	宜都	9.6	4.04	42.1
耒阳	117.52	56.43	48.0	枝江	117.52	56.43	48.0

续表

地区	总人口（万人）	城镇人口（万人）	城镇化率（%）	地区	总人口（万人）	城镇人口（万人）	城镇化率（%）
常宁	82.86	39.27	47.4	老河口	82.86	39.27	47.4
汨罗	70.68	36.47	51.6	枣阳	70.68	36.47	51.6
临湘	50.83	23.32	45.9	宜城	50.83	23.32	45.9
津市	25.91	7.81	30.1	赤壁	25.91	7.81	30.1
沅江	68.6	32.41	47.2	仙桃	68.6	32.41	47.2
冷水江	33.91	26.01	76.7	潜江	33.91	26.01	76.7
涟源	100.94	33.39	33.1	天门	100.94	33.39	33.1
钟祥	101.52	51.42	50.7	乐平	101.52	51.42	50.7
应城	59.81	34.12	57.0	瑞昌	59.81	34.12	57.0
安陆	57.72	27.82	48.2	贵溪	57.72	27.82	48.2
汉川	102.64	54	52.6	井冈山	102.64	54	52.6
大冶	90.13	48.59	53.9	丰城	90.13	48.59	53.9
石首	57.6403	25.42	44.1	樟树	57.6403	25.42	44.1
洪湖	85.8978	35.13	40.9	高安	85.8978	35.13	40.9
当阳	46.77	22.27	47.6	德兴	46.77	22.27	47.6

资料来源：根据《湖北统计年鉴 2015》《湖南统计年鉴 2015》《江西统计年鉴 2015》计算。

各市区、县级市、县在城镇化水平的空间格局上，长江中游城市群内185个地区中有125个地区城镇化率小于50%，大多数地区总体城镇化率较低，县级市城镇化率，如赤壁、冷水江等地级市城镇化率只有30%左右；人口集中于三个地级市市区，且武汉市市区人口在长江中游城市群中呈现一枝独大的特点，武汉市市区的常住人口有640万人，城镇化率为96.5%；长沙市市区常住人口有320万人，城镇化率为95.5%；南昌市市区常住人口仅有200万人，城镇化率为96%。整个长江中游城市群空间分布不平衡，部分地区人口较少，江西省城镇化率水平较低。

6.1.3　首位度指数特征

研究选取城市辖区人口进行二城市、四城市指数和十一城市指数分析，表6-8反映了三个城市(圈)群的首位度情况。

按照位序-规模的原理，所谓正常的二城市指数为2，城市首位度等于或略小于2表明结构正常、集中适当；大于2则有结构失衡、过度集中的趋势。正常的四城市指数和十一城市指数为1。

表6-8　　　　**长江中游城市群及首位度**

	武汉城市圈	环长株潭城市群	环鄱阳湖城市群
首位城市(区)	武汉市市区	长沙市市区	南昌市市区
其他地级市或省直管市	黄石、鄂州、黄冈、孝感、咸宁、仙桃、潜江、天门	常德、娄底、湘潭、益阳、衡阳、株洲、岳阳	九江、景德镇、上饶、鹰潭、萍乡、宜春、新余
二城市指数	4.96	2.07	1.5
四城市指数	1.82	0.78	0.54
十一城市指数	1.28	0.51	0.41

资料来源：根据《湖北统计年鉴2015》《湖南统计年鉴2015》《江西统计年鉴2015》计算整理。

从城市首位度指数看出，武汉城市圈中武汉市的二、四和十一城市指数均高于正常指数，二城市指数高达4.96，四城市指数为1.82，十一城市指数为1.28，呈典型的高度首位分布，属于极不合理的城市结构分布，首位城市武汉市垄断性较强，“一城独大”造成结构失衡、人口呈现过度集中的极核式发展模式，城镇体系尚处于较不成熟的发展阶段，剥夺了其他城市的发展机遇。

环长株潭城市群中，首位城市长沙市市区二城市指数为2.07，在四城市指数为0.78，十一城市指数较低，为0.51，说明环长株潭城市群相对来说结构正常、集中适当。

环鄱阳湖城市群中，南昌市区是环鄱阳湖城市群的人口首位城市，首位城市指数为1.5，四城市指数为0.54，首位度指数偏低。说明南昌市发展比较均衡，较难形成以南昌为核心、若干中小城市配合的城市群落，较难发挥南昌作为中心城市的集聚与带动作用。从十一城市指数来看，其值也较低，为0.41，说明城市体系中南昌市发育较好，其他中、小城市的人口规模却较小，因而与南昌市的人口规模差距较大。

6.1.4 城市群空间结构特征

长江中游城市群沿江、沿路分布特征明显，主要城市均沿着长江和京广铁路沿线分布，如武汉、黄石、鄂州、荆州、黄冈、潜江、仙桃、九江、岳阳等沿江分布，构成了沿江城市密集分布带；孝感、咸宁、信阳、岳阳等沿京广线分布，构成了沿铁路分布的城市密集带，有京广铁路和高速公路沿江航运的便利，使得各城市间的交通联系比较发达(肖金成等，2006)。

目前，长江中游城市群呈现“三圈合一”的空间结构形态。武汉城市圈、长株潭城市群和环鄱阳湖城市群，沿以幕阜山脉、九岭山脉为中心的山麓及外沿分布，城市群和位于其间的山岳森林景区(城市后花园)相映生辉(见图6.2)。

6.1.5 经济、产业与城市职能格局

分析31个城市的经济发展、产业和城市职能格局，长江中游城市群经济发展略低于全国平均水平，总体产业结构呈现出“二三一”型结构，第三产业比重偏小。

1. 经济发展格局

从发展水平看，2014年长江中游城市群人均生产总值为48600元，略低于全国各地区平均水平。如表6-10所示，长江中游城市群总面积为

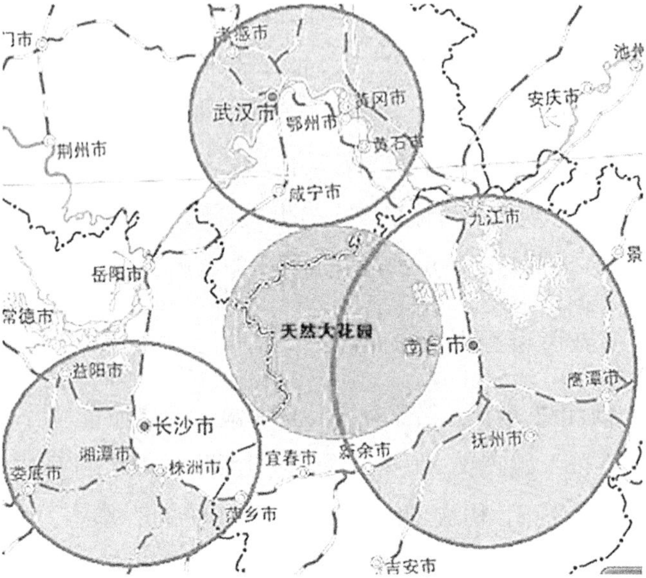

图 6.2　长江中游城市群示意图

35.08 万 km^2，实现地区生产总值 61810 亿元，占全国的 9.1%。按照不同地区生产总值划分为 5 个梯度圈层等级(表 6-9)。第一圈层是长江中游城市群的中心城市武汉市和长沙市，2014 年 GDP 总和为 17894.29 亿元，占整个区域的 28.95%；第二圈层包括湖北襄阳、宜昌和中心城市南昌，GDP 总和为 67395.37 亿元，均值为 3310 亿元，远低于第一圈层的均值 8947 亿元，GDP 总体规模占整个区域的 16.06%；第三圈层包括株洲、常德、岳阳、衡阳 4 个城市，GDP 均值为 2435 亿元，占区域的 15.76%；第四圈层包括抚州、娄底、黄石、吉安、益阳、荆门、孝感、黄冈、荆州、宜春、上饶、湘潭、九江共 13 个城市，GDP 所占比重与第一圈层 2 个中心城市相差不多，但 GDP 均值只有 1384 亿元；第五圈层包括天门、潜江、仙桃、鹰潭、鄂州、景德镇、萍乡、新余、咸宁 9 个城市，GDP 总量占整个区域的比重 10.12%，GDP 均值为 695 亿元，平均每个市约占 1%。

表 6-9 长江中游城市群 31 个城市经济发展的梯度圈层格局

	第一圈层	第二圈层	第三圈层	第四圈层	第五圈层
地区	武汉、长沙	襄阳、宜昌、南昌	株洲、常德、岳阳、衡阳	抚州、娄底、黄石、吉安、益阳、荆门、孝感、黄冈、荆州、宜春、上饶、湘潭、九江	天门、潜江、仙桃、鹰潭、鄂州、景德镇、萍乡、新余、咸宁
GDP（均值，亿元）	8947	3310	2435	1384	695
第一产业（均值，亿元）	331	305	288	210	77
第二产业（均值，亿元）	4513	1893	1259	707	393
第三产业（均值，亿元）	4103	1111	888	467	225
土地面积（均值，km^2）	10193	16071	15086	14424	3815
人口密度（人/km^2）	913	395	378	363	427
人均 GDP	102211	67395	44549	32870	51130
GDP 占城市群比例（%）	28.95	16.06	15.76	29.11	10.12

资料来源：根据《湖北统计年鉴 2015》《湖南统计年鉴 2015》《江西统计年鉴 2015》计算整理。

2. 产业、城市职能格局

长江中游城市群 31 个城市 GDP、地方财政收入、固定资产投资等经济发展指标合计占全国的 10%左右，其中社会消费品零售总额占全国消费额的8.6%(见表6-10)。从工业化进程看，长江中游城市群进入高加工度化制造业为主导的工业化发展阶段。从产业结构来看，2014年全国三产业构成为7.8：47.8：44.4，长江中游城市群三次产业比重构成为10.0：52.5：37.5，长江中游城市群总体产业结构呈现出“二三一”型结构，相对全国而言，第一、二产业增加值比重明显偏大，第三产业比重偏小，长江中游城市群的31个城市中，仅有武汉市(3.5：47.5：49.0)三产比重高于全国和区域层面，经济结构优于其他城市。

表6-10 **长江中游城市群31个城市社会经济发展指标**

地区	GDP（亿元）	地方财政收入（亿元）	固定资产投资（亿元）	社会消费品零售总额（亿元）	三次产业结构比重
武汉市	10069.48	1101.02	7002.85	4369.32	3.5：47.5：49.0
黄石市	1218.56	89.38	1168.46	519.71	8.6：59.4：32.0
宜昌市	3132.21	271.51	2570.41	964.53	11.2：59.3：29.5
襄阳市	3129.26	249.24	2553.46	1030.57	12.8：57.7：29.5
鄂州市	686.64	42.74	698.04	230.28	11.8：59.3：28.9
孝感市	1354.72	107.22	1536.96	689.33	18.6：49.0：32.3
荆州市	1480.49	88.17	1651.63	831.44	23.4：44.6：32.0
黄冈市	1459.15	96.04	1717.39	715.65	24.5：40.2：35.4
咸宁市	964.25	70.76	1170.85	361.77	17.8：49.4：32.7
仙桃市	552.27	24.16	384.55	233.58	15.2：53.6：31.2
潜江市	540.22	22.69	372.25	150.19	12.6：58.7：28.7
天门市	401.86	17.35	330.65	231.05	19.4：52.2：28.4
荆门市	1310.59	69.82	1232.55	451.78	15.1：53.9：31.0
长沙市	7824.81	386.85	5435.75	3293.55	4.0：54.2：41.8
株洲市	2161.01	120.24	1837.1	749.18	7.7：59.2：33.0
湘潭市	1570.56	47.81	1503.35	461.55	8.1：57.0：34.9

续表

地区	GDP	地方财政收入	固定资产投资	社会消费品零售总额	三次产业结构比重
	(亿元)	(亿元)	(亿元)	(亿元)	
衡阳市	2396.55	85.71	1767.01	899.31	15.0∶46.7∶38.3
岳阳市	2669.34	54.19	1790.13	905.61	10.8∶53.9∶35.3
常德市	2514.15	62.32	1547.72	841.92	13.4∶47.6∶38.9
益阳市	1253.15	36.82	1030.64	522.43	18.5∶44.0∶37.5
娄底市	1210.86	33.47	938.94	391.44	14.5∶53.5∶32.0
南昌市	3667.96	342.21	3427.37	1474.75	4.4∶55.0∶40.6
景德镇市	738.21	82.15	622.54	247.53	7.3∶58.1∶34.6
萍乡市	864.95	94.20	906.09	275.05	6.8∶59.0∶34.3
九江市	1779.96	213.66	1812.22	512.22	7.4∶55.3∶37.3
鹰潭市	606.98	73.39	464.23	155.45	7.7∶61.3∶31.0
吉安市	1242.11	142.57	1270.12	351.64	16.4∶51.1∶32.5
宜春市	1522.99	190.32	1354.85	471.90	14.7∶54.1∶31.1
抚州市	1036.77	116.38	939.25	391.59	16.1∶51.4∶32.5
上饶市	1550.24	194.21	1343.33	565.67	13.8∶50.3∶36.0
新余市	900.27	89.92	747.49	197.20	5.8∶57.8∶36.4
长江中游城市群	61810.57	4616.51	51128.18	23487.17	10.0∶52.5∶37.5
占全国比重	9.1%	—	10.0%	8.6%	7.8∶47.8∶44.4

资料来源：根据《湖北统计年鉴 2015》《湖南统计年鉴 2015》《江西统计年鉴 2015》计算整理。

3. 区位熵

2014 年高铁开通后长江中游城市群区位熵见表 6-11，湖北省第三产业就业区位熵大于 1 的城市有武汉、咸宁、荆州 3 个城市；第二产业区位熵大于 1 的有武汉、黄石、鄂州等 8 个城市，高铁开通对第二产业具有明显

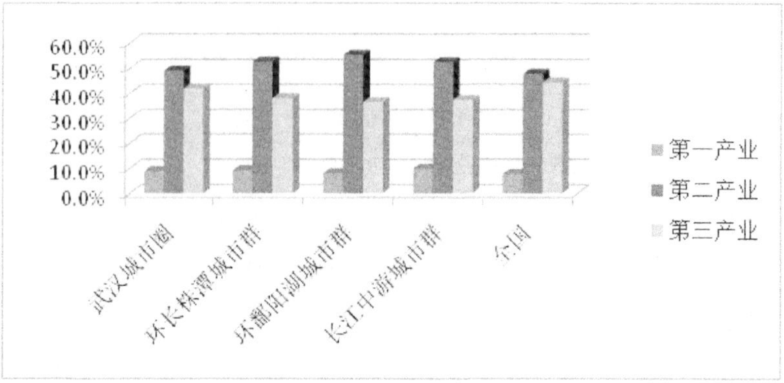

图 6.3　2014 年长江中游城市群产业结构

的推动作用，湖南省高铁开通增强第三产业的优势，第三产业就业区位熵高于 1 的城市有长沙、湘潭、娄底、常德、衡阳、益阳、岳阳等 7 个城市。江西省高铁开通后，仅有上饶和吉安第三产业就业区位熵大于 1，第二产业区位熵大于 1 的有南昌、九江、景德镇、鹰潭、新余、宜春、萍乡、抚州 8 个城市，江西省第二产业优势凸显。

表 6-11　　　　**高铁开通前后长江中游城市群区位熵**

城市	2006 年就业区位熵			2014 年就业区位熵		
	第一产业	第二产业	第三产业	第一产业	第二产业	第三产业
武汉	1.08	0.95	1.04	0.13	1.02	1.01
黄石	1.15	1.40	0.64	0.31	1.24	0.77
鄂州	0.46	1.37	0.71	0.03	1.35	0.66
黄冈	2.14	0.61	1.27	2.49	1.15	0.80
孝感	3.52	1.16	0.81	0.74	1.16	0.84
咸宁	1.04	1.01	0.99	0.21	0.81	1.23
襄阳	1.57	0.89	1.06	0.63	1.22	0.78
宜昌	0.93	1.19	0.84	0.61	1.10	0.91

续表

城市	2006 年就业区位熵			2014 年就业区位熵		
	第一产业	第二产业	第三产业	第一产业	第二产业	第三产业
荆州	3.52	0.81	1.01	2.55	0.91	1.05
荆门	4.84	0.86	0.88	1.36	1.10	0.89
长沙	0.10	0.93	1.12	0.05	0.95	1.08
株洲	0.38	1.22	0.85	0.22	1.10	0.91
湘潭	0.04	1.35	0.75	0.46	0.86	1.16
岳阳	3.88	0.78	1.01	0.37	0.90	1.12
益阳	0.80	0.73	1.25	0.16	0.85	1.18
常德	0.27	0.94	1.10	0.23	0.88	1.15
衡阳	0.20	0.96	1.09	0.08	0.91	1.12
娄底	0.25	0.99	1.06	0.25	0.98	1.05
南昌	1.06	0.91	1.07	0.28	1.23	0.78
九江	1.32	0.96	1.01	1.24	1.02	0.98
景德镇	2.10	1.14	0.81	2.35	1.02	0.94
鹰潭	4.54	0.89	0.87	0.05	1.20	0.82
新余	10.22	0.77	0.62	0.26	1.28	0.73
宜春	1.03	0.84	1.14	1.00	1.04	0.96
萍乡	0.61	1.02	1.01	0.23	1.15	0.86
上饶	3.63	0.63	1.15	1.03	0.90	1.11
吉安	2.38	0.57	1.29	2.03	0.93	1.05
抚州	1.91	0.72	1.19	0.66	1.11	0.89

注：因仙桃、潜江、仙桃市就业人口数据较难获取，故未计算 3 个城市区位熵。

资料来源：根据《中国城市统计年鉴 2015》计算整理。

总之，长江中游城市群人口空间极化明显，呈现两头小中间大的空间分布；城市群城镇化水平为 54.33%，低于全国水平。武汉城市圈首位指数较高，显示出武汉市垄断发展，结构失衡人口过度集中的极核式发展模式。环长株潭城市群二城市指数为2.07，结构正常、相对合理；环鄱阳湖城市群首位度相对偏低，不利于发挥南昌中心城市的集聚和带动作用。长江中游城市群产业结构呈现“二三一”型，第三产业比重偏小，高铁开通后，湖北省和江西省第二产业优势显现。

6.2 高铁对长江中游城市群区域发展差异性的影响

长江中游城市群研究和发展成为政府决策和学者关注的重点问题。2016年10月，联合国第三次住房和城市可持续发展大会通过的《新城市议程》中提出，区域均衡发展，减少城乡差距，城乡互联互动。然而，各地区条件差异显著、发展极不平衡是我国的基本国情，中国区域发展战略不断调整，从1979年到1998年实施效率优先，优先开放东部地区，到2014年提出区域协调发展、共享发展、共同富裕。国家战略布局开始关注长江经济带发展的重要性、强调长江中游城市群促进区域一体化发展的重要作用。学者普遍认为交通基础设施中推动经济和区域协调发展，解决距离和分割等问题。高速铁路的快速建设发展是否能够实现长江中游城市群协调发展，抑或增加区域空间极化，扩大空间差异等问题，成了学者和政府关注热点。

本研究使用平均出行时间、可达性方法对比研究2006年(无高铁)与2014年(有高铁)长江中游城市群的空间差异变化，利用CV、标准可达性分析区域发展均衡度，探讨高铁对长江中游城市群区域发展差异性的影响，有助于发挥区域交通设施带动作用，缩小城市间差距，推进区域协调、高效和可持续的发展。

图6.4—图6.8表达长江中游城市群各县市(区)的可达性分布，图片利用ArcMap10.3、ArcScene10.3制作，主要目的是可视化高铁开通前后，长江中游城市群各县市(区)可达性变化。

6.2.1 区域机动性差异(平均出行时间)

交通方式的变革对城市发展和空间演变有深刻影响。长江中游城市群高铁网络快速建设，高铁具有运行速度快的特点，缩短了城市间出行时间，重塑了城市空间结构。高铁时代的区域空间形式不再是“地方空间”(space of places)，而是“流动空间”(space of flows)。流动空间以距离单位测量的绝对时空距离，将让位于以时间单位测量的相对空间距离。

表6-12显示2006年(无高铁)和2014年(有高铁)长江中游城市群出行时间，表格中列出相对变化排名前20和排名后10位的县市(区)。高铁出行时间影响包括：(1)在长江中游城市群范围内，高铁引起明显的时空压缩；(2)高铁对长江中游城市群内不同省份、不同的县市(区)时空压缩存在空间差异，高铁廊道和新建站点的县市改变较明显，具体的结果如下：

在长江中游城市群层面，高铁带来明显的时空压缩，2006年平均出行时间为359分，2014年减少到235分，节省比例34.5%。高铁开通后，不同县市间时空压缩差异明显。对比表6-12中所列县市，如祁东县、耒阳市出行时间缩小分别为216分、211分，而遂川县和修水县缩短时间仅有63分、55分。

在三个省层面，湖南省各县市(区)缩小出行时间较多，为36.8%，其次是湖北省、江西省，但三个省份出行时间缩短幅度差异较小。

在铁路连接上，高铁廊道上的40个县市(区)获益最多，缩小出行比例为45.9%，大于仅有普通铁路(37.5%)和无铁路(31.6%)的县市(区)。出行时间减少集中在新建的高铁站点县市，如仙桃市(51.3%)、潜江市(49.0%)、汉川市(51.7%)、天门市(47.7%)、南城县(47.4%)、南丰县(50.7%)等，这些县市因2006年无铁路连接，高铁服务带来较大出行便捷，出行时间变化较大。出行时间改变较大的县市(区)位于高铁廊道及附近的县市，而相对高铁线路较远或无高铁线路的县市，如遂川县、修水县、吉安县等县市，出行时间缩短比例分别为16.9%、18.5%、27.1%，出行时间提高比例较小，相对空间位置变得更远，受益较少。

表 6-12　长江中游城市群出行时间变化(相对变化排名前 20 名和后 10 名)

地区	T2006	T2014	T14-06	相对变化(%)
长江中游城市群	359	235	-124	34.5
江西省	351	235	-116	33.0
湖北省	373	244	-129	34.6
湖南省	351	222	-129	36.8
高铁廊道(40)	327	177	-150	45.9
普铁县市(57)	336	210	-126	37.5
无铁路县市(88)	383	262	-121	31.6
相对变化排名前 20				
祁东县	400	184	-216	54.0
耒阳市	393	182	-211	53.7
汉川市	358	173	-185	51.7
仙桃市	374	183	-192	51.3
衡阳市	348	171	-177	50.9
南丰县	428	212	-217	50.7
衡山县	332	166	-166	50.0
高安市	322	162	-160	49.7
岳阳市区	299	153	-146	48.8
潜江市	382	195	-187	49.0
荆州市区	410	210	-200	48.8
汨罗市	293	151	-142	48.5
枝江市	426	220	-206	48.4
赤壁市	300	156	-144	48.0
衡南县	368	192	-176	47.8
天门市	369	193	-176	47.7
南城县	382	201	-181	47.4
咸宁市区	297	158	-139	46.8
长沙市区	277	149	-129	46.6

续表

地区	T2006	T2014	T14-06	相对变化(%)
常宁市	448	241	-207	46.2
相对变化排名后 10 名				
遂川县	435	372	-63	16.9
修水县	353	298	-55	18.5
井冈山市	381	320	-61	19.1
万安县	421	348	-74	21.3
保康县	543	434	-109	25.1
铜鼓县	381	302	-79	26.2
泰和县	356	281	-74	26.3
吉安县	347	273	-74	27.1
宜城市	462	362	-99	27.3
乐安县	381	299	-82	27.4

注：T2006、T2014 为 2006 年、2014 年平均出行时间，T14-06= T2014-T2006。

总之，对长江中游城市群内不同省份、不同的县市(区)来说，高铁带来时空压缩，但时空压缩程度存在空间差异，高铁廊道和新的高铁站点县市压缩幅度较大，而未通高铁或无铁路连接的县市，时空压缩幅度较小。

6.2.2 区域可达性差异的影响

长江中游城市群各县市(区)2006 年可达性空间分布见图 6.4。高铁开通前，高可达性县市沿普通铁路线分布，中心城市武汉、长沙、南昌市区及周边的县市可达性较高，总体模式呈现以武汉、长沙、南昌为核心的“三角形”。有铁路连接比无铁路连接的县市可达性高。长江中游城市群较低可达性县市，主要分布于东南部和中部地区，因这些县市无铁路连接，且距离主要的经济中心城市较远。

长江中游城市群各县市(区)2014 年可达性空间分布如图 6.5 所示。长

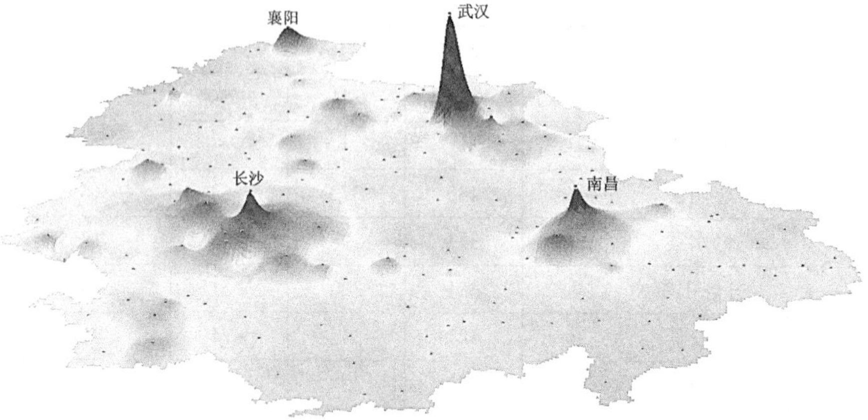

图 6.4　2006 年可达性空间分布

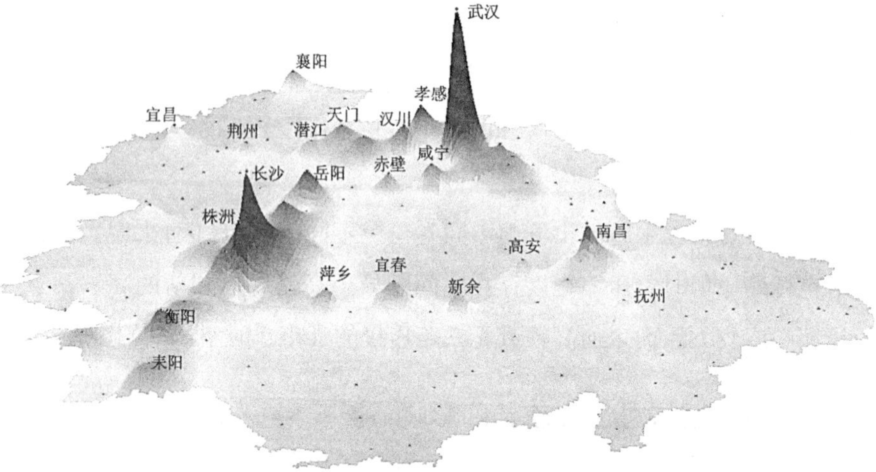

图 6.5　2014 年可达性空间分布

江中游城市群内县市的可达性提升明显。高铁开通后，可达空间整体模式发生改变，高可达性集聚于高铁站点县市和人口大市。此外，高铁带来明显的廊道效应和极化效应。在武广客运专线上，高铁站点如孝感、武汉、咸宁、赤壁、岳阳、汨罗、长沙、株洲等城市市区可达性较高，呈现出

“岛”的效应，在人口较小的且远离高铁站点的县市(区)可达性提升较小，如五峰县、保康县和井冈山市等。

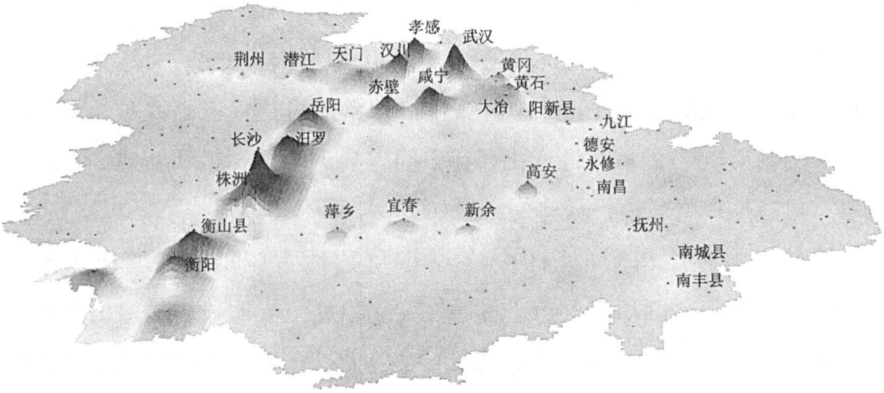

图 6.6 可达性绝对变化

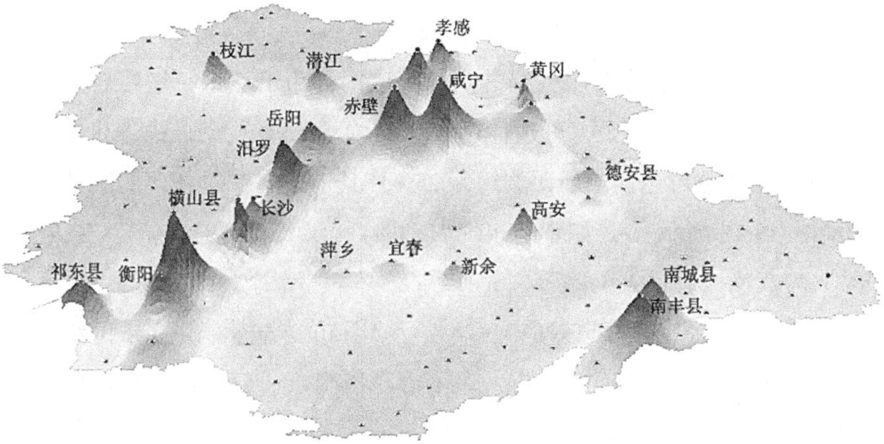

图 6.7 可达性相对变化

图 6.6、图 6.7 显示了长江中游城市群各县市绝对和相对可达性变化。长江中游城市群的县市(区)可达性增幅存在差异。高铁站点城市获得较高的绝对可达性，在武广、京九(向莆)、汉沪蓉及沪昆高铁廊道，高铁服务

带来明显的“廊道效应”，而没有铁路连接的县市，可达性变化较小。高铁廊道上的县市可达性相对变化较高，相对可达性、绝对可达性变化的空间模式相似，差异之处在于新增设高铁站点(2006年无铁路站点)的南城县、南丰县、潜江市等县市相对可达性提升比例较大。

表6-13量化高铁开通前后长江中游城市群可达性变化。可达性变化包括两方面：高铁服务提升长江中游城市群的整体可达性；高铁对长江中游城市群内县市(区)的可达性变化存在空间差异，高铁廊道和新建高铁站点的县市可达性提升较多，具体的结果如下：

在长江中游城市群范围内，各县市可达性大幅增加，增加比例为36.1%；对比表6-13所列县市，可达性变化幅度差异明显，如衡山县可达性增加比例为128%，鄱阳县仅增加2.2%；此外，人口大市受益于高铁服务较多。

在三个省层面，湖南省各县市(区)可达性增加比例较多，为38.2%；其次是湖北省可达性提升比例为37.5%，江西省可达性变化最小，为32.9%，三个省份可达性提升比例差异较小。

在铁路连接上，高铁服务提升高铁廊道的县市可达性，增幅较大。高铁廊道上的40个县市(区)可达性增加比例为64.3%，普通铁路和无铁路通过的县市(区)可达性增加比例约为25%。其中，高铁对新建的高铁站点县市可达性提高较多，如潜江市(71.3%)、汉川市(93.8%)、南城县(84.1%)、南丰县(92.6%)等。

高铁具有明显的“廊道效应”，高铁站点县市受益于新建高铁网络。武广客运专线上的武汉市、长沙市、耒阳市、衡阳市、汨罗市等县市区；沪汉蓉客运专线上的仙桃市、潜江市、汉川市、天门市等县市；沪昆客运专线上的高安市、新余市、宜春市、萍乡市等，形成清晰的高铁廊道效应(见图6.7和表6-13)。可达性变化较大的县市(区)位于高铁廊道及附近的县市，相对高铁线路较远或铁路经过的县市，如澧县、监利县等县市，可达性提升比例较少，为3.6%、7%。因此高铁廊道上的城市容易接受中心城市的经济辐射，增强与其经济联系，形成流动经济网络空间。

表 6-13 **县市区可达性变化**

地区	PA2006	PA2014	PA14-06	相对变化(%)
长江中游城市群	82.9	112.8	29.9	36.1
江西省	72.8	96.8	24.0	32.9
湖北省	85.7	117.9	32.1	37.5
湖南省	94.3	130.2	36.0	38.2
高铁廊道(40)	103.7	170.4	66.7	64.3
普铁县市(57)	86.3	108.2	21.9	25.4
无铁路县市(88)	71.2	89.6	18.4	25.8
相对变化排名前 20 名				
衡山县	77.3	176.2	99.0	128.0
咸宁市区	85.5	178.2	92.6	108.3
赤壁市区	82.1	170.0	87.9	107.0
株洲市区	127.7	256.1	128.4	100.5
汨罗市区	97.7	195.2	97.4	99.7
汉川市区	97.3	188.6	91.3	93.8
南丰县	47.4	91.2	43.9	92.6
衡阳市区	105.2	198.1	92.9	88.3
南城县	54.1	99.7	45.5	84.1
岳阳市区	111.1	204.4	93.2	83.9
孝感市区	109.7	201.6	91.9	83.8
祁东县	88.5	162.6	74.1	83.7
长沙市区	176.4	318.7	142.3	80.7
枝江市	65.4	117.7	52.3	79.9
高安市区	87.4	156.1	68.8	78.7
黄冈市区	89.1	158.6	69.5	78.0
潜江市	92.2	157.9	65.8	71.3
黄石市区	100.9	170.6	69.8	69.2
德安县	72.2	120.46	48.3	66.9

续表

地区	PA2006	PA2014	PA14-06	相对变化(%)
新余市区	97.0	159.1	62.0	63.9
相对变化排名后 10 名				
鄱阳县	110.3	112.6	2.4	2.2
澧县	88.1	91.3	3.2	3.6
桃源县	90.2	94.0	3.8	4.3
新化县	109.3	114.1	4.8	4.4
石门县	79.4	83.2	3.8	4.8
修水县	79.0	83.2	4.3	5.4
监利县	107.7	115.3	7.5	7.0
安化县	85.4	92.6	7.2	8.5
遂川县	58.8	63.8	5.0	8.5
浏阳市	112.5	124.7	12.3	10.9

注：PA2006、PA2014 为 2006 年、2014 年可达性；绝对变化(PA14-06)=PA2014-PA2006；相对变化=(PA2014-PA2006)/PA2006。

6.2.3　区域发展均衡度

表 6-14 量化高铁对长江中游城市群空间发展均衡度的影响，结果显示：高铁对长江中游城市群不同省份、不同铁路连接、地级市区域均衡度存在差异，高铁扩大长江中游城市群发展差异，具体的结果如下：

表 6-14　　　　**高铁对长江中游城市群空间均衡的影响**

地区	CV2006	CV2014	CV%
长江中游城市群	36.1	42.6	17.7
江西省	30.9	32.7	5.8

续表

地区	CV2006	CV2014	CV%
湖北省	44.5	48.3	8.5
湖南省	23.3	37.7	61.4
高铁廊道(40)	43.2	36.1	-16.4
普铁县市(57)	24.8	25.8	3.6
无铁路县市(88)	26.4	27.2	2.7
地级市			
咸宁市	14.5	37.3	157.2
岳阳市	10.9	26.7	145.0
孝感市	12.4	27.8	124.2
黄石市	2.7	5.2	92.6
长沙市	27.6	46.7	69.2
株洲市	33.1	56	69.2
九江市	16.9	26.4	56.2
衡阳市	13.7	20.5	49.6
新余市	15.6	22.8	46.2
萍乡市	27.1	36.5	34.7
荆州市	17.5	22.6	29.1
黄冈市	20	23.2	16.5
吉安市	13.7	15.7	14.6
宜昌市	36.9	41.9	13.6
湘潭市	21	23.6	12.9
益阳市	18.7	20.7	10.7
常德市	22	23.9	8.6

续表

地区	CV2006	CV2014	CV%
宜春市	35.9	38.4	7.0
襄阳市	47	47.2	0.4
武汉市	84.5	84.4	-0.1
南昌市	45.2	44.3	-2.0
抚州市	31.1	29	-6.8
景德镇市	23.2	21.5	-7.3
上饶市	24.2	20.1	-16.9
荆门市	14.4	11.1	-22.2
娄底市	20.6	15.3	-25.2
鹰潭市	11.8	6.8	-43.2

注：CV2006、CV2014分别为2006年和2014年的标准差系数，利用CV%为标准差系数变化率测度高铁增加城市间均衡发展或扩大差异。

在城市群层面，长江中游城市群区域发展差异扩大，2006—2014年高铁对长江中游城市群的内部非均衡发展，标准差系数(CV)增加为17.7%。

在三个省层面，高铁扩大三个省份发展差异，江西省、湖北省、湖南省的标准差系数(CV)增加，分别为5.8%、8.5%、61.4%；其中高铁对湖南省均衡性影响程度较大。

在铁路连接上，高铁廊道上40个县市(区)间缩小空间发展差异，标准差系数(CV)减少比例为16.4%，高铁廊道上的县市均衡发展。与Gutiérrez研究得出高铁有助于欧洲高铁廊道上的城市均衡发展相似。普铁和无铁路连接的县市间增大发展差异，标准差系数(CV)增加比例分别为3.6%、2.7%，但对其均衡度的影响甚微。

在地级市层面，城市间发展差异较大。株洲、新余、宜昌等19个地级市内空间差异增加，其中咸宁、岳阳、孝感、黄石、长沙、株洲6市的均衡度影响相对较大，加剧城市内非均衡性。武汉、南昌、抚州、景德镇、上饶、荆门、娄底、鹰潭8市则更均衡发展，标准差系数(CV)减少分别为0.1%、2.0%、6.8%、7.3%、16.9%、22.2%、25.2%、43.2%。

图6.8和图6.9分别显示标准绝对和相对可达性分布。县市间可达空间差异显著，可达性值大于1的县市，主要沿着高铁廊道，高可达性向高铁廊道集聚，高铁缩小空间距离，空间上呈现出廊道效应。高铁站点和靠近高铁站点的县市，更受益于高铁建设；偏远地区或无铁路通过的县市可达性变化较小，相对位置会变得相对更远。

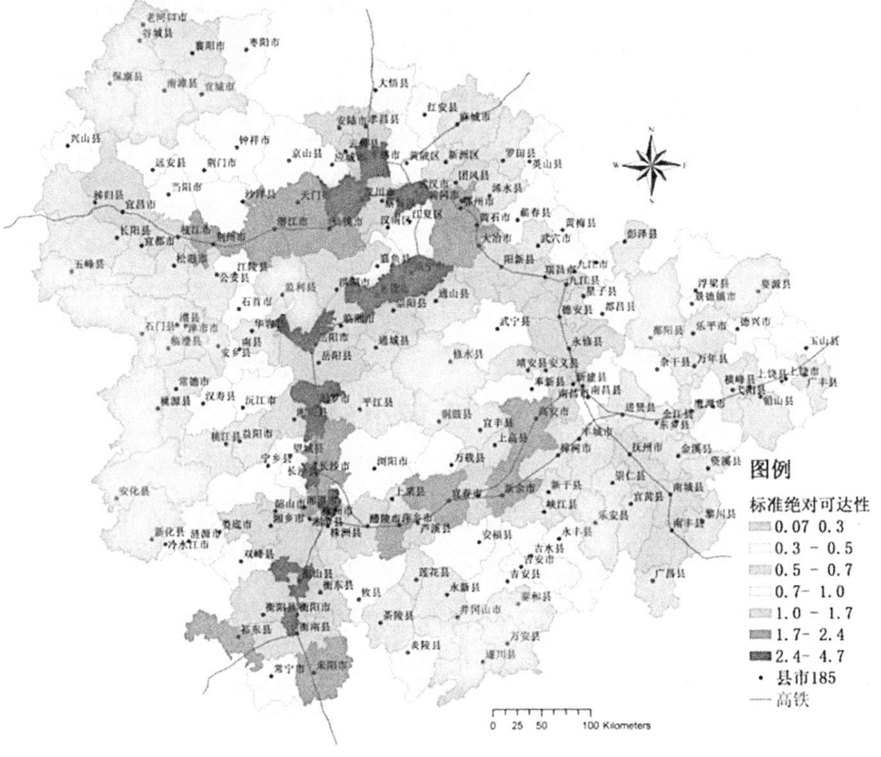

图6.8　标准绝对可达性变化

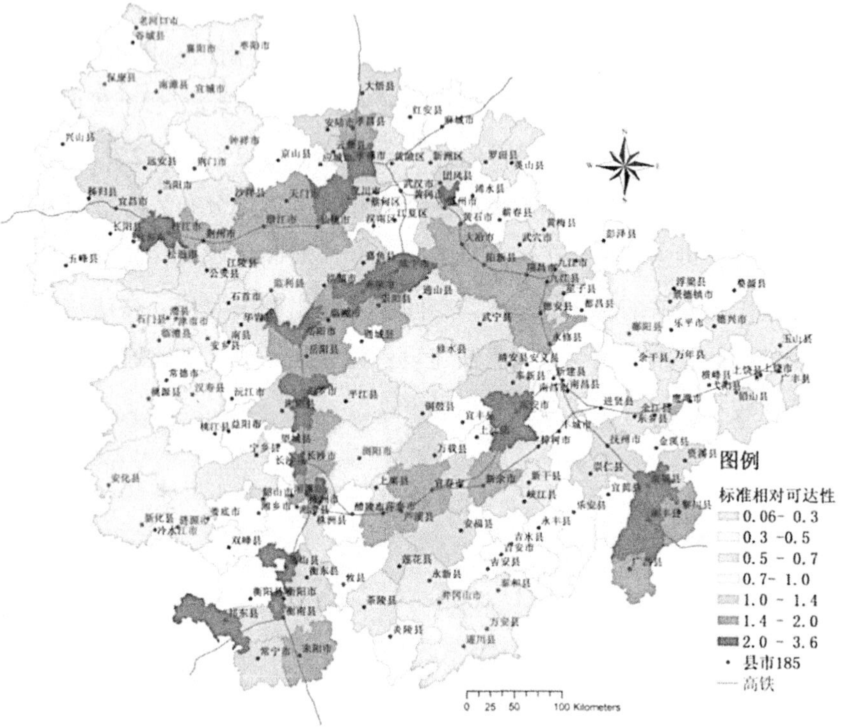

图 6.9　标准相对可达性变化

6.3　本章小结

本章重点分析长江中游城市群地理空间结构和高铁对长江中游城市群区域发展差异的影响，结果发现：(1)长江中游城市群人口空间极化明显，呈现两头小中间大的空间分布；城市群城镇化水平低于全国水平。武汉城市圈首位指数较高，显示人口过度集中的极核式发展模式。环长株潭城市群二城市指数为 2.07，结构正常、相对合理；环鄱阳湖城市群首位度相对偏低，不利于发挥南昌中心城市的集聚和带动作用。长江中游城市群产业结构呈现“二三一”型，其中湖北省和江西省第二产业优势明显，第三产业比重偏小。(2)高铁建设压缩长江中游城市群时空距离，提高可达性，高铁具有“廊道效应”和“极化效应”，但高铁服务存在空间差异，高铁沿线县市(区)受益较多，呈现“岛”和“廊道”，无高铁甚至无铁路连接的县市，可达性受益较小，相对位置会变得更远。(3)2006—2014年高铁对长江中游城市群的内部均衡发展促进不大，标准差系数(CV)增加为17.7%，但在部分地级市内以及廊道上的城市间却日趋均衡。或许高铁本身不一定会扩大区域差异，而是长江中游城市群空间发展自身存在极化、结构失衡等问题。

长江中游城市群发展与规划应以逐渐完善的高铁网络为契机，构建多中心、多节点、多组团网络化城市群，重视以下几个方面建设：(1)强化中心城市引领带动作用。因高铁廊道上站点城市提升可达性比例较高，发挥武汉、长沙、南昌中心城市集聚效应，着重提升中心城市地位，发挥中心城市体制创新、服务功能、科技创新，形成带动整个区域发展的增长极，引领带动周边节点城市协调发展。(2)强化重点发展轴线，包括京广、沪昆、沪汉蓉、京九等发展轴。同时建议加强交通基础设施建设，尽快消除省际断头路，实现互联互通，完善城市群一体化快速交通网络体系，做优京九发展轴；做强沪昆、沪蓉、京九发展轴；做实二广、沿江发展轴，以轴线带动作用加速长江中游城市群协调发展。

第 7 章　城市圈尺度：高铁与多模式交通

高铁枢纽是新兴事物，是城市综合交通网络上多交通模式衔接换乘的节点，包括对外交通之间衔接(高铁与普铁、航空、长途客车)，外部和内部交通的衔接(高铁与轨道交通、常规、私人汽车)，以及与市内交通之间的衔接和转换。

本章重点研究区域协同性，分析高铁与航空(外部交通)、高铁与地铁、常规公交(对内交通)的多模式衔接，探讨对外交通基础设施与不同交通模式的整合，从而实现错位发展。高铁与对外交通衔接，即高铁与航空的多模式整合，基于中三角四个机场构成的等时圈，分析高铁对机场服务腹地的影响。高铁与城市内部中、小运量交通方式之间的高效换乘，即以高铁与地铁、公交的多模式整合，分析高铁对武汉市可达空间的影响。通过发展多模式交通，方便旅客多模式交通方式间便利的交通接驳，实现高效换乘。

7.1　高铁与航空整合的可达性分析

高铁对交通系统的影响，主要在于高铁对其他交通模式的竞争，少于1000km(3~3.5 小时)，通常会与飞机产生很强烈的竞争。随着出行需求的多元化，学者们的注意力从竞争转化到交通一体发展上来。航空运输并没有解决“门到门”的运输服务，困扰旅行者的不是长途航空运输，而是中短途的机场与城市间地面交通和行李托运等问题，即实现交通出行的“第一米”和“最后一米”。抵达机场的地面交通时间长短，直接影响着城市机动性和环境可持续性。因此完善公共交通是改善机场地面交通的有效途径，也是机场扩容和区域环境可持续发展的关键因素。目前，机场和城市间的地面交通基础设施的重要性仍在研究中。尤其是在高铁和航空公司整合的方面，如法兰克福的国际性组织，阿姆斯特丹的史基浦，认为高铁是连通机场的地面快速公共交通，适合中短距离出行，航空出行更有利于长距离的运输服务。世界级枢纽机场城市投资机场铁路(高铁)的建设，因高铁提供便捷和可靠的出行服务，吸引公司企业和就业人员，机场连接的(airport-linked)企业集聚发展，塑造成新的都市形式——“机场都市”。“机场都市”通常从机场向外伸展30km，形成更大的规模经济和范围。这种航空导向(aviation-oriented)的经济集聚度，取决于区域间航空的连通性，从而促进枢纽机场系统发展，也需要整合机场的地面交通基础设施、服务和适当的土地使用管制，进而增加机场的可达性。

截至2014年，我国境内民用航空(颁证)机场共有202个，目前很多中小城市没有飞机场。国内航空点到点(point to point)的出行模式，高铁与航空整合出行，以及高铁为航空公司输送国际航线的乘客理念几乎空白，如何充分利用飞机和高铁这两种对外交通工具，实现交通模式间的无缝衔接，改善机场地面交通的质量，增强机场可达性，构建多元化交通模式一体化成为首要任务。

图7.1~图7.8对比天河、黄花、三峡和昌北机场1~2小时内可达空间变化，图片利用ArcMap 10.3制作而成，主要分析可视化高铁对四个机场可达范围变化和空间联系的影响。

7.1.1 机场可达空间(高铁运营前后)

高铁开通后，对比天河机场、黄花机场、三峡机场和昌北机场有无高铁的可达空间变化，探讨完善地面交通基础设施对机场服务腹地范围的影响。

1. 天河机场

在无高铁条件下，武汉天河机场整体可达范围较小，可达空间呈现以

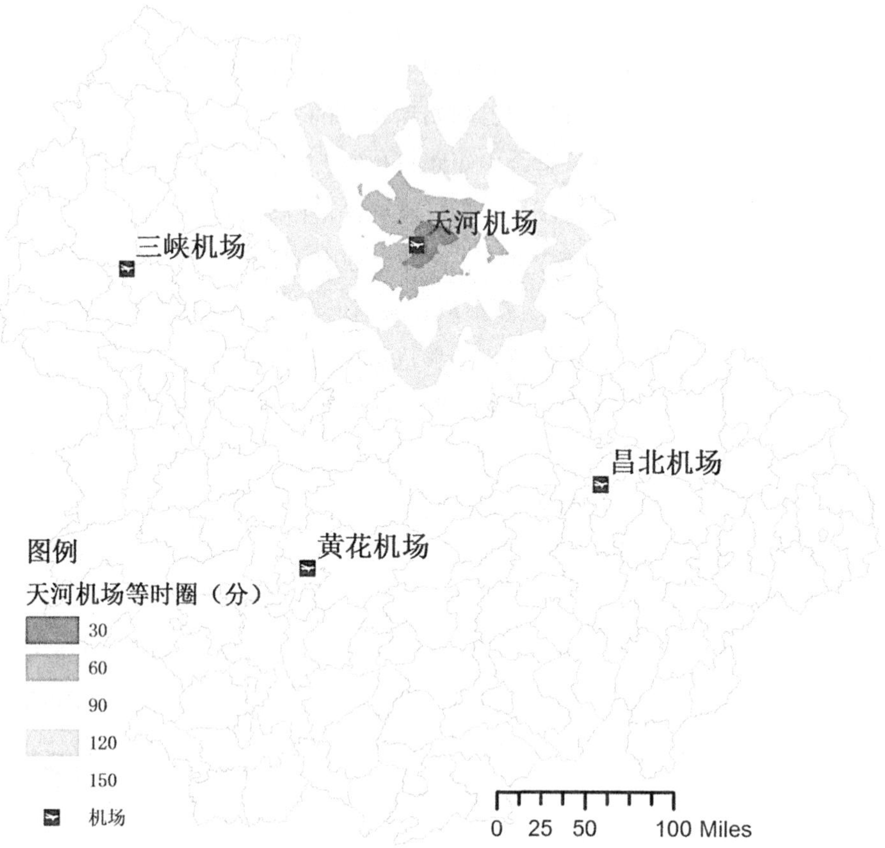

图 7.1　天河机场可达空间(无高铁)

天河机场为中心扩散的“同心圆模式”(如图 7.1)。1 小时内可达范围仅在武汉市周边黄陂区、新洲区、孝南区、云梦县、孝昌县、硚口区、汉阳区、武昌区、洪山区、蔡甸区、东西湖区、江汉区、江岸区、青山区的 14 个县市区，可达人口为 1140 万，可达经济总量为 7322 亿元；2 小时内可达空间在湖北省内的大悟县、罗田县、麻城市、红安县、应城市、安陆市、铁山区、汉南区、江夏区、鄂城区、黄州区、华容区、团风县、仙桃市、汉川市等 42 个县市区(如表 7-1)。

表 7-1　　高铁对机场可达范围影响

	无高铁(2006年)				有高铁(2017年)			
可达范围	黄花	天河	昌北	三峡	黄花	天河	昌北	三峡
1h 内(县市区/个)	16	14	12	9	32	28	18	9
1.5h 内(县市区/个)	28	19	27	13	61	52	43	16
2h 内(县市区/个)	45	42	44	21	129	99	88	28
1h 内人口(万人)	1045	1140	527	345	1808	1902	717	345
1.5h 内人口(万人)	1722	2008	1314	532	3677	3326	2165	749
2h 内人口(万人)	2699	2688	2245	1043	7229	5817	4315	1524
1h 内 GDP(亿元)	10267	7322	3034	2818	13491	11176	4014	2818
1.5h 内 GDP(亿元)	12984	10776	5670	3519	21496	16637	8888	4548
2h 内 GDP(亿元)	16702	13645	8588	5390	37634	30173	21343	7030

高铁开通后，天河机场可达范围显著扩大，沿高铁廊道扩展，可达空间模式转换为“星形放射状”(见图 7.2)。1 小时可达大悟县、麻城市、新洲区、孝南区、云梦县、孝昌县、黄石港区、西塞山区、下陆区、汉南区、江夏区、鄂城区、黄州区、硚口区、汉阳区、华容区、江汉区、仙桃市、汉川市、咸安区等 28 个县市区，可达范围扩大 2 倍，可达人口为 1902 万，可达经济总量为 11176 亿元，增加 1.5 倍；1.5 小时内可达浠水县、大冶市、铁山区、天门市、荆州区、潜江市、阳新县、崇阳县、嘉鱼县、驿城区、罗山县等 52 个县市区，可达范围扩大至湖南省、江西省和河南省的部分县市；2 小时内可达 99 个县市区，南至湖南省长沙市、江西省永修县，东达安徽省合肥市、北至河南省许昌市、西达湖北省荆州市。

对比高铁开通前后天河机场可达空间发现，高铁建设扩大天河机场可达空间范围，改变天河机场可达空间模式，由“同心圆模式”向“星形放射状”转变，可达范围沿高铁廊道扩展，因高铁线路上设计速度不同，导致空间伸展程度不同，且可达空间随设计时速增加而扩大。因京广高铁设计

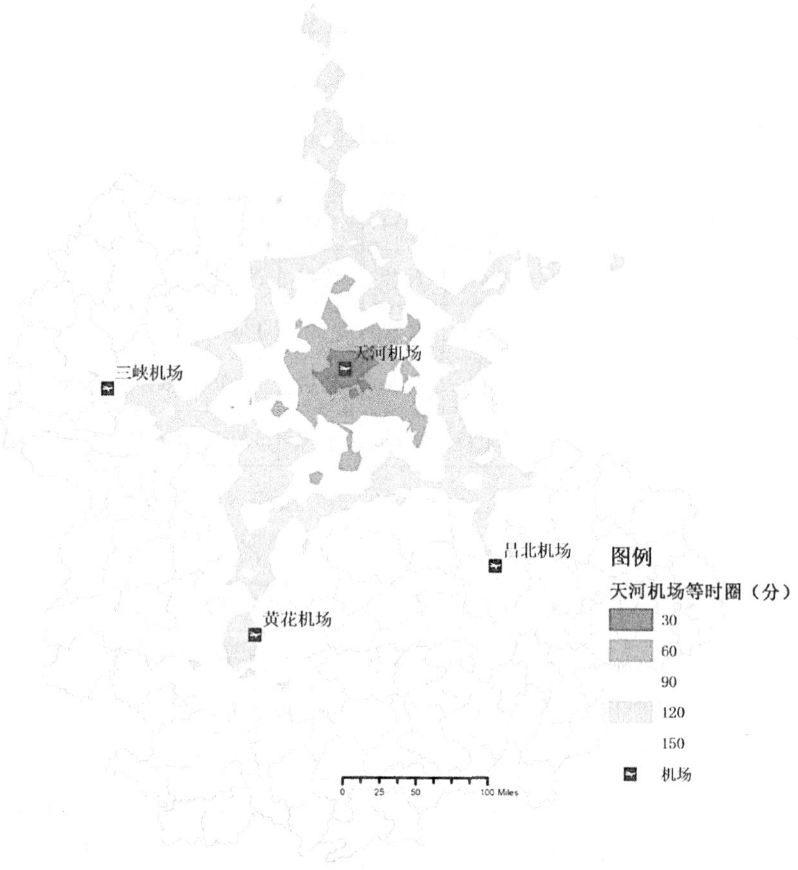

图7.2　天河机场可达空间(2017年有高铁)

速度为350km/h，运营速度快，所以沿京广线延伸空间较多。东西干线沪汉蓉快速客运通道2014年开通后(2014年前汉蓉方向无铁路连接)，极大改善了起初交通条件较差的沿线县市间联系，但因设计速度较京广高铁慢，向西延展长度较短；武汉到南昌方向亦是因运行时速相对较慢，东南方向延伸的空间范围较小。总之，高铁建设增大天河机场可达空间范围，改变可达空间模式；空间伸展程度与高铁时速成正比，设计时速越大空间伸展越大，沿高铁廊道空间呈伸展的趋势。

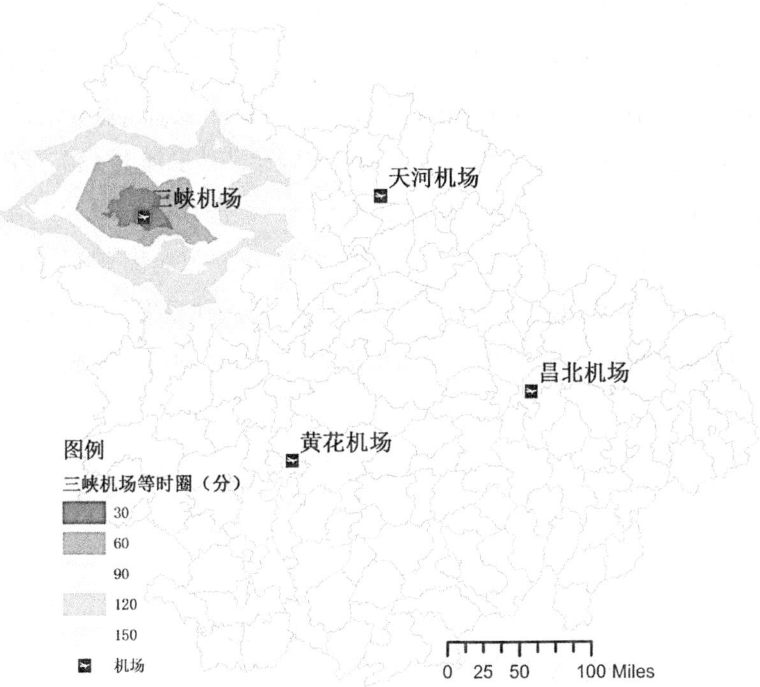

图 7.3 三峡机场可达空间(无高铁)

2. 三峡机场

在无高铁条件下，荆州三峡机场整体可达范围较小，可达空间呈现以三峡机场为中心扩散的“同心圆模式”(如图 7.3)。1 小时内可达西陵区、夷陵区、当阳市、秭归县、宜都市、长阳县、枝江市、猇亭区、伍家岗区 9 个县市区，可达人口为 345 万，可达经济总量为 2818 亿元，2 小时内可达仅有西陵区、夷陵区、当阳市、秭归县、宜都市、长阳县、枝江市、猇亭区、伍家岗区、荆州区、掇刀区、东宝区、沙市区、澧县、兴山县、钟祥市、远安县、公安县、江陵县、潜江市、松滋市 21 个县市区，可达人口为 1043 万，可达经济总量为 5390 亿元。在四个机场中，三峡机场可达空间范围、可达人口和经济总量相对较小。

高铁开通后，三峡机场可达空间范围、人口、经济总量改变较小，增加倍数小于四个机场的平均倍数，可达空间模式仍为“同心圆模式”（见图 7.4）。1 小时可达县市区个数没有改变，可达人口、经济总量与高铁开通前相同；1.5 小时内可达掇刀区、东宝区、沙市区、荆州区、潜江市、松滋市、建始县等 16 个县市区，可达人口比未通高铁增加 1.4 倍，经济总量增加 1.3 倍，2 小时内可达人口增加 1.5 倍，经济总量增加 1.3 倍。因为 2014 年前，荆州市地面交通主要以公路连接，虽沪汉蓉快速客运通道开通，与东西向铁路网络连接，但是运行时速较慢，宜昌到利川段为 160km/h；其余段为 200~250km/h；另外，荆州市南北向的铁路网络未形成，如目前荆

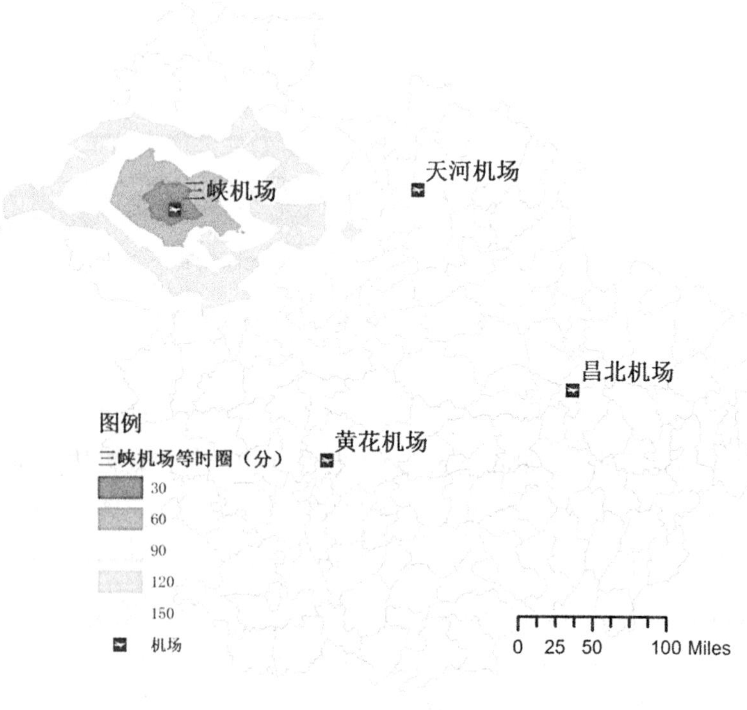

图 7.4　三峡机场可达空间(2017 年有高铁)

州到长沙需沿汉沪蓉快速客运通道，绕行武汉后沿武广高铁到长沙，速度慢、未形成高铁网络以及自然条件等多因素限制，使得三峡机场在铁路开通后，可达空间范围虽略有提高，但改善程度并不明显。

3. 黄花机场

在无高铁条件下，长沙黄花机场整体可达范围较小，可达空间呈"同心圆"模式。1小时内可达范围包括雨花区、芙蓉区、长沙县、浏阳市、天心区、岳麓区、宁乡县、开福区、望城县、芦淞区、石峰区、天元区、荷塘区、湘潭县、雨湖区、岳塘区16个县市区，1.5小时内可达范围增加到28个县市区，2小时内可达湖南省内的万载县、铜鼓县、芦溪县、袁州区、岳阳楼区、临湘市、岳阳县、湘阴县、汉寿县、桃江县、涟源市等45个县市区，可达人口为2699万，可达经济总量为16702亿元(见图7.5和表7-1)。

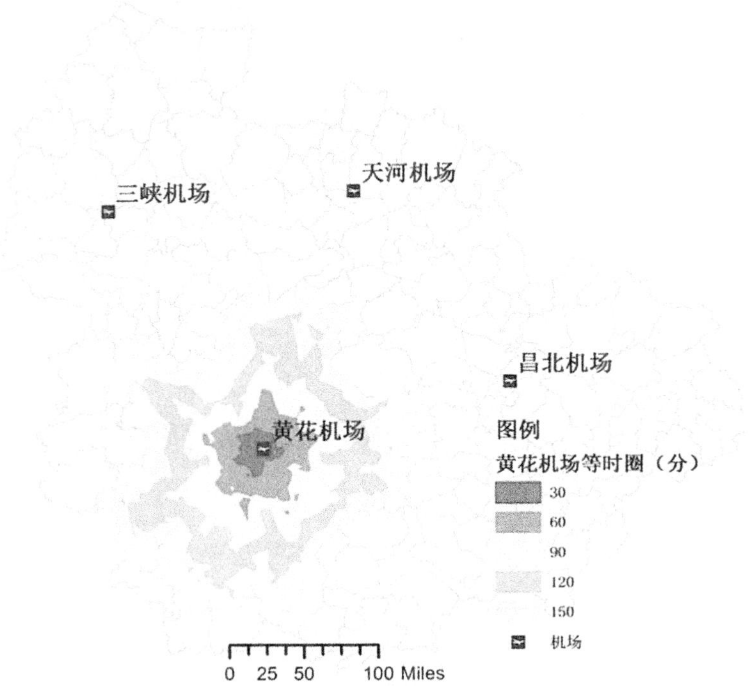

图7.5 黄花机场可达空间(无高铁)

高铁开通后，高铁建设扩大黄花机场可达空间范围，可达空间沿高铁廊道呈现出“星形”放射状(见图7.6)。1小时可达湘乡市、湘潭县、雨湖区、岳塘区、韶山市、娄星区、衡南县、珠晖区、石鼓区、南岳区、衡山县、赤壁市等32个县市区，扩大至2倍，可达人口为1808万，可达经济总量为13491亿元，增加1.3倍；1.5小时内可达岳阳县、湘阴县、宁乡县、赫山区、资阳区、新化县、冷水江市、涟源市、祁东县、蒸湘区、雁峰区、衡阳县、衡东县等61个县市区，包括湖北省、江西省的部分县市；2小时内可达129个县市区，可达人口为7229万，增加2.7倍，可达经济

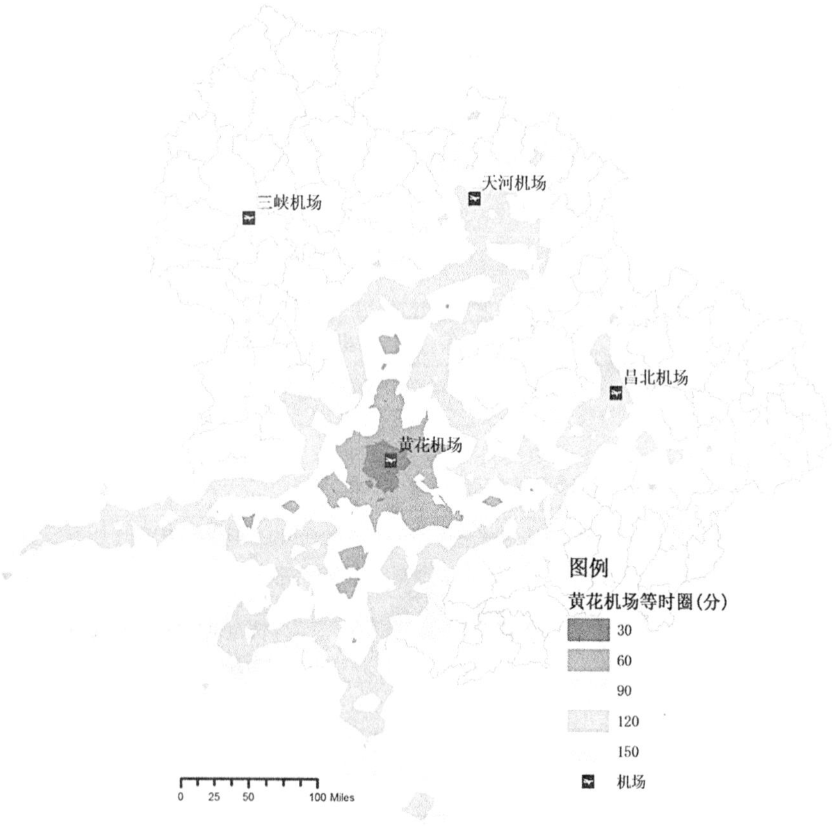

图7.6　黄花机场可达空间(2017年有高铁)

总量为37634亿元，增加2.3倍。高铁扩大可达范围，西南扩展到贵州省铜仁市、广西壮族自治区全州市，南至广东省韶关市，东达江西省上饶市弋阳县，北至湖北省孝感市大悟县。因沪昆和京广高铁设计时速为300~350km/h，南北和东西向沿高铁廊道空间伸展明显，而长沙到南宁运行时速约为200km/h，相对京广、沪昆高铁速度较慢，长沙到南宁高铁沿线空间延展较小。

总之，高铁建设增加了黄花机场的可达空间范围，因高铁网络较完善且运行速度较快，相对天河、三峡和昌北机场来说，黄花机场的可达空间提升较高，沿高铁廊道空间伸展，可达空间呈星形放射模式。

4. 昌北机场

在无高铁条件下，昌北机场整体可达范围较小(见图7.7)。1小时内可达包括奉新县、湾里区、新建县、东湖区、青山湖区、安义县、永修县、德安县、进贤县、南昌县、西湖区、青云谱区12个县市区，1.5内可达星子县、湖口县、九江县、庐山区、浔阳区、余干县、靖安县、武宁县、东乡县、樟树市等27个县市区，2小时内可达彭泽县、万年县、乐平市、鄱阳县、月湖区、余江县、宜丰县、宜黄县、南城县、崇仁县、新干县等44个县市区。

高铁开通后，高铁建设扩大昌北机场可达空间，可达模式由同心圆模式向"十"字形转变，沿着高铁廊道伸展，其中沿沪昆高铁伸展较多(见图7.8)。1小时可达包含九江县、瑞昌市、庐山区、浔阳区、奉新县、湾里区、新建县、东湖区、青山湖区、靖安县、安义县等18个县市区，可达范围扩大1.5倍，可达人口为717万，可达经济总量为4014亿元，增加1.3倍；1.5小时内可达包含星子县、湖口县、余干县、武宁县、月湖区、贵溪市、铅山县、弋阳县、横峰县、信州区、余江县、樟树市、丰城市、高安市、南城县等43个县市区，包括湖南省、江西省的部分县市；2小时内可达江山市、柯城区、衢江区、彭泽县、万年县、乐平市、鄱阳县、上饶县、万载县、上高县、宜丰县、宜黄县、崇仁县、金溪县、

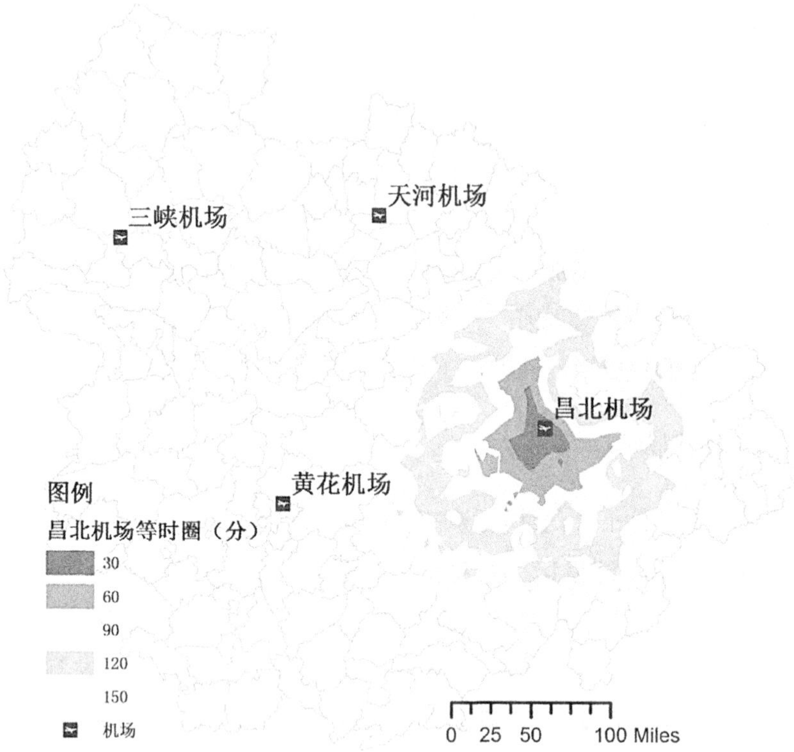

图 7.7　昌北机场可达空间(无高铁)

峡江县等 88 个县市区，可达人口为 4315 万，可达经济总量为 21343 亿元，扩大 2.5 倍，因沪昆和京九(向莆)方向高铁线路，可达空间模式呈现出“十”字形。

总之，高铁建设改变昌北机场的可达空间模式，增加可达空间范围，沿高铁廊道空间伸展，可达人口和经济总量扩大较多。建议南昌市借助高铁催化剂的经济推动作用，扩大交流范围，与长江中游城市群内城市建立紧密经济联系，扩展到长三角城市群，以寻求区域合作机会，加速经济快速协调发展。

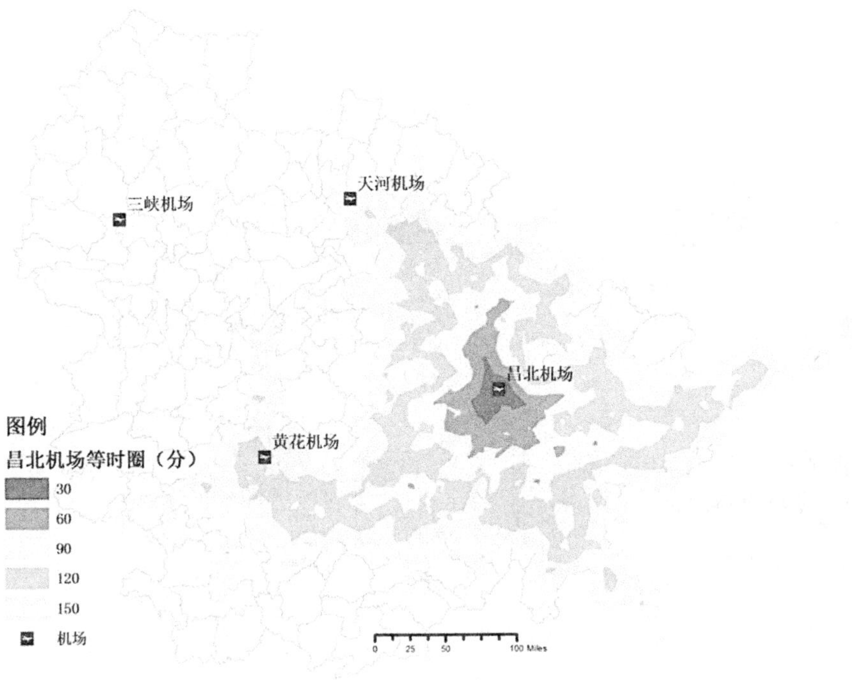

图 7.8 昌北机场可达空间(2017 年有高铁)

5. 四个机场

在无高铁的条件下，天河、三峡、黄花和昌北机场可达范围较小，均呈现以机场为中心向外圈层扩散的“同心圆”模式(见图 7.9)。四个机场 30~120 分钟可达的等时圈呈同心圆模式，90 分钟辐射范围小于 100km，2 小时内四个机场可达范围多在各自省内。

高铁开通后，高铁建设增加可达空间范围，有助于提高经济交流圈，增强县市区之间的合作与联系。四个机场可达范围扩大，但不同机场可达空间范围增加幅度不同。黄花进场、天河机场、昌北机场可达范围扩张较大，可达空间模式由“同心圆”模式转为“星形”放射状和“十”字形，沿着“高铁廊道”向外伸展(见图 7.10)。三峡机场因受多种因素限制，可达县

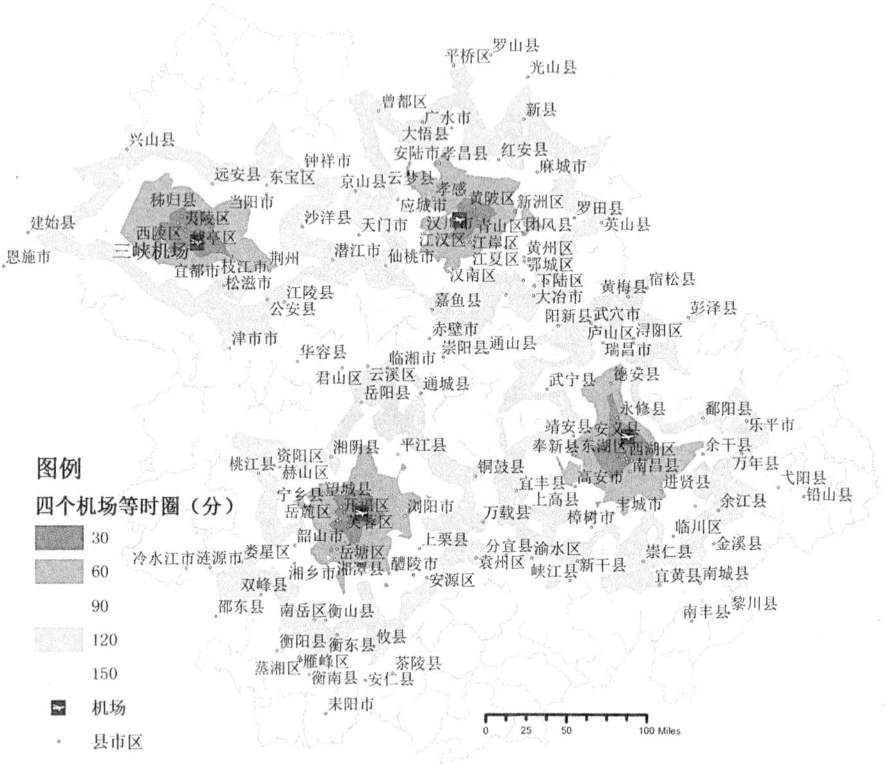

图 7.9　四个机场可达空间(无高铁)

市和人口增幅最小，高铁运营时速快慢、高铁网络是否完善对可达空间的影响较大。建议尽快完善高铁网络，各县市区通过高铁的催化剂作用，加强经济交流合作，加速区域经济协调、可持续发展。

表 7-2 量化高铁对四个机场 1 小时、1.5 小时和 2 小时的可达县市区数量、人口和经济总量的影响。说明高铁建设提升机场可达空间，四个机场的提升幅度存在差异。黄花机场和天河机场可达空间范围增加较多，可达人口和经济总量提高倍数较大。高铁对三峡机场的可达范围、人口和经济总量改变较小，提高倍数小于四个机场变化均值。

图 7.10　四个机场可达空间(2017 年有高铁)

表 7-2　　　　　　高铁改变可达范围倍数

可达范围	黄花(倍数)	天河(倍数)	昌北(倍数)	三峡(倍数)	平均倍数
1h 内(县市区/个)	2.0	2.0	1.5	1.0	1.7
1.5h 内 (县市区/个)	2.2	2.7	1.6	1.2	2.0
2h 内(县市区/个)	2.9	2.4	2.0	1.3	2.3
1h 内人口(万人)	1.7	1.7	1.4	1.0	1.6

续表

可达范围	黄花(倍数)	天河(倍数)	昌北(倍数)	三峡(倍数)	平均倍数
1.5h内人口(万人)	2.1	1.7	1.6	1.4	1.8
2h内人口(万人)	2.7	2.2	1.9	1.5	2.2
1h内GDP(亿元)	1.3	1.5	1.3	1.0	1.3
1.5h内GDP(亿元)	1.7	1.5	1.6	1.3	1.6
2h内GDP(亿元)	2.3	2.2	2.5	1.3	2.2

总之，高铁建设增大四个可达空间范围，改变黄花、天河、昌北机场可达空间模式；可达范围沿高铁廊道空间伸展，空间伸展程度与高铁时速、网络完善度呈正比。高铁扩大机场腹地范围，有助于增强区域合作、紧密经济联系，促进经济发展。

7.1.2 2030年空铁联运

图7.11~图7.14显示假设在2030年，天河、黄花、三峡和昌北机场设置高铁站后，1~2小时内可达空间变化，探讨高铁对四个机场服务腹地的影响。

1. 天河机场

假设天河机场设置高铁站后，可达空间范围显著扩张，可达空间模式呈“星形”放射状。天河机场服务的腹地范围沿着高铁干线延伸，服务范围扩大趋势明显。如图7.11所示，1.5小时内可达浠水县、梁子湖区、天门市、沙市区、荆州区、武穴市、崇阳县、通山县、洪湖市等73个县市区，可到达黄花机场。2小时内可达雨湖区、岳塘区、韶山市、娄星区、南岳区、衡山县、曾都区、英山县、京山县、西陵区、枝江市、猇亭区、伍家岗区、通城县等141个县市区。可达人口增至8799万，扩大3.3倍；可达经济总量为42347亿元，扩大3.1倍。武汉地理区位优越，处于中部和东部航线网络中心，承东启西、纵贯南北，被誉为中国的“航空天元”。高铁

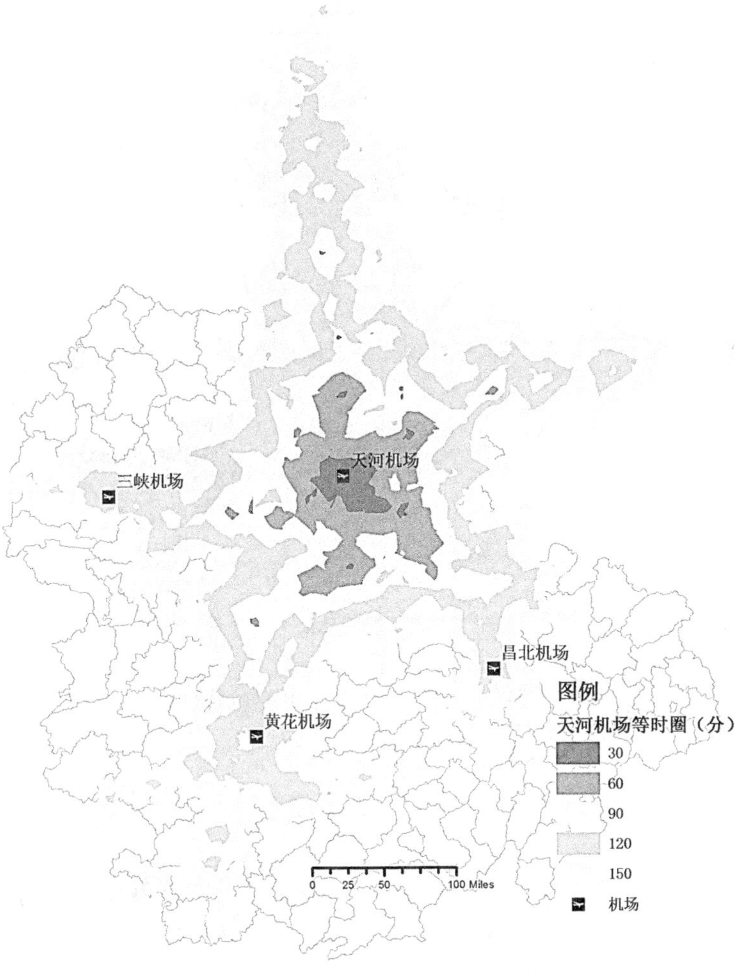

图 7.11 天河机场可达空间(设高铁站)

站场与机场的高效整合，可以增加乘客的换乘便利度，尤其为高铁站所辐射范围内的较远区域的乘客提供方便。建议利用武汉天河国际机场独特的区位和竞争优势，在天河机场形成交通枢纽，满足乘客方便出行需求，有助于改变国内航空点到点(point to point)的出行模式，转化为天河机场枢纽(hub and spoke)辐射，提高辐射范围，增强辐射能力，提高武汉市的枢纽城市地位。

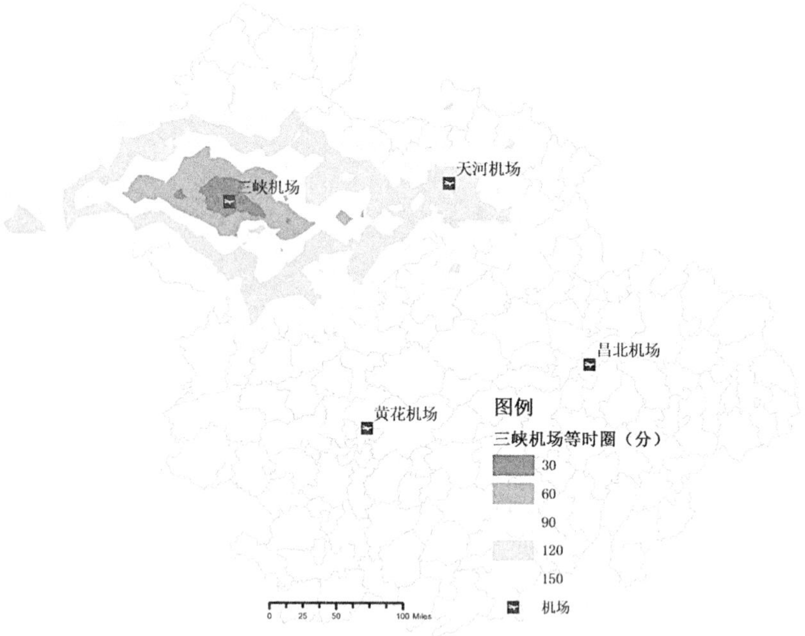

图 7.12　三峡机场可达空间(设高铁站)

2. 三峡机场

三峡机场设置高铁站后，机场与高速铁路联运，高铁廊道上将极大缩短城市、区域间的出行距离，拓展机场服务的腹地范围延伸到原本公路系统不能覆盖的区域，从而扩大机场的腹地范围。三峡机场可达范围仍以沪汉蓉快速通道延展，高铁开通后三峡机场相对其他三个机场可达范围较小，但是相对自身改变可达倍数较大。如图 7.12 所示，1 小时可达西陵区、夷陵区、当阳市、秭归县、沙市区、荆州区、潜江市、宜都市、长阳县、枝江市、猇亭区、伍家岗区 12 个县市区。1.5 小时可达掇刀区、东宝区、仙桃市、天门市、汉川市、公安县、松滋市等21个县市区，可达人口增至1264万；可达经济总量为6240亿元，扩大1.8倍。2小时内可达华容县、澧县、津市市、兴山县、麻城市、黄陂区、沙洋县、钟祥市、远安县、巴东县等47个县市区。可达人口增至2953万，可达经济总量为15618亿元。

3. 黄花机场

黄花机场设置高铁站后，可达范围扩大明显，可达空间整体模式呈现"星形"放射状仍沿高铁廊道拓展。如图7.13所示，黄花机场1个小时内可达袁州区、湘东区、安源区、上栗县、岳阳楼区、云溪区、汨罗市、湘阴县、雨花区、芙蓉区、长沙县、浏阳市等42个县市区，可达人口增至2484万，可达经济总量为16518亿元。1.5小时内可达平江县、岳阳县、资阳区、双峰县、新化县、冷水江市、芷江县、中方县、鹤城区、攸县、衡阳县、衡东县、新邵县等80个县市区，可达人口增至4793万，可达经济总量为26932亿元。2小时内可达华容县、桃江县、新晃县、麻阳县、安仁县、茶陵县、双清区、大祥区、北塔区、邵东县、洪江市、永兴县、常宁市等155个县市区。空铁联运后，黄花机场与天河机场、昌北机场间可达的重叠区域扩大，便利中长距离乘客的出行，增加乘客出行选择的机会，满足旅客的多样化出行需求，缩短中转换乘的时间，便捷的无缝换乘有助于实现促进区域运输一体化。

4. 昌北机场

昌北机场设置高铁站后，可达空间范围扩张明显，可达空间模式呈"十"字形。如图7.14所示，昌北机场1小时内可达星子县、湖口县、九江县、瑞昌市、庐山区、浔阳区、奉新县、湾里区、新建县、东湖区、青山湖区、靖安县、安义县、永修县、德安县、月湖区、弋阳县等29个县市区。可达人口增至1362万，可达人口扩大2.6倍；可达经济总量为6234亿元，扩大2.1倍。昌北机场1.5小时内可达铅山县、横峰县、信州区、

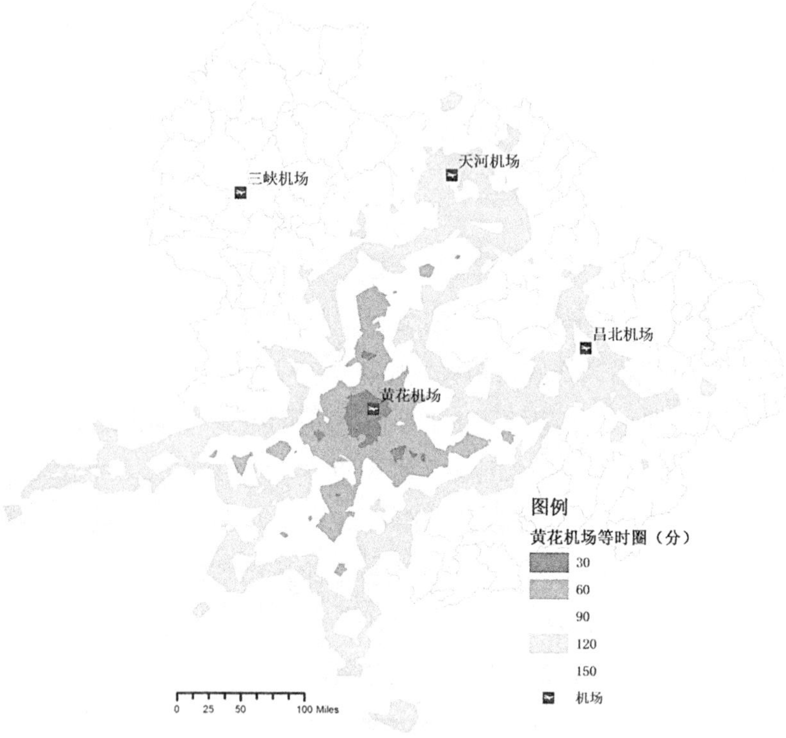

图 7.13　黄花机场可达空间(设高铁站)

上饶县、樟树市、丰城市、上高县、宜黄县、崇仁县、芦溪县、分宜县、湘东区、安源区、上栗县、南丰县等 63 个县市区。可达人口增至 3183 万，可达经济总量为 14620 亿元。2 小时内可达彭泽县、万年县、乐平市、鄱阳县、都昌县、修水县、万载县、宜丰县、金溪县、乐安县、峡江县、新干县、安福县、广昌县、黎川县、吉州区、广丰县、资溪县、岳阳楼区等 122 个县市区。可达人口增至 6356 万，扩大 2.8 倍；可达经济总量为 33448 亿元，扩大 3.9 倍。在机场设置高铁站后，缩短机场间地面出行时间，昌北机场到达天河机场缩至 120 分钟内，90 分内到达黄花机场；增强中心城市的经济联系，南昌与武汉、长沙三个中心城市产生同城效应。

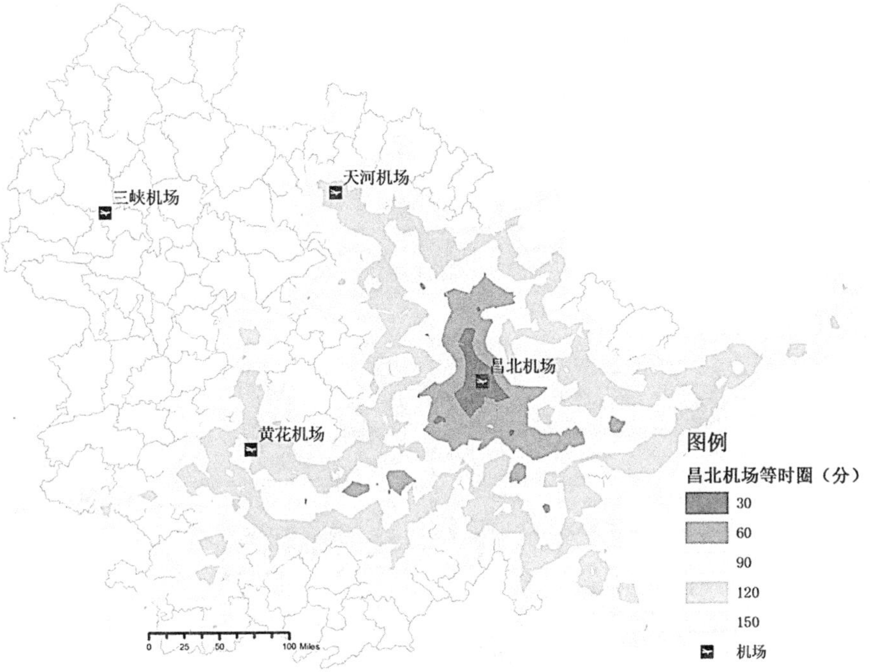

图 7.14 昌北机场可达空间(设高铁站)

5. 四个机场

天河、三峡、黄花和昌北四个机场分别设置高铁站后可达空间(如图7.15)。与高铁开通后对比发现，可达空间模式几乎未发生变化，仍呈“星形”放射状，沿“高铁廊道”扩展；每个机场的可达范围却进一步扩大，机场铁路(高铁)的建设，增加机场可达范围，四个机场的重叠可达空间增大，为乘客提供出行便利，增加乘客出行的选择机会，如岳阳市和赤壁市乘客，到达天河机场和黄花机场的理想出行时间为1~1.5个小时，可根据天河和黄花机场的时刻表安排，乘坐高铁直达较为适合的机场。

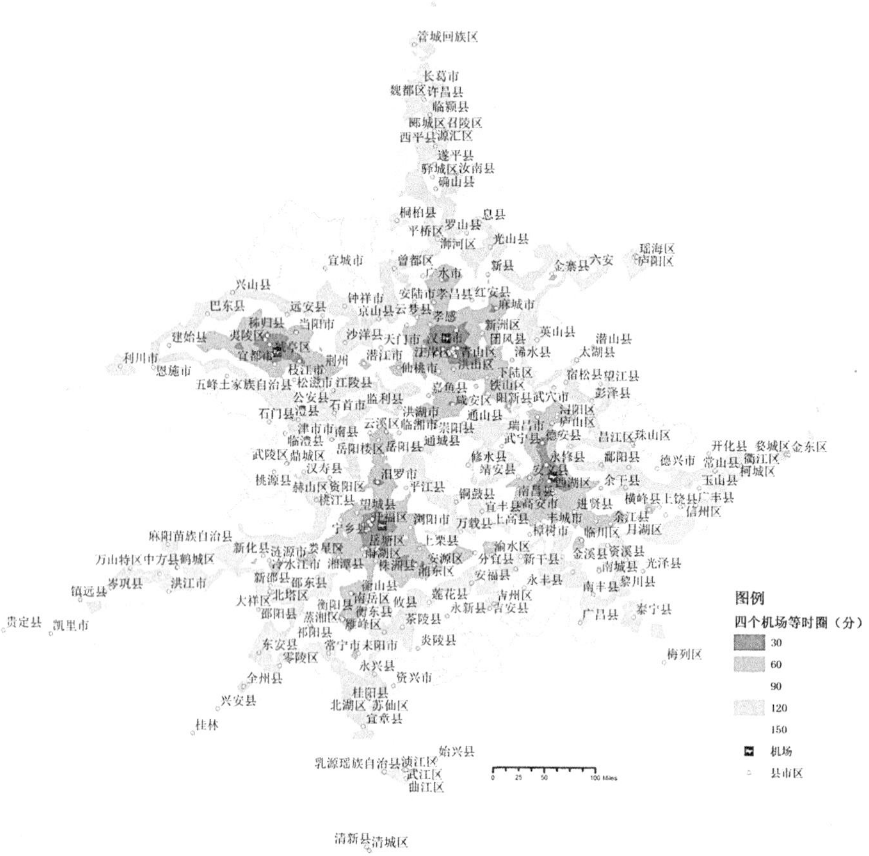

图 7.15　2020 年四个机场可达空间范围（机场设高铁站）

表 7-3、表 7-4 分析了机场设置高铁站后，高铁对四个机场的可达空间范围、人口和经济总量的影响。四个机场可达范围、人口和经济总量都明显增大，1~2 小时内平均倍数增多。空铁联运通过高铁站场与机场的无缝衔接，实现乘客便捷地进出机场和高铁站，减少乘客接驳时间的高效中转。空铁联运模式可以扩展机场服务的腹地范围，从市内、周边地区拓展

到高铁廊道上覆盖的较远区域。通过多个城市中心高铁车站和机场间的无缝高效的中转，不仅便利于高铁网络所运输的国内旅客，同时便利枢纽机场所运输的国际和跨洋旅客，空铁联运充分发挥高铁和航空的优势，拓展航空、铁路运输各自的辐射范围，实现国内、国际出行的无缝衔接。机场和高铁作为重要的城市外部交通工具，机场与高铁交通模式高效衔接，完善地面交通运输，缓解道路压力并提供环保出行选择，发挥高铁和航空运输方式的各自优势，实现共赢。空铁联运增加机场可达空间，满足旅客中长距离的出行需求，增加航空和高铁的客源，便利旅客出行，扩大城市交流圈，吸引外部经济流和人流，增强中心城市经济集聚效应，催化城市经济发展。

表 7-3　　　　高铁对可达空间影响(机场设置高铁站)

	无高铁(2006 年)				机场设置高铁站			
可达范围	黄花	天河	昌北	三峡	黄花	天河	昌北	三峡
1h 内(县市区/个)	16	14	12	9	42	34	29	12
1.5h 内(县市区/个)	28	19	27	13	80	73	63	21
2h 内(县市区/个)	45	42	44	21.0	155	141	122	47
1h 内人口(万人)	1045	1140	527	345	2484	2239	1362	563
1.5h 内人口(万人)	1722	2008	1314	532	4793	4438	3183	1264
2h 内人口(万人)	2699	2688	2245	1043	8643	8799	6356	2953
1h 内 GDP(亿元)	10267	7322	3034	2818	16518	12572	6234	3848
1.5h 内 GDP(亿元)	12984	10776	5670	3519	26932	21992	14620	6240
2h GDP(亿元)	16702	13645	8588	5390	43222	42347	33448	15618

表 7-4 高铁改变可达范围倍数(机场设置高铁站)

可达范围	黄花(倍数)	天河(倍数)	昌北(倍数)	三峡(倍数)	平均倍数
1h 内(县市区/个)	2.6	2.4	2.4	1.3	2.3
1.5h 内 (县市区/个)	2.9	3.8	2.3	1.6	2.7
2h 内(县市区/个)	3.4	3.4	2.8	2.2	3.1
1h 内人口(万人)	2.4	2.0	2.6	1.6	2.2
1.5h 内人口(万人)	2.8	2.2	2.4	2.4	2.5
2h 内人口(万人)	3.2	3.3	2.8	2.8	3.1
1h 内 GDP(亿元)	1.6	1.7	2.1	1.4	1.7
1.5h 内 GDP(亿元)	2.1	2.0	2.6	1.8	2.1
2h 内 GDP(亿元)	2.6	3.1	3.9	2.9	3.0

7.1.3 天河机场和黄花机场实际旅客量

2009 年武汉天河机场和长沙黄花机场的吞吐量相差无几，2009 年 12 月 26 日武广高铁开通后，2010 年长沙黄花机场的吞吐量高于武汉天河机场，增至 1262.1 万，从 2010 年一直延续到 2014 年，2015 年天河机场旅客吞吐量稍微高于黄花机场，但是 2015 年 6 月 18 日，“四纵四横”高铁网络中，东西走向运营里程最长的上海到昆明高铁贵州东段正式开通运营后，2016 年黄花机场的旅客吞吐量又反超天河机场，此现象与高铁建成运行或许存在耦合关系。随着高铁网络逐渐完善，扩大机场腹地范围，增加高铁沿线城市的服务能力，尤其国家高铁客运专线干线，增加潜在中长途的客源。根据中国民用航空局发布《2016 年民航机场生产统计公报》，报告指出“2016 年我国境内机场主要生产指标保持平稳较快增长”，黄花机场和天河机场都突破 2000 万人(图 7.16，表 7-5)。

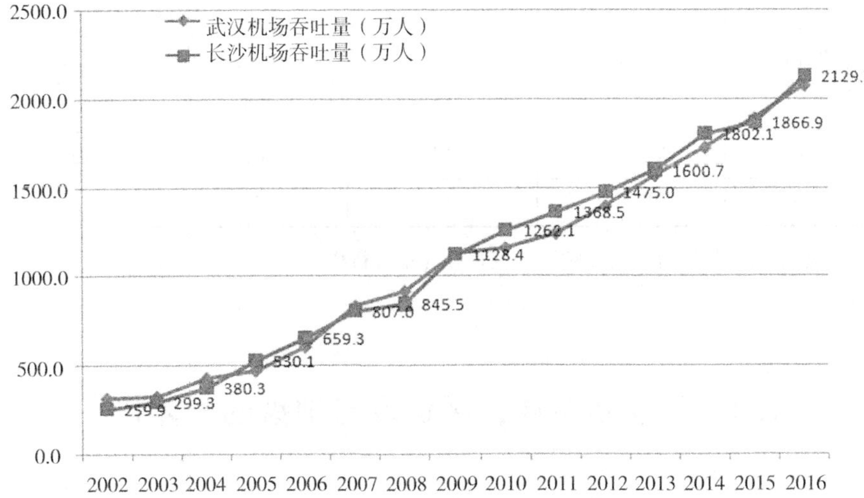

图 7.16 天河、黄花机场旅客吞吐量

表 7-5　　武汉机场、长沙机场旅客吞吐量及排行榜

	武汉		长沙	
	旅客吞吐量	排行榜	旅客吞吐量	排行榜
2002	320.1	15	259.9	19
2003	330.6	16	299.3	18
2004	432.7	16	380.3	19
2005	474.4	17	530.1	16
2006	610.1	17	659.3	14
2007	835.6	12	807.0	13
2008	920.3	12	845.5	14
2009	1130.4	12	1128.4	13
2010	1164.7	14	1262.1	12
2011	1246.2	14	1368.5	12
2012	1398.1	14	1475.0	12

续表

	武汉		长沙	
2013	1570.6	13	1600.7	12
2014	1727.7	13	1802.1	12
2015	1894.2	12	1866.9	13
2016	2077.2	14	2129.7	13

数据来源：各年份中国民航机场旅客吞吐量排行榜。

7.2　高铁站布局、区位及与地铁的一体化

综合一体化交通体系已成为世界各大城市交通发展战略。因交通一体化能够优化资源配置，统一管理交通需求，协调生态环境与交通发展。交通一体化是指通过协调各级管理部门、基础设施、管理措施、价格调整及土地利用等因素来发展交通。通过整合小汽车、轨道交通、自行车和步行等多种交通模式，各部门、设施和政策的协作，实现资源共享和统一管理的交通一体化运输体系。

本节重点研究高铁与城市中、小运量交通方式之间的高效换乘，即以高铁与地铁、公交的一体化发展，探讨高铁对武汉市可达空间的影响。

7.2.1　武汉市交通发展现状

武汉市综合交通体系初具雏形，武汉综合交通枢纽地位提升。随着国家加大武汉市交通建设投资，武汉已成为全国 12 大航空港之一、四大铁路枢纽之一、国家公路主枢纽之一，全国首个综合交通枢纽研究试点城市。武汉天河国际机场为 4E 级机场，武汉机场年旅客吞吐量 2016 年首次突破 2000 万人次。

1. 轨道交通和常规公交

武汉市轨道交通 1 号线一期于 2004 年 7 月 28 日通车，全长 10.6km，二期工程已竣工并于 2010 年 7 月 29 日通车，全长 18.25km，武汉地铁 2 号线一期工程全长 27.7km，为过江线路，已于 2012 年 12 月 28 日通车，从金银潭站到光谷广场站。3 号线工程位于汉阳区、硚口区、江汉区、江岸区、东西湖区等五个行政区域。4 号线开通后，贯穿武昌区、洪山区和青山区，并连接武昌火车站和武汉火车站，在 4 号线与 2 号过江线路的交汇处可换乘以到达汉口火车站，打通武汉站、汉口站和武昌站。1 号、3 号线、4 号线路均与 2 号线路相交。6 号线穿汉江，一期起点站是体育中心南站，是东西湖区、汉口中心区与汉阳新区间客流联系的主通道，跨越汉江的轨道骨架线路，全长 36.1km。地铁线路与站点分布见表 7-1 与图 7.17。2017 年武汉三镇，七个主城区和东西湖区已实现轨道交通互连，武汉市 66%的人口在 600m 的步行范围内，能够便利到达地铁站，改善武汉火车站与主城区距离较远的尴尬局面。

表 7-6　　　　**武汉市轨道交通线路基础数据统计汇总**

线路名称	运营线路长度(km)	平均站间距(km)	投运时间
1 号线	33.4	1.24	2004 年 7 月 28 日
2 号线	47.5	1.38	2012 年 12 月 28 日
3 号线	30.1	1.31	2013 年 12 月 28 日
4 号线	31.9	1.22	2015 年 2 月 28 日
6 号线	36.1	1.37	2016 年 12 月 28 日

数据来源：《城市轨道交通 2016 年度统计分析报告》。

为落实武汉“地铁引领城市发展”，武汉市交通发展战略研究院发布了《武汉市轨道交通线网规划修编(2014—2049 年)》，确定武汉市远景轨道交通线网总体框架结构为“一环十射、三快穿城、环网交织、轴向放射”。环线串接多中心和对外枢纽，疏导核心区客流，强化主城功能和三镇沟通；市域快线引导新城发展方向(见图 7.18)。

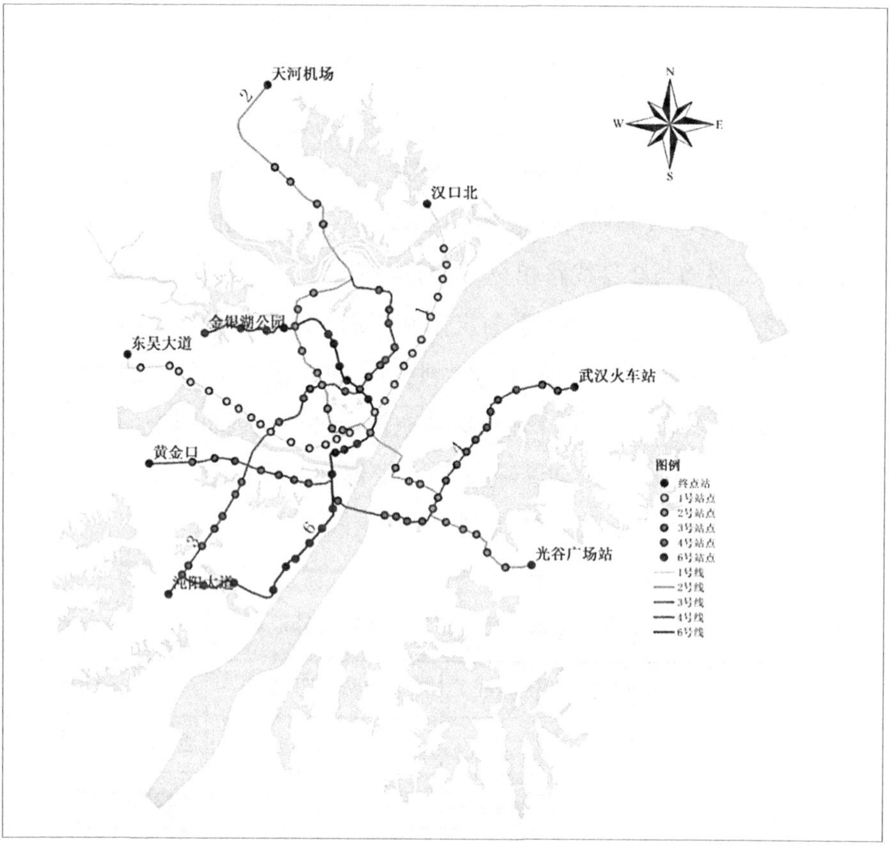

图 7.17　2017 年武汉地铁线路和站点分布

武汉市域轨道线网规划方案线路数为 25 条，站点 585 座，长为 1100km。其中，主城区范围内站点 365 座，线网规模 533km，加密主城线网密度(见表 7-7)。

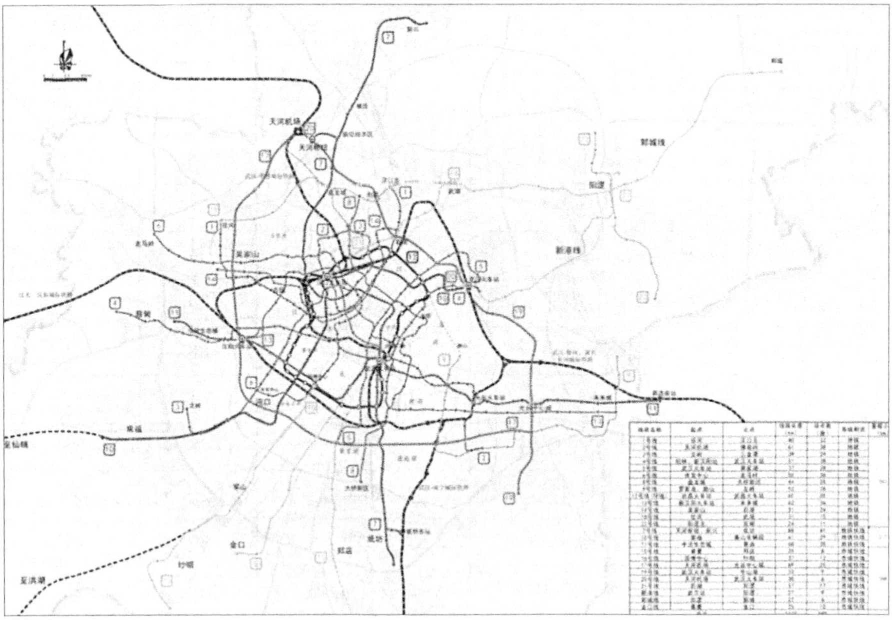

图 7.18 武汉市轨道交通线路规划修编图(2014—2049 年)
(图片来源：武汉市交通发展战略研究院)

表 7-7 **武汉市远景轨道交通线网方案线路一览表**

线路名称	起点	止点	线路长度(km)	站点数(座)
1 号线	径河	汉口北	40	32
2 号线	天河机场	佛祖岭	61	38
3 号线	文岭	三金潭	59	29
4 号线	柏林、新汉阳站	武汉火车站	51	38
5 号线	武汉火车站	黄家湖	37	28
6 号线	体育中心	走马岭	50	36
8 号线	盘龙城	大桥新区	44	28
9 号线	罗家港、磨山	左岭	52	28

续表

线路名称	起点	止点	线路长度（km）	站点数（座）
12号线（环线）	武昌火车站	武昌火车站	60	35
13号线	新汉阳火车站	未来城	63	36
14号线	吴家山	后湖	31	24
18号线	径河	武湖	31	15
22号线	阳逻北	双柳	24	11
7号线	天河枢纽、前川	纸坊	88	41
10号线	常福	青山车辆段	61	29
11号线	中法生态城	葛店	68	35
15号线	青菱	郑店	20	8
16号线	国博中心	纱帽	37	12
17号线	天河机场	光谷中心城	69	25
19号线	武汉火车站	牛山湖	33	9
20号线	天河机场	武汉火车站	30	6
21号线	后湖	阳逻	37	17
新港线	武汉站	阳逻	27	9
郝城线	阳逻	郝城	22	6
金口线	青菱	金口	25	10
总计			1100	585

2016年，全市公交线路489条，比上年增长4.7%；营运公共汽（电）车8970辆，增长8.1%；公共汽（电）车客运总量147387.8万人次，比上年增长3.0%（见图7.19）。

现阶段武汉火车站周边共有七条始发公交线路，通往各大火车站（武昌、汉口火车站）、公路客运站（新华路客运站、新荣村客运站）、东湖风景区（磨山、梅园、武汉植物园等）以及市内公交枢纽站（武昌鲁磨路、汉口武胜路、塔子湖体育中心）。公交车主要经车站北侧的友谊大道、武青

图 7.19 武汉市主城区公交分布

四干道及西侧建设十路进出东广场北侧的公交枢纽站。

2. 武汉市铁路枢纽现状

武汉铁路枢纽在保持武汉站、汉口站和武昌站三站鼎立的总体格局下，2015 年开工建设光谷站，远景建设新汉阳站，火车站分散布置，并承担相应的运输功能。汉口火车站位于城市二环线附近，是武汉铁路的主要客运站，主要承担东西向沪汉蓉快速客运通道始发和通过作业，南北向通京广普通铁路，兼顾部分京广高铁和汉孝等城际铁路，已形成10个站台、22条轨道、6.8万m^2站房的建设规模。武昌站位于城市内环线附近，是武汉铁路的辅助客运站（干线）、主要城际客运站、地铁枢纽站、武昌客运中心、公交枢纽，主要承担京广普速旅客列车，以及斜向武九铁路和武咸等城际铁路的功能。武汉站位于城市三环线附近，主要服务南北向京广客运专线，兼顾东北向、东西向普速旅客列车，及部分城际铁路的功能。新汉阳站为西部综合交通枢纽，承担西向—西安方向动车及部分宜昌、长沙、九江、安庆方向动车作业为主，兼顾部分南向城际动车作业（见图7.20）。

图7.20 武汉市火车站区位分布

表7-8 武汉三站间的出行信息

出发站	目的站	频次	最少耗时
武汉	汉口	40	16分钟
汉口	武汉	40	20分钟

续表

出发站	目的站	频次	最少耗时
汉口	武昌	2	18分钟
武昌	汉口	6	18分钟

数据来源：2017年列车时刻表。

武汉三镇之间开通高铁和动车和城际列车服务，比乘公交车和出租车便利，出行时间更短，出行的性价比更高，避免了站内乘客再出站乘地铁与市内人流冲突造成的交通拥挤的问题。由此可见，武汉三站之间的列车对于武汉市内交通的可持续发展有着深远的影响。

7.2.2 高铁对武汉交通格局的影响

高铁建设为旅客出行提供新的选择，高铁的某一种优势(时间、准点、频次等)，使得乘客改乘高铁出行。高铁运营初期，航空公司增加运力难以挽留分流的乘客。但这种现象是暂时性的，通过将各种交通模式整合，即竞争关系走向合作关系后，各种交通出行方式会恢复正常的增速。

1. 高铁与武汉机场的关系

武广高铁运营后，从武汉机场始发至广州的旅客量呈现出每月下降的趋势(除去1~3月同比保持增长)，武广航线乘客同比负增长，降低了武汉机场旅客吞吐量的增长速度。但是，高铁开通后外地游客来汉客流增速迅猛，乘坐高铁来汉的客流激增，导致武汉旅行社接团能力不足，武汉航空旅游团队的组团量平均降幅达到80%，延缓机场旅客吞吐量的增长。武汉到南昌、南京航线的航班停飞，武汉至广州的航班减少、票价下跌(李小鹏，2011)。

2011年初，高铁和航空的竞争发展可谓“冰火两重天”。武汉市春运办提供的资料显示，2011年春运期间，武汉三大火车站旅客发送量以及高铁旅客上座率显著提升，武汉天河机场却显著下滑，乘坐飞机到达武汉的乘客量增加比例较小(0.85%)，显著低于铁路(9.6%)和公路客运(3.92%)。武汉三大火车站发送 513.9 万人次；高铁旅客的平均上座率比去年同期增长超过 60%，春运期间高铁发送旅客量高达 12.5 万人次/日。武汉天河国际机场发送旅客 67.77 万人次，同比下降 8.52%。2016 年全年天河机场旅客吞吐量为 2077.2 万人次，综合能力位居全国 14 位，失去了“中部第一”的机场地位。

统计数据显示，武汉航空曾在十一五期间一路高歌猛进，天河机场 5 年累计完成旅客吞吐量 4658 万人次，尤其是 2006—2008 年，天河机场年旅客吞吐量连续 3 年平均增长率高达 23.3%，跨越 600 万、900 万、1000 万三个台阶；但 2009 年武广高铁开通后，2010 年同比 2009 年增加比例仅有 3%，吞吐量增加幅度大幅下滑。2009 年客运量也表现出历年来减少的形势，从 2008 年的 773.56 万减少到 2009 年 763.82 万；2010 年后客运量开始增加，但武汉航空的增速却突然戛然止步，十二五期间增长率仅 9% 左右，增长幅度明显小于十一五期间的 20%(见图 7.21)。

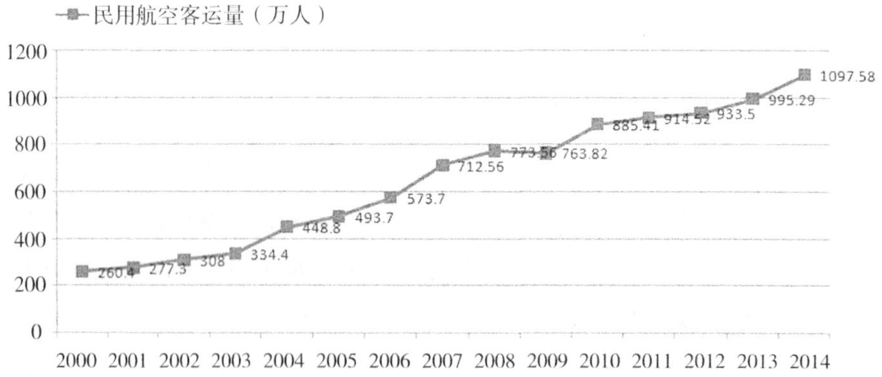

图 7.21　武汉民用航空客运量

(图片来源：根据武汉市统计年鉴数据绘制)

2. 武汉站与武昌站、汉口站

(1)高铁与地铁一体化。

高铁与城市内部交通之间的换乘，主要包括高铁与城市公共交通(轨道交通、公共汽车、出租车)的换乘，高铁与私人交通的换乘，高铁与步行交通的转换等。本节重点研究高铁与轨道交通的换乘，通过高铁枢纽与城市内部交通的一体化，实现区域交通与城市内部公共交通间安全、便捷、高效的“零换乘”，形成以城市公交为主导的多模式一体化交通接驳系统。

研究以武汉火车站为例，分析高铁与地铁、常规公交衔接，对高铁站出行等时圈范围的影响。对比分析武汉站开通轨道交通前后，武汉站1小时内公交出行的等时圈变化。

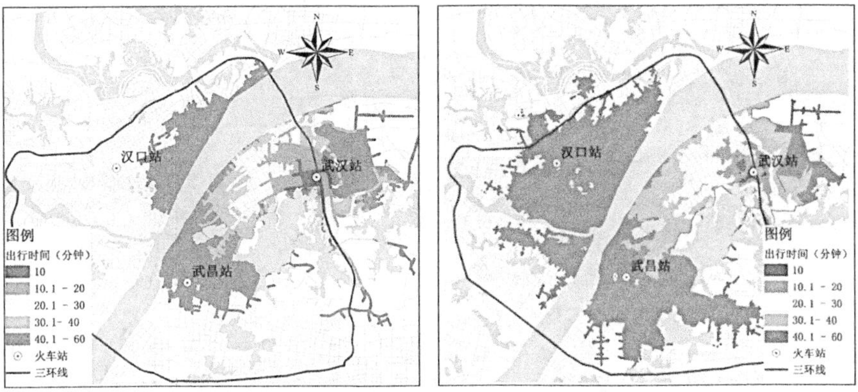

（1）无轨道交通　　（2）2017年现状轨道交通

图7.22　武汉站等时圈

在武汉市无轨道交通情况下，1小时等时圈范围(见图7.22(1))，向南可达武昌区(武昌站)，可跨越长江的汉口区的部分沿江区域，但不能跨越汉江达汉阳区。武汉站的常规公交网络下，可达空间范围较小。

在2017年武汉市现状轨道交通线路(1、2、3、4、6号线)下，分析与常规公交网络联运的等时圈(见图 7.22(2))，可以获知在理想状况下，从武汉站可抵达武汉三镇，三环内大部分地区 60 分钟之内到武汉站。对比发现，地铁与常规公交一体化发展，极大改善武汉站可达空间，1 小时内可达空间范围扩大。

(2)武汉站与武昌站、汉口站。

在武汉、汉口、武昌三个火车站城际铁路和高铁的快速发展，三个火车站之间的内部通车，常规公交和轨道交通结合的情况下，分析三个火车站公交出行的等时圈。如图 7.23 所示，1 小时等时圈内，除长江、东湖等水域可达性较低以外，三个火车站公交出行范围超出武汉市三环线。在西南和东南方向的汉阳区、洪山区距离三个火车站的可达性相对较低，正是

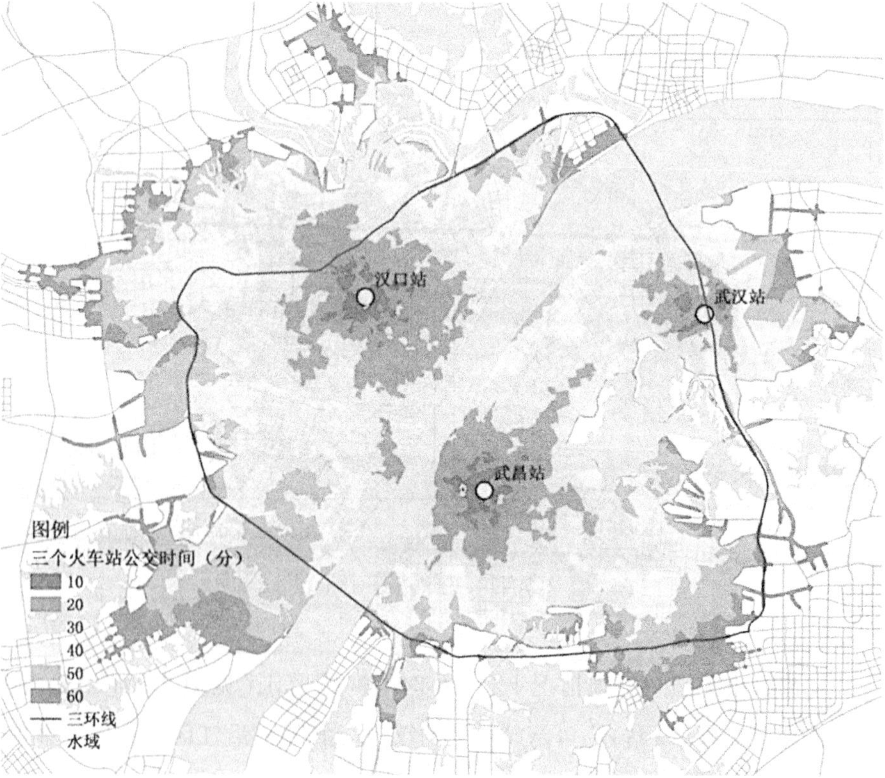

图 7.23　武汉三个火车站的公交可达性

轨道交通发展较为薄弱的区域，因此，在该区域再增设新汉阳火车站和光谷站是十分有必要的，不仅可以促进武汉三镇之间内部交通和出行的联系，同时也可以加强汉阳、光谷地区和周边城市的联系。

3. 武汉站与武昌站、汉口站、光谷站

光谷火车站原名流芳站，站房建筑总面积 30000m^2，距光谷广场经济金融中心仅 3.5km。2015 年 7 月 28 日，光谷火车站联合三大项目开始动工建设，配套 10 条快速路两条地铁。光谷火车站计划 2017 年 9 月完成主体结构施工，计划 2018 年底建成。2018 年底光谷火车站建成后，在城际铁路方面，光谷火车站汇聚武咸(武汉—咸宁)、武黄(武汉—黄石、黄冈) 2 条城际铁路，以及武九铁路；在轨道交通方面，光谷火车站可与 11 号线东段与 2 号线南延线换乘，两站均为岛式站台，采用“T”型换乘；在长途汽车方面，光谷火车站东广场北侧将新建关山长途汽车站，分流傅家坡长途汽车站拆除后的客流；在常规公交方面，光谷火车站是雄楚大街 BRT (快速公交)的终点站，光谷火车站的功能远期以城铁为主，国铁为辅，站点规划为城际场(客专)4 台 7 线，普速场(货场)1 台 5 线，成为集国铁、城铁、地铁和 BRT 公交等多种交通方式为一体的综合交通枢纽站(见图 7.24)。

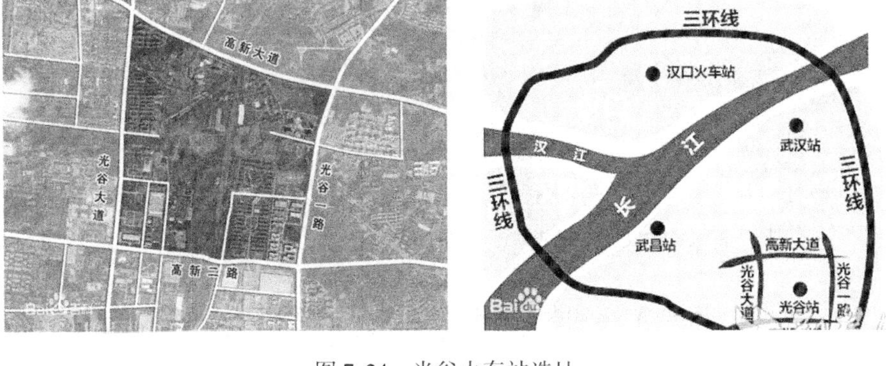

图 7.24 光谷火车站选址

图 7.25 分析光谷火车站开通后，武汉市 4 个火车站可达的区域。武汉市 4 个主要的火车站，在地铁与常规公交联运情况下，更新轨道交通网至 2020 年数据。通过对比发现，新增光谷站后，武汉市主城区域乘公交到达火车站的可达范围大幅增加，尤其是在武汉市东南区域，且沿轨道 2 号和 11 号线等轨道线路形成高可达廊道。

通过高铁枢纽与城市内部公共交通(地铁、常规公交)等多模式交通的一体化衔接，充分发挥高铁枢纽作为城市内、外交通节点，地铁作为城市内部交通骨干的优势，区域交通与城市内部公共交通网络间安全、便捷、高效衔接，带动高铁站周边及其城市的发展，便于城市群与城市间的信息与资源要素的交换与转移，有助于实现区域资源整合。

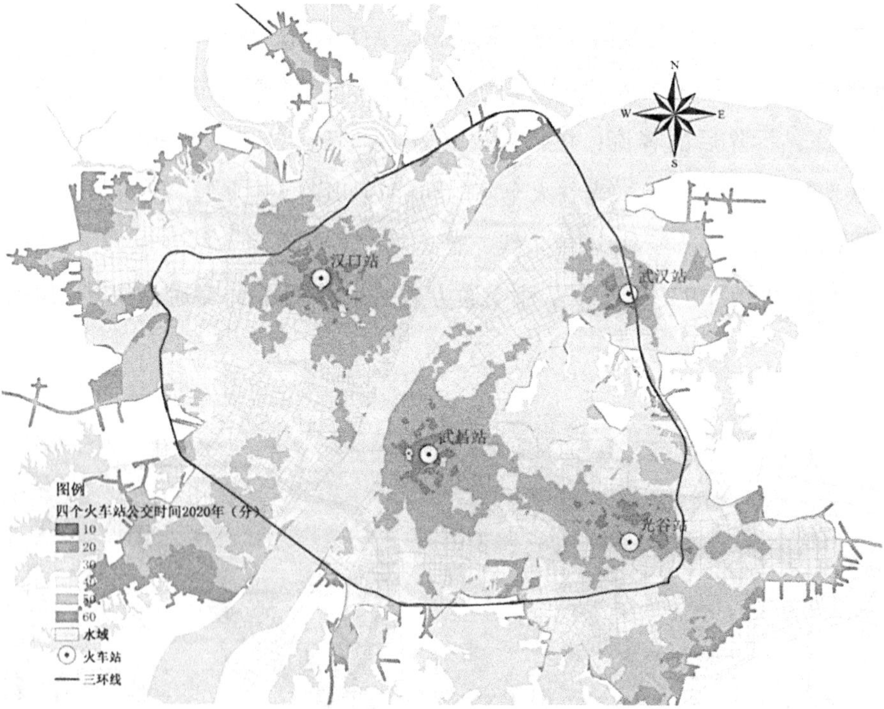

图 7.25　2020 年武汉 4 个火车站公交出行时间分布

7.3 本章小结

乘客航空出行时的城市间地面交通时间占全程比例较大，因此地面交通是航空运输中的主要问题，公共交通是改善机场地面交通的关键。高铁作为重要的地面公共交通，与机场、普铁、地铁、公共交通等联合运输，有助于实现城市间交通的高效、无缝衔接，对发展航空运输，维护生态环境可持续、提升城市通达性有着重要的意义。

探讨高铁建设前后机场腹地范围，远期机场设置高铁站机场腹地范围变化情况，同时实证分析历年天河机场和黄花机场实际旅客量。研究发现高铁建设增大四个机场的可达空间范围，扩大了机场腹地范围，增加了城市间空间联系；高铁改变了可达空间总体模式，天河机场可达空间从“同心圆”模式转变为“星形放射”模式，形成高铁线路串珠结构，为高铁沿线城市提供便利出行服务。高铁运行时速和完善的高铁网络是机场可达空间的主要影响因素，高铁运行时速越快、网络越完善，可达空间范围影响越高。在机场设置高铁站，四个机场可达空间增大，机场间用时 1.5~2 小时即可到达，空铁联运为乘客带来出行便利和更多选择机会，增加城市间的人流、物流和资金流的流动和联系，将加速长江中游城市群城乡经济发展；因空铁联运提高出行便利度，高铁可替代或减少短途航空出行。通过在机场设置高铁站，利用天河机场位于中国航线网络中心的优势，逐渐形成天河机场集民航机场、高速铁路以及城市轨道交通于一体大型综合交通枢纽。高铁与地铁、公交等城市内部交通的多模式一体化发展，可扩大武汉市的可达空间，提高居民出行便捷度。

第8章　结果讨论及政策建议

本章重点在三个层面上，提出全国城市群、长江中游城市群和武汉城市圈的政策建议和发展策略。中国高铁快速发展，高铁运营里程迅速增加，高铁属于硬件交通基础设施，缩短城市群和城市间出行时间，高铁对经济发展起到“催化剂”的作用，增强经济实力和竞争力。城市群经济实力的提升，需加强城市群内外部经济联系，需要硬件设施和软件政策共存，因此探讨城市群空间发展策略和建议。

8.1　中国城市群空间发展策略和建议

8.1.1　城市群空间发展总策略

主要从加快城市群规划编制、强化集聚、集约紧凑等方面论述。

1. 加快城市群规划编制

“区域协调”是要求空间实现均衡发展，城市群的发展遵循空间演化的规律，空间结构从低水平的均衡发展到逐渐空间集聚阶段，最后随着区域空间经济发展水平提高，形成网络化的空间结构系统，空间结构重新恢复到“均衡”阶段。通常情况下，集聚效应以效率优先为主；高铁的迅猛建设，高铁廊道集聚效应产生，形成点、轴(高铁廊道)空间结构，人流、物流、产品流、资金流、信息流在轴线集聚，如何实现城市群区域协调发展？实现扩散效应将其经济轴上的经济动力和创新成果扩散到广大腹地，带动腹地的经济发展。解决上述问题，除了尽快完善硬件条件如高铁建设以外，还需要尽快编制城市群规划，通过政策引导和统筹发展规划来实现城市群协调发展。

目前，国务院已经批复9个城市群发展规划，仍有10个城市群在编制发展过程中。城市不是孤立地、封闭地存在的，而是与外部环境相互依存、共同发展的过程中形成城市群，城市群具有集聚效应和扩散效应，是区域经济发展的主要动力。城市群发展需要有高瞻远瞩的发展规划指导，城市群发展规划从整个国家或城市群系统出发，统筹推进交通、信息、能源、水利等基础设施建设，提升基础设施互连互通和公共服务水平；统筹产业布局、统筹发展带、统筹布局能源和优化结构、统筹城乡、统筹经济社会发展，推动生态共建和环境共治，引领城市群一体化发展，提升辐射带动功能，具有区域增长引擎带动作用。因此亟需尽快编制城市群发展规划，充分发挥城市群发展规划的协调统筹发展的作用，提升城市群发展质量，发挥城市群集聚效应和扩散效应。

2. 强化集聚

加快城市群建设，形成支撑区域发展的增长极，增强城市群的辐射带动作用。我国利用增长极理论，借助沿海地区良好区位优势的资源基础，实施倾斜沿海地区发展措施和优惠政策的非均衡发展战略，在东部地区形成了三大增长极，长三角城市群、珠三角城市群和京津冀城市群成为中国经济增长的重要引擎。增长极的辐射带动作用会随距离的增加而减弱。三大增长极对东部和中部外溢效应较大，对东北和西部地区的外溢效应有限。因此需要在中部和西部以及东北地区建立新的增长极，带动全国区域协调发展。长江中游城市群具有丰富的自然资源和完善的基础设施，广阔的市场需求和潜力。政府应实施政策引导和有力的干预，在资金、人力、技术上，直接援助和优惠政策投入，集聚空间要素形成规模经济，将长江中游城市群打造成承接东部产业转移和带动西部发展的中国经济增长第四极。

发展中心城市，形成带动区域发展的节点城市，增强中心城市辐射带动作用。高铁建设提高全国可达性，可达性较高的城市聚集在高铁廊道和节点城市，例如上海、南京、北京、武汉、郑州等城市，越来越多的人流、物流、经济流流入高铁廊道城市。城市群空间要素分布具有轴线性和空间指向性，如京广沿轴线集聚分布人口、产业与城镇等空间要素，应积极引导人口、产业和城镇等沿着高铁廊道上的城市集聚。加强与非高铁城市的交通联系，优化提升城市群内各级中心城市和核心区的辐射带动能力。

3. 集约紧凑

紧凑发展理念在城市发展过程中受到重视，成为城市可持续发展和解决城市问题的重要途径。George B. Dantzig 和 Thomas I. Saaty 在出版的专著《紧缩城市——适于居住的城市环境计划》中提出紧凑城市的概念，随后是精明增长和新城市主义等概念的介绍和应用。紧凑型城市发展模式是节约环境资源、环境友好型的城市化空间发展模式，是实现区域和国家整体长远利益的可持续发展模式。研究推测高铁城市的城市扩张速度比非高铁城市快，通过城市建成区面积增加从而实现经济快速发展。目前，大城市无节制扩张，带来城镇建设用地向农村蔓延，城市功能外溢，城乡界限模糊，重复建设、基础设施不配套、环境脏乱差；大城市空气环境和噪声污染严重，大城市居民距离大自然、绿地越来越远，严重影响到大城市的生活环境质量；导致土地资源严重浪费(吴良镛，2001)。因此应防止城市无序蔓延，防止城市无序开发。城市建设应走集约、节约、紧凑发展的道路，形成高密度的、功能混用的城市形态；保护城市与乡村依赖关系；合理规划交通等基础设施，减少小汽车出行，倡导公共交通优先和慢行交通，提高空间、资源利用效率，构建疏密有致的空间格局，改善人们生活环境质量和生活品质。建议全力建立国土空间开发管制和环境分区控制制度，遏制建设用地蔓延趋势，控制开发强度，保障城市开发边界、永久基本农田和生态保护红线，转变建设用地从增量扩张向存量挖掘的模式，适应资源环境承载能力，实现集约紧凑的可持续发展。

4. 提升内外可达性

城市群内外部可达性的提升，便利资源的交流，推动人力、物力、财力、信息等经济要素的流动，提高集聚和扩散效应，缩小区域和城市间的空间差异。城市群可达性不仅仅是外部可达性(区域和城市间可达性)，也不单指内部可达性(区域和城市内部)。高铁时代到来，增强了外部通达性，城市内部可达性同样需要改善，因此应完善城市内、外部公共交通，保障广大公众的交通利益，整合多模式交通系统，提升内外可达性，提高运输效益。从而推进人口密集、产业集聚的城市群基础设施一体化，实现基础设施共享共建和交通效能的最大化，促进交通联结网络化，形成“零距离换乘、无缝化衔接”的现代交通运输系统，减少无效运输，提升城市群整体竞争力。

8.1.2 四大分区城市群空间发展

坚持西部开发、东北振兴、中部崛起和东部率先的区域发展总体战略，坚持互利共赢、优势互补、区域协调，优化空间格局和经济结构，建设以东部地区多个世界级城市群辐射带动中西部地区和东北地区发展。完善区域发展政策和发展机制，减少区域发展差距，实现区域协调发展。

1. 东部地区城市群

提升优化东部地区城市群，把京津冀、长江三角洲和珠江三角洲城市群建设成世界级城市群，提升山东半岛、海峡西岸城市群开放竞争水平。

(1)经济转型升级。

虽然东部城市群相对中国其他地区城市群来说发展质量较高，但中国长三角城市群发展质量相对国外世界级城市群来说并不高，国际竞争力不强。存在制造业附加值不高，长期以国际代工的外向型经济发展模式，高技术和服务经济发展相对滞后，低水平同质化竞争严重等问题。因研究显示FDI资金投入每增加10%，人均GDP将平均增加0.3%。高铁建设增加东部地区经济生产力，促进空间要素集聚，提升城市群的国际竞争力和可持续发展能力。因此坚持东部率先的战略，加速产业升级转移，建议东部地区城市群以创新驱动、利用优势资源，城市间协作分工，形成产业集聚的创新高地；加快产业转型发展，充分利用外资投入对区域经济的推动作用和综合效益；引领新兴产业和现代服务业发展，打造全球先进制造业基地，形成具有国际影响力、能够参与国际竞争的城市群。

(2)引领中西地区发展，增强辐射带动作用。

增强东部地区城市群的增长极的辐射带动作用，以交通基础设施一体化为切入点，构建城乡规划统筹协调、基础设施共建共享的一体化发展格局，发挥对全国经济发展的支撑，带动中西部地区以及东北地区的发展。长三角城市群是“一带一路”与长江经济带的重要交汇地带，充分发挥上海引领作用，加强各中心城市、副中心城市的集聚与扩散效应，基于高铁等基础设施网络，产业沿长江经济带向中、西部城市群有序转移，建设集聚度高、竞争力强、绿色低碳的现代产业走廊，推进长江经济带建设。京津冀城市群以北京为核心城市，辐射带动环渤海地区和北方腹地发展。珠三角城市群以广州、深圳为中心城市，带动环珠三角地区以及中西部城市群的快速发展。

2. 中部地区城市群

中部地区崛起是国家缩小区域发展平衡的重要战略，发挥各城市群承东启西的战略。

(1)强化带动辐射作用。

中部地区城市群尤其是长江中游城市群，是中部地区人口密集、经济发达的地区，作为增长极具有带动区域发展、缩小区域差距的举足轻重的作用。目前，中部地区没有形成像珠三角和长三角那样的城市群。从GDP

总量来看，2014年中部3个城市群的GDP总量占全国的18.7%，与长三角城市群相差无几，但长三角的总人口却仅约为长江中游城市群的一半。中部地区中心城市人均GDP、城镇化水平、三产比重等指标都相对较弱，对区域经济发展的牵引带动作用较弱。建议增强中部地区中心城市的经济实力，重视提高城市化质量，完善协调城镇体系，促进生产、生活和生态协调发展，建设优良的人居环境；发展第三产业，建立高新技术产业园，优化调整产业结构，强化中心城市的辐射带动作用。

(2)构建中部经济发展轴。

在壮大节点城市经济实力的同时，借助中部地区优越的地理区位和资源环境优势，构建中部经济发展轴。长江中游城市群高铁运营里程最多为2452km，占全国已有高铁长度的16.4%。研究发现高铁具有"廊道效应"，同时高铁增加区域经济生产率。因此建议借助高铁对经济发展的催化作用，发挥高铁的"廊道效应"，构建"十"字形的中部经济发展轴，一条以京广铁路为主轴，即由北京、石家庄、郑州、武汉、长沙至广州的经济发展轴，另外一条是从上海、合肥、武汉、宜昌、成都东西方向的经济发展轴。借助中部经济发展轴，壮大郑州、武汉、长沙、南昌等城市群的经济节点与枢纽城市，构建我国中部地区经济发展轴的核心地带，承接东部地区的产业转移，建设高新技术产业和新兴产业的示范区，培育一批产业集群，如武汉的高新技术创业园、现代装备制造业和文化创意产业。

3. 西部地区城市群

(1)培育西部增长极。

培育发展引领西部地区发展的成渝城市群，打造成西部增长极，培育其他城市群，有利于推动西部大开发战略实施和"一带一路"长江经济带建设。成渝城市群是西部地区区位和经济发展水平最好、规模最大的城市群，社会经济联系紧密，城镇体系相对健全，但成渝城市群存在基础设施互联互通程度不高和协同发展机制不健全的问题。因此建议构建协调机制与机构，打破城市间行政壁垒，保障要素流动通畅，增加城市群之间和城市群内部的协作和交流，调控区域和城市空间发展节奏与方向，协调共建基础设施，形成成渝城市群一体化发展和利益共享机制。

(2)改善内外交通条件，完善高铁网络。

截至2014年底，西部地区城市群的高铁运营里程仅有1216km，相对中部地区城市群的高铁运营里程3401km和东部地区的6015km相差甚远。因此建议尽快完善高铁网络，改善内外交通环境和落后偏远地区的出行条件，通过高铁建设缩小与中、东部地区的区位差距。构建区域协同发展的综合交通运输支撑体系，形成西部区域综合交通枢纽等级体系，增进城市群、城市间交流，推动西部城市群区域经济协调发展。

4. 东北地区城市群

完善协调城市群发展机制，推动结构调整，带动东北地区等老工业基地发展。

(1)推进城市群高质量发展，打破行政藩篱。

打破行政藩篱形成合力是保证要素流动的重要举措，是解决东北地区城市群发展的关键点。建议完善城市群协调发展机制，推动城市群职能结构、空间结构和规模结构的调整。加强区域统筹产业布局、基础设施、公共服务和生态环保等方面的合作，打破东北行政阻碍，建立城市间的交流联系，促进东北地区城市群内部的城市联动发展；推动城市群转型升级，发挥产业集聚优势。在老工业基地打造中国经济发展的增长极，带动东北地区振兴发展。建议加快编制《辽中南城市群发展规划》，用于引导城市群发展建设，避免城市间产业竞争等盲目性建设的问题，实现基础设施共建共享，环境共治、大小城镇协调发展。

(2)培育节点城市，构建经济发展带。

培育沈阳、大连、长春和哈尔滨四大节点城市，以鞍山、抚顺、本溪、辽阳、铁岭等城市形成次级节点城市，通过哈大高铁纵贯东北三省，串联哈尔滨、长春、沈阳、大连四个节点城市，构建高铁经济发展带，打破行政壁垒，增进城市间交流协作。

8.1.3 城市群空间组织结构

区域交通网络是区域内各个城市空间发展的重要因素。刘易斯·芒福德(1989)认为"日本关西都市圈各城市间、城市与自然环境之间互利共生、协同进化，并通过河川径(支)流等交通信息廊道联结成一个有机整体"。交通廊道在空间结构演化中起着重要作用，城市空间表现出沿着交通干线发展的特征，交通干线成为城市扩张的伸展轴或经济带。研究发现高铁增加上海、北京、长沙、武汉、广州等重要节点城市的可达性，扩大机场服务的腹地范围，增加区域经济生产率。随着高铁网络的建设和完善，形成高铁经济带。

城市群中心城市一般具有较好的区位条件、良好的经济基础和发达的基础设施，通过便利的高铁网络联系，缩小空间距离，减少时间成本，扩大经济联系的空间范围，加速各种要素空间流动，集聚周边地区，甚至更远辐射区的金融资本、就业劳动力、工业生产、商贸物流、人才、技术信息和决策功能等各种要素，实现与外部环境进行物质和能量交换，获得发展的动力与源泉，发展成为区域经济的"增长极"。中心城市不断发展壮大，辐射带动周边地区的共同发展，促使腹地经济增长，提高城市群的竞争力，最终实现城市群经济一体化发展(见图8.1)。

因此建议将中心城市放在城市群发展的重要位置。增强中心城市的经济实力，使之成为区域经济的增长极。在东部地区，长三角城市群最大的中心城市是上海，其次是南京、杭州和合肥。上海在长三角扩散经历长期历史发展过程，形成最大的扇面，是全国大都市，未来将成为与世界名城东京、纽约、巴黎等城市媲美的国际大都市，向全国广大腹地辐射，更在

图 8.1　国家级中心城市

全世界范围内集聚与辐射，担当经济发展龙头的作用。南京、杭州和合肥应从本区域实际出发，尽量发挥自身优势，做好上海的三翼。珠三角城市群中心城市是广州，京津冀城市群增长中心是北京，其次是天津和石家庄。长三角、珠三角和京津冀城市群作为全国的经济增长极，辐射带动全国经济增长。东部地区的福州(海峡西岸城市群)、济南(山东半岛城市群)等中心城市，虽与上海、广州、北京三大中心城市水平存在较大差距，但可以逐渐培育为区域增长极。

中部地区郑州、太原、武汉、南昌、长沙已进入城镇化发展的快速时期，但其实力与三大城市群中心城市相比显得薄弱，辐射范围较小。建议逐步完善高铁网络，采取加大投入和政策倾斜等措施，壮大中心城市的经济实力，增强辐射带动功能。西部地区成渝城市群省会中心城市重庆、成都，位于长江经济带上游，身居内陆，处于中国发展相对劣势区位。但在中国实施西部大开发战略引导下，2010年2月，住房和城乡建设部发布的《全国城镇体系规划纲要（2010—2020年）》，明确重庆作为五大国家中心城市之一，带动西部地区协调发展，带动地区经济发展增速。未来西部地区其他中心城市有西安（关中平原城市群）、贵阳（黔中城市群）、西宁、兰州（兰西城市群）、乌鲁木齐（天山北坡城市群）、昆明（滇中城市群）、南宁（北部湾城市群）、呼和浩特（呼包鄂榆城市群）、银川（宁夏沿黄城市群）等。建议在全国范围内优化产业空间布局，加大科技体制改革力度，大力培育和完善各类高新技术开发区，加强重庆和成都辐射带动作用，必将站在更高的起点，缩小各区域经济差异，形成中西部地区经济一体化。东北地区增长中心有哈尔滨、长春（哈长城市群）和大连、沈阳（辽中南城市群）等城市。

为避免经济过度集聚于国家中心城市，可在距离国家中心城市或区域性城市中心的100~200km内（中心城市的高铁下一站）发展次级枢纽城市，吸引产业转移和人才流入，实现产城融合，工业化与城镇化共建，依托综合运输通道，改善城镇等级规模结构，形成多中心、均衡发展的空间格局。

中心城市在城市群发展中起着至关重要的作用，增强中心城市集聚和扩散效应，壮大经济增长极，大力发展区域性中心城市、次级中心城市，不断完善城市功能，发展优势产业，延伸面向腹地的产业和服务链，带动城市群经济社会发展。

通过增强高铁沿线城市辐射带动能力，推动大中小城市和小城镇的合理分工，发挥功能互补，寻求协同发展，促进城乡统筹发展，构建布局合理和高效集约的城市群一体化发展格局。随着中国快速城市化进程，城市群之间通过快速建设的高铁网络有机联系起来，形成以中心城市为极核，高铁经济带为重要通道，城市群间有效合作交流的中国城市群“极核-走廊-网络”模式(见图 8.2)。

图 8.2　中国城市群“极核-走廊-网络”模式示意图

8.2　高铁时代长江中游城市群空间发展策略和建议

长江中游城市群将成为引领中部地区崛起和支撑带动长江经济带发展的核心增长极和资源节约型、环境友好型社会示范区。在高铁催化剂的作用下，长江中游城市群凭借优越的核心区位、资源基础和交通条件，通过基础设施互连互通，开放合作等政府引导、市场作用和公众参与，充分发挥长江中游城市群的辐射带动作用，提供生产要素优化配置和自由流动的机会，促进长期稳定的交流与合作，最终实现共赢，打造成为中国经济增长的第四极。通过体制和发展模式创新，充分发挥长江中游城市群发展的区域协同效应，实现区域间、城市间合作交流，各城市联动开发，提升长江中游城市群一体化水平。

8.2.1 构建“极核-走廊-网络”空间复合发展模式

长江中游城市群包括长沙、武汉、南昌三个国家级中心城市，株洲、湘潭、咸宁、孝感等多个次中心城市。因武汉城市圈中武汉首位度指数较高，建议适度分散人口和经济，适度向咸宁、黄石、黄冈、孝感、鄂州、仙桃、天门、潜江吸引产业转移和人才流入，实现产城融合，工业化与城镇化共建，培育区域性中心城市，依托综合运输通道，改善城镇等级规模结构，形成多中心、均衡发展的空间格局。环长株潭城市群以长沙为中心城市，湘潭和株洲多中心结构。环鄱阳湖城市群中心城市南昌的集聚度不高，建议在长江经济带发展政策下，通过高铁网络加强与长三角城市群、环长株潭城市群等经济联系，承接长三角城市的产业转移和资金流入，增强中心城市集聚和带动作用。

长江中游城市群沿江、沿铁路空间分布明显，建设沿江和沿铁路发展轴(包括2030年铁路网中长期规划图中襄阳到娄底的高铁线路)，共有两横轴三纵轴，其中沿江、沪汉蓉和沪昆高铁横向发展轴，沿京广、二广、京九(向莆)三条纵轴，通过中心城市带动作用及沿线大中小城镇的分工协作，加强武汉城市圈、环长株潭城市群和环鄱阳湖间沟通与联系，共同搭建起稳固的网络合作关系，实现长江中游城市群一体化发展(见图8.3)。

因此，长江中游城市群在强化中心城市、加强副中心城市建设的同时，要依托高铁、高速公路等交通设施，促成串珠式的发展轴，构建“极核-走廊-网络”空间复合发展模式，加强城市群空间的横向联系与纵向延伸，实现区域一体化发展。

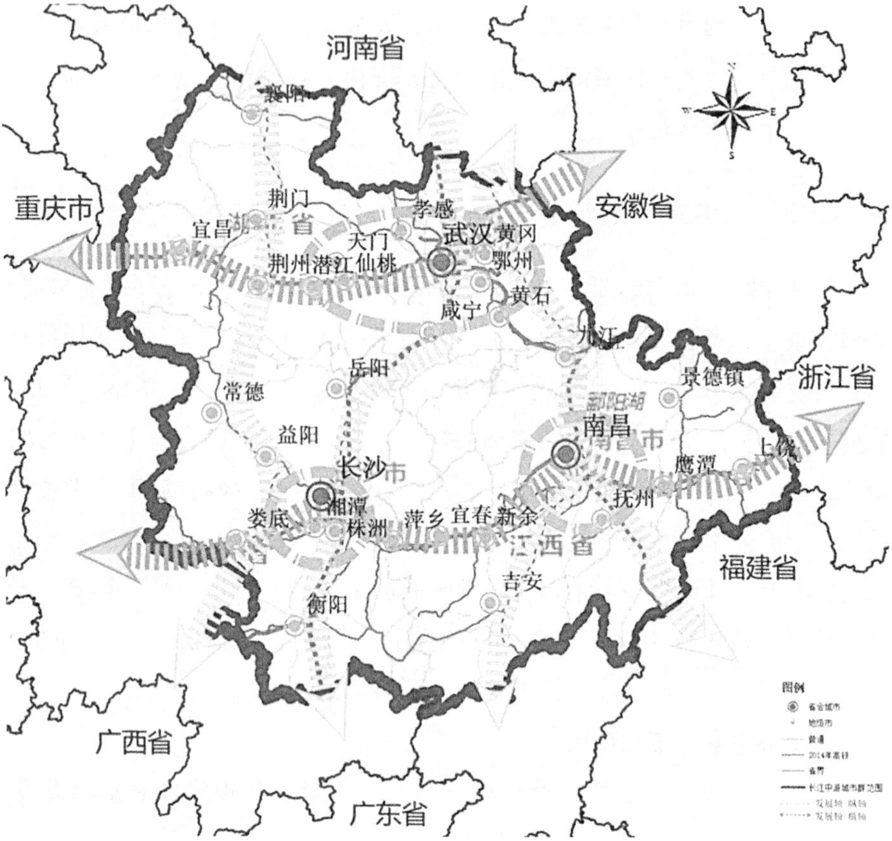

图8.3　长江中游城市群空间结构示意图

8.2.2　统筹交通基础设施建设

“统筹规划”思想需要贯穿于基础设施建设，资源和能源开发利用中，推进区域内和跨区域重大交通基础设施一体化建设，实现资源优化配置和服务水平，创建城市群一体化发展。树立区域交通一体化理念，建设城乡一体化运输的铁路、公路等区域公交网络。统筹安排、合理规划，改变以往城市间争抢建设盈利型设施，造成大量投资和资源的浪费，如相距较近的城市争抢国际机场；对于非盈利的交通基础设施关注较少，如公路在省域内部统筹安排较多，而省域间沟通不足，导致出现很多跨省域的断头路。构建长江中游城市群区域交通的有机衔接，实现互通重渝城市群和长三角城市群、连接珠三角城市群、通达京津冀城市群，强化交通基础设施的共建共享以及互连互通，全面提高公交运转效率，减少城市、城际间私人机动车出行，增强区域发展支撑能力。

1. 内优外联，强化公共交通

加快建设对外交通基础设施和一体化区域交通运营体系，增进长江中游城市群与其他地区的联系，推进城市群内外区域合作进程，加强长江中游城市群自身发展，带动中、西部地区的整体发展。增强区域内城市交通联系，加强公共交通服务，增强公共交通的主体地位，全面提高公交运转效率，减少城市、城际间私人机动车出行。构建城际轨道和客运铁路为主干的区域公交网，通过区域公交走廊将区域发展轴线上的城市中心区、副中心城市、重要节点有机串联，优化城镇体系和空间结构，加强长江中游城市群各级中心城市之间的衔接，提升沿线城镇节点交通联系，推动区域一体化发展。

(1)完善高铁网络，实现90分钟互达互通。建设长沙—九江—合肥、武汉—九江—南昌、合肥—九江—南昌、襄阳—常德—娄底、武广高铁复线(武长段)等高速铁路。完善大运量的城际和城市轨道交通体系，建设武汉城市圈、环长株潭城市群和环鄱阳湖城市群城际铁路。

(2)增强快速公交发展，构建多层次的公共交通网络体系。优化城市内部交通网络，充分发挥高铁、城际铁路的区域公交作用，加速轨道交通和快速公交发展，强调各交通模式之间的衔接，通过常规公交的联合与衔接，提高公交覆盖，实现无缝衔接和零换乘。

(3)建立城市(镇)慢行交通系统。在城市综合交通规划中建议编制步行和自行车等慢行系统的专项规划，进行步行和自行车系统设计，强化步行和自行车交通与公共交通便利接驳，结合城市滨河绿道或历史风景线路规划单独的绿道系统，提供安全、舒适、优美的慢行出行环境。

2. 加强对外交通枢纽规划建设

综合交通枢纽是由两种以上运输方式的外部交通重要线路所组成的交通枢纽。综合交通枢纽是城市对外联系的桥梁和纽带，通过各种运输方式之间、城市交通与区域交通之间的衔接，成为重要的客流集散地，具有提高城市形象的社会效应，加强周边区域和城市间联系，改善交通条件，提高区域可达性，促进整体区域、城市经济发展。

综合交通枢纽的发展策略包含三个方面：(1)交通一体化。在枢纽内部多种交通模式交汇，保障畅通和高效运行，为乘客提供便利和舒适的换乘环境，优化枢纽空间布局，提升综合服务功能，实现多种交通模式的“零换乘”。(2)强化便利衔接。提高不同枢纽站换乘的方便程度，加强各种运输方式之间、区域和城市间、城市内部交通网络的衔接。提供可靠的交通信息和指示，根据乘客出行需求来合理设计换乘流程，减少交通枢纽站换乘的时间。(3)综合功能。综合交通枢纽的功能以交通功能为主，提升交通所带来的聚集功能，联合开发休闲、娱乐、商业、办公等产业，构建多元化功能的综合交通体。

按照长江中游城市群现状交通和区位条件，根据国务院关于印发《“十三五”现代综合交通运输体系发展规划》，打造国际性综合交通枢纽、全国性综合交通枢纽、区域性综合交通枢纽和地区性综合交通枢纽四个层次，加强机场、铁路、水路、公路等客运站等对外交通枢纽建设及运输方式衔接，保障长江中游城市群畅通的对外辐射，提升交通运输效率。建设武汉国际性综合交通枢纽，提升长沙、南昌、九江、上饶、襄阳、岳阳、宜昌全国性综合交通枢纽功能，推进咸宁、岳阳、株洲、湘潭等区域性综合交通枢纽建设，提升对周边的辐射带动能力，加强对综合运输重要通道和全国性综合交通枢纽的支撑(见表 8-1)。

(1)国际性综合交通枢纽。

建设武汉国际性综合交通枢纽，加强国际交流与国际往来，增强中转服务综合服务功能，加强武汉天河国际机场国际性交通枢纽与长江中游城市群其他城市和产业地区的交通联系，进而优化空间结构；打造全球畅通、高效衔接、功能完善的交通枢纽。

表 8-1　　长江中游城市群区域综合交通枢纽等级层次

类别	城市
国际性综合交通枢纽	武汉
全国性综合交通枢纽	长沙、南昌、九江、上饶、襄阳、岳阳、宜昌
区域性综合交通枢纽	黄石、黄冈、鄂州、孝感、咸宁、仙桃、天门、潜江、荆州、荆门、益阳、常德、株洲、湘潭、娄底、郴州、衡阳、景德镇、鹰潭、新余、宜春、萍乡、抚州、吉安
地区性综合交通枢纽	钟祥、京山、茶陵、炎陵、南城、南丰等

(2)全国性综合交通枢纽。

提升长沙、南昌、九江的交通枢纽功能，推进建设上饶、襄阳、岳阳和宜昌综合交通枢纽，科学确定综合交通枢纽的布局与功能定位，建设成为长江中游城市群区域内综合交通骨架网较高层次的交通枢纽，促进各种交通模式协调高效运行，扩大枢纽辐射范围。构建跨区域人流和国家战略物流集散和中转枢纽，进而提高长江中游城市群竞争力和参与全球竞争的重要基础设施。

(3)区域性综合交通枢纽。

黄石、黄冈、鄂州、仙桃、衡阳、鹰潭、宜春等城市建设成为综合交通网络第三个层次的节点，作为区域性集散中心，通过铁路、公路等多种交通模式衔接，加强全国性综合交通枢纽的支撑，强化推动长江中游城市群经济一体化发展。

(4)地区性综合交通枢纽。

钟祥、京山、茶陵、炎陵、南城、南丰等县市建设成为地区性综合交通枢纽，是综合交通枢纽的基础层，对综合交通系统起着重要的基础性作用，作为地区性集散中心，有助于承担铁路、公路等多种交通模式的有效衔接，增强地区交通联系，加快区域经济协调发展。

8.2.3 强化运输服务一体化

建设以航空和高速铁路为主的跨区域快速客运网络，建设综合客运体系，构建以高铁、城际轨道、高速公路为依托，以普通公路为补充，促进各种运输模式间的无缝衔接的区内城际旅客运输网络；完善以地铁、常规公交、出租汽车、农村客运为一体的城乡公共交通运输网络，实现运输一体化发展。

1. 推行信息服务“畅行长江中游城市群”

推进公共交通“一卡通”跨区(市)域、跨多种运输方式互通。建议推进长江中游城市群各城市间公共交通互连互通，地级以上城市公共交通IC卡联网，建立规范的公交“一卡通”服务平台，实行长江中游城市群统一结算。在武汉、长沙和南昌三市试行后，逐步拓展到其他地级市，在地铁、公交、城际轨道、道路等交通模式相互衔接的时刻表，实现“一卡通”。到2030年实施统一票务和衔接针对火车和汽车的时刻表，实现长江中游城市群城市公共交通“一卡通”，提高服务意识和积极培训，有助于改善公共交通系统，推进交通空间移动互联网化。

2. 实时出行信息

满足乘客能够高效出行服务，需要提供实时的出行信息。长江中游城市群加快公众信息服务系统和道路运输信息采集系统建设，建立共享机制，提供“一站式”公众信息服务。在交互式网站上，提供不同的模式集成的实时信息(停车场、汽车共享、自行车共享、高铁、航空、公交)。同时，在设计信息和票务系统时，应特别注意残疾人乘客需求。国外很多城市和地区都已经进行关注。如在阿姆斯特丹，加强脚踏车和渡船之间的联系，信息已经被放置到优化动态信息板上(DRIPs)，显示了3~4个渡船的出发时间。鼓励互联网企业与交通运输企业、旅游企业、行业协会等完善整合各类交通信息平台，提供综合的实时出行信息服务。

3. 加强合作

在出行信息、推广、票务方面，互操作性的系统(Interoperability)和供应商之间的合作是至关重要的。在实践中，合作通常很难组织和管理。通过不同交通部门、不同运营商直接的协调合作机制，协调经过交通枢纽的多种交通工具的时刻表；协调票价和联票使用机制，重视提供有效的门到门的运输服务，能让出行者从出发到家的最后一米不需要使用私家车，提供便捷的整合性服务会吸引新用户，促进出行模式转换，实现可持续的、无缝衔接的多模式交通体系。公共交通国际联会(The International Association of Public Transport)认为，满足现代城市生活的需要，通过出租车、自行车和汽车，停车设施、信息提供和所有出行相关内容之间发展联合战略伙伴关系，让公共交通真正成为主要出行工具。因此地方、区域交通部门和运营商以及旅游机构等多部门，构建协调合作机制，在实现互惠共赢的基础上，为乘客提供便利出行。

8.3　高铁时代武汉城市圈多模式交通

武汉具有区位优势和发展潜力，作为区域中心城市、国家中心城市，到未来的世界城市，对其区域铁路规划提出更高的要求，但在中部地区综合交通枢纽的地位却日益下滑。主要原因在于武汉市高铁站规划选址、机场扩建等方面常以独立分散发展模式，缺乏统筹协调发展模式。因此建议高铁与城市对内、对外交通的多模式交通的一体化综合客运交通系统，充分发挥各交通方式的优势互补、合作共赢，降低交通成本，减少小汽车大量使用，缓解城市交通压力，促进城市环境发展和机动化交通，促进环境友好、交通网络秩序化，实现综合运输系统经济、社会、环境整体效益的最大化。多模式联运有助于加速人流、资金流、信息流资源要素在城市群及城市间的流动，加快中心城市和城市群建设，进而改善区域经济发展非均衡的问题，缩小区域发展差异，促进区域协同发展。

8.3.1　坚持多模式交通协调发展，构建全国综合交通枢纽城市

坚持多种模式的协调发展理念，有效发挥各自的优势，形成和谐交通运输体系。以国际航空机场为核心，以长短距离相结合的高速铁路建设为骨干，以城际铁路为枝干，以城市轨道交通为次干支，以地面高速公路和城市快速路等为辅助，完善武汉市对外交通体系结构，形成航空、铁路、公路、水运多种模式协调发展的格局。这些模式都有其对应的消费群体和最佳服务区域范围，通过科学配置可以获得最大的综合效益。

均衡武汉市交通需求，在建成区西部设立汉阳火车站，承接西北(西安)—东南(福州/厦门)高速铁路通道的建设，作为西部综合交通枢纽，目前连接汉阳火车站的地铁4号线已建成。2020年8月30日，光谷站定名武汉东站；2022年8月12日，武汉东站通车运营，主要承担黄冈、黄石和咸宁的城际列车和京九沿线旅客列车。汉口火车站是武汉铁路的主要客运站，兼顾南北向车流，以及沪汉蓉方向的快速交通运输。武昌站综合客运枢纽是武汉铁路的辅助客运站(干线)，主要承担既有普速旅客列车和市郊列车作业，以及江南的主要城际铁路功能。武汉站主要服务于南北向京广客运专线快速列车，兼顾东北向、东西向普速旅客列车。所以，对于武汉市的整体格局而言，西南方向的发展有所缺陷和不足，在现有的格局和形式下，西南区域功能较为薄弱。因此，在西南区域建立新的汉阳火车站来加强武汉市主城区内不同区域之间的联系，以及武汉市对外联系是十分必要的。

武汉市天河机场具有优越的区域优势，是中国综合交通骨架网络最高层次的节点，是跨区域人流和物流的运输中集散、中转枢纽，是提高长江中游城市群国际竞争力、参与经济全球化的重要基础设施，客货流量大、集散作用强、辐射范围广。2017年8月31日，武汉天河国际机场T3航站楼正式启用，力争把天河机场发展成国家骨干机场。空铁联运增加机场可

达空间，例如，假设武汉天河机场设置高铁站，2 小时内可达 141 个县市区，可达人口增至 8799 万，扩大 3.3 倍；可达经济总量为 42347 亿元，扩大 3.1 倍。满足旅客中长距离的出行需求，增加航空和高铁的客源，便利旅客出行，扩大城市交流圈。同时武汉市肩负中部崛起和带动西部发展的国家使命，建立和稳固国家中心城市地位，必须加强出行链中的龙头，即航空运输的国际化程度，形成以点(航空枢纽)带线(高铁)，以线(高铁)带面(服务腹地)，建立稳定的对外辐射区域，成为全国性综合交通枢纽。

8.3.2 加强对外交通模式之间的高效衔接

高铁时代城市各种交通运输方式较为齐全，航空、铁路、公路共同发展，成为高铁时代城市交通运输的特点和优势。因此建议高铁与城市内外部交通的多模式交通的一体化综合客运交通系统，实现高铁与航空的双赢，加强区域交通一体化的公路运输服务，统筹协调发展。

1. 高铁与区域公路运输

高铁时代区域综合交通一体化提供了良好的外部可达性。高铁可提高城市可达性，但仍有一些地区可达性较差，偏远的、未与高铁连接的地区比中心城市可达性差。提高可达性可以进一步扩展经济强势地区的腹地，因此要确保经济均衡发展，必须配合适当的交通发展战略。因为高铁的直接影响是提高可达性，但是经济强势的地区在竞争中，往往比刚刚得到改善的地区更有优势。为消除地区间交通网络差别，应增强武汉、长沙、南昌等中心城市、副中心城市与小城镇之间的交通联系，尤其应加强未通高铁县市的联系，发展铁路廊道经济带，规划和建设公路运输枢纽，提高运输服务能力和水平，加强区域交通一体化的公路运输服务，避免经济过度集聚于经济强势地区。

2. 铁路联运

武汉市南北向京广高铁、东西向沪汉蓉通道和斜向武九客运专线运行后，武汉到达京津冀城市群、东部长三角城市群、福州所在的海峡西岸城市群铁路运行时间缩小 50%以上，但武汉市铁路路网结构有待优化。中部地区的郑州和长沙均有两条时速 350km 以上铁路，而武汉只有一条南北京广高速铁路，虽东西向沪汉蓉通道 2014 年全线开通，但是西段武汉到重庆、成都受到客货共线时速 160km 的影响，宜昌到利川段时速为 160km，东段武汉到南京的最高时速也只有 250km，在快速便捷性方面没有优势。

因此建议整合《中长期铁路网规划》《长江中游城市群综合交通规划》等，建设设计时速为 350km 以上的沿江高速铁路，构建斜线连接西安、青岛、南宁、宁波等路网快速干线，满足武汉市东西向和斜线方向的快速交通，形成多条放射状客运专线或城际铁路的综合交通枢纽。通过西安—武汉—福州斜向的高铁连接，沟通我国的中部地区、西北地区与东南地区，实现加强长江中游城市群、宁夏沿黄城市群、兰西城市群、关中城市群、海峡西岸城市群的合作交流，东西向沿江高铁建设，有助于推动中国东、中、西三个区域的经济活动，承担着长江经济带综合性运输的重任，带动整个长江经济带的发展。优化完善武汉铁路网结构，对于促进中部崛起、西部大开发和东、中、西三个区域的互动互补协调合作，实现国家的长江经济带的发展策略，统筹区域经济协调发展具有非常重要的战略意义。

建立高铁、城铁的“双铁”高效衔接。突出交通一体化衔接，强化综合换乘交通枢纽的建设，以武汉为核心，以城际铁路连接武汉和城市圈内的黄石、鄂州、黄冈、孝感、咸宁、仙桃、天门和潜江市，城市圈内形成环形联络线和延伸线，形成“放射线加环线”的网络交通结构，实现武汉至 8 市“1 小时交通圈”和城市圈内各城市间“2 小时交通圈”，实现同城化效应。以高铁联系武汉和省外重点城市，减少接驳换乘时间。高铁与公路、普铁、城际铁路的一体化联运，打破行政区划限制，有助于实现区域经济协调发展。

3. 空铁联运

武汉综合交通发展缺乏统筹协调发展，铁路、城轨、机场、地铁等各自单独规划，缺乏系统的综合交通规划，互相衔接和配套不到位。尤其铁路与航空缺乏有效衔接，减少枢纽的整体竞争力。武汉天河机场位于城市北部，与汉口站直线距离约为17km，距离武昌站和武汉站约为28km，武汉市铁路枢纽与天河机场衔接上，以汉口站到孝感的汉孝城际铁路为主，武汉站到天河机场仅有上午8点一班城际列车。人们的出行方式至少需要一种公共交通，如火车、飞机、公共汽车、各种轨道交通和出租车，火车站和机场成为城市间的换乘平台。对于一个城市来说，火车站是通往另外一个地域的大门；对于火车来说，它则是进入城市的大门(让·马里·杜蒂业，2006)。

研究飞行时间与地面交通占全程时间的比例关系，长途飞行所需地面交通时间约占全程时间的20%，短途飞行旅客需要忍受50%甚至大于50%的地面交通时间。把铁路直接引进机场，建成综合交通枢纽为旅客提供无缝空铁联运服务，是实现“门到门”服务的最佳方案。因此建议综合交通规划中实现空铁联运。空铁联运是指航空运输与铁路运输之间协作的一种联合运输方式，参与者包括民航机场、航空公司、铁路系统等。空铁联运是提供“门到门”的运输服务，因为机场与城市之间地面交通的“第一米”和“最后一米”是旅客出行最为困扰的(见图8.4)。

高铁与航空联运是空铁联运的主要形式，是通过地面交通接驳的方式将高铁旅客载至或送出机场，改善高铁出现后对航空运输的竞争关系，与高铁联合发展，实现优势互补的大型机场与高铁无缝换乘，为乘客提供高效的一体化运输服务。

高速铁路网主要服务于国内或国内短途旅客运输，而枢纽机场的航空运输则侧重于国际和国内长途运输，从而发挥“双高”的速度优势，拓展航空运输和铁路运输各自的辐射圈。国外较成功的案例有法国巴黎戴高乐机场，斯德哥尔摩阿兰达国际机场，德国法兰克福机场衔接城市轨道交通、高速铁路网衔接，构成高速铁路网的枢纽站，为乘客提供无缝换乘服务。

因此建议整合天河机场与铁路网络，形成机场衔接高速铁路、城市轨道交通、高速公路等多种交通模式的机场交通枢纽，增强高铁站和机场对

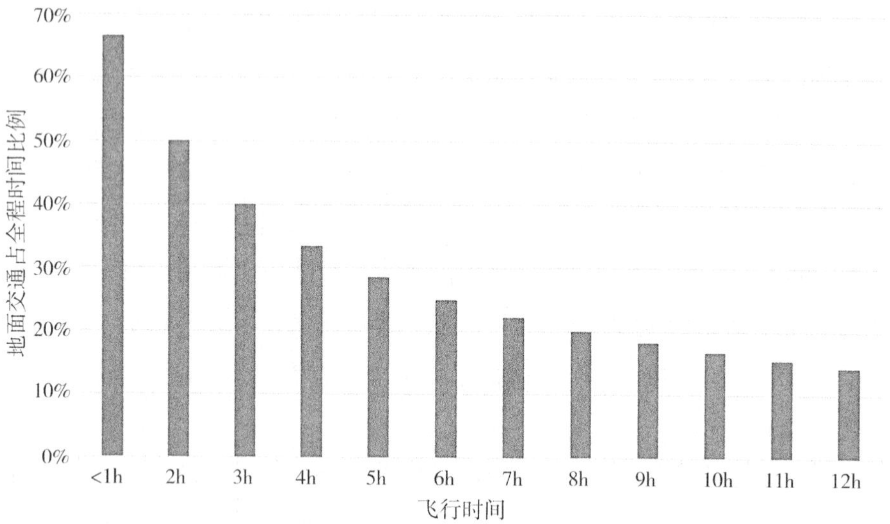

图8.4　飞行时间与地面交通占全程时间的比例关系

区域的辐射能力，缩短各客运枢纽的时空距离，促进城市、区域间交流与合作，强大客运市场，为旅客提供多种出行的可能，增强区域经济联系度。远期在天河机场设置高铁站，通过空铁联合实现无缝换乘，扩大武汉对外交通服务的腹地范围。空铁联运模式使得两种对外交通方式优势互补，实现航空和高铁共赢，提高机场地面可达系统的机动性，利用高铁服务输送国际航线客流，增强航空枢纽的吸引力(见图8.5)。

此外，空铁联运不仅是机场、铁路网络等硬件设施的联合，更体现在提供行李联运、火车站的到发车时间与航班的起降时间衔接、网络订票系统等"软服务"，为旅客提供一体化的无缝换乘服务。因此建议整合机场与铁路相关的硬件基础设施，提供联运信息服务、联运票务服务、行李联运等服务，为旅客提供全程一体化的"无缝出行"服务。

4. 航空联运

国内目前以点对点航空出行系统为主，点对点出行方式虽然相对来说较为便利，但仅适于小型飞机和短途出行，且人均花费较高，环境污染

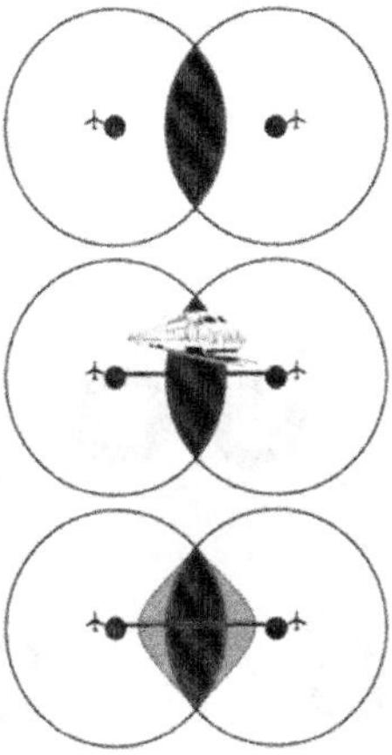

图 8.5 高铁建设扩大机场腹地

图片来源：Terpstra I，Lijesen M G(2015)

大。整合国内航空出行方式，改变现状点到点出行，转化为机场枢纽联运模式，通过小型飞机和地面快速交通运输方式(高铁)接驳，把旅客运输至机场枢纽，利用大型飞机国际或远途飞行，不仅能保证飞机尽可能满舱，同时降低相对距离较远区域间出行成本，减少环境污染。因此以武汉天河机场为长江中游城市群协同发展的新引擎，带动地区发展。加快天河机场建设，完善天河国际机场服务功能，与宜昌昌北机场、长沙黄花国际机场等形成合理定位，优势互补、协调发展的区域机场群。加强各机场的配套设施建设和集疏运系统建设，将武汉天河国际机场打造成国家大型骨干机场，打造干支结合、长短互补、协调发展的机场体系(见图 8.6)。

8.3.3 优化完善高铁与武汉市内交通系统的衔接

国外重视高铁与城市内部交通衔接，如欧洲高铁系统，将巴黎和其他欧洲重要节点城市联系起来，并与城市的有轨电车系统建立无缝衔接，提供了与私人汽车竞争的方便一体化的公共交通系统(彼得·霍尔等，2014)。武汉市对于改善公共交通的出行，主要在于改善公交车和城市轨

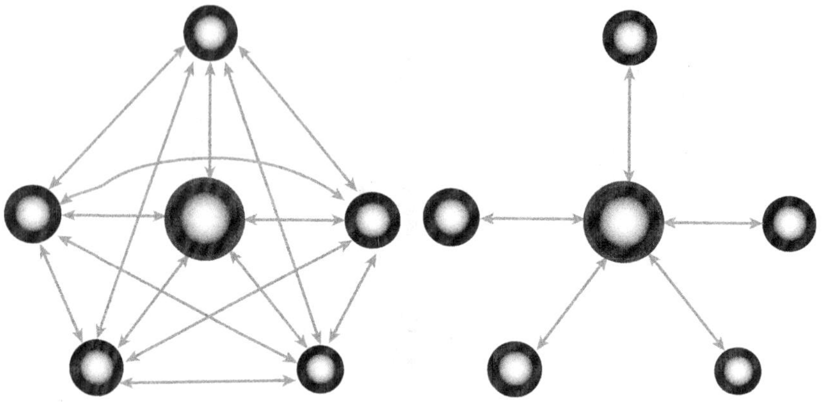

（1）点对点（point to point）航空系统　　（2）机场枢纽（hub & spoke）系统

图 8.6　整合航空出行系统

道交通的出行。由于公共交通仍是武汉市居民出行的主要交通方式，面对着高铁出行时间的缩短，市内公共交通的出行时间在整个出行中就显得尤为重要。武汉市的交通拥堵现象已成为一个长期以来难以克服的问题，改善公共交通的出行，优化小汽车、公共交通、慢行系统等之间的接驳和换乘设施，进而形成多样化的城市内部交通系统，以缓解目前的交通问题，实现公共交通与高铁的无缝对接，改善武汉市内的交通出行。

1. 增加快速公交系统

武汉存在火车站分散布局降低集聚效应的问题。武汉铁路枢纽一线一站，分工明确。如武汉站选址主要考虑南北向京广高铁，武昌站主要是承担普速列车和城际铁路的功能。但枢纽分散布局增加换乘接驳的时间和成本，导致基础配套服务设施分散等问题。目前接驳高铁站的交通模式中，公交服务质量差，缺乏联系主要空间节点的快速公交系统，需要加强高铁与城市内部交通衔接。因此建议城市交通应发展公共交通为主，增强高铁与城市轨道交通、市郊铁路、高速公路等网络以及慢行交通的高效衔接。加强高铁站与城市交通网络的衔接，确保高铁站客流的快速换乘，实现高铁与城市轨道交通等交通网络"零距离换乘"的交通运输一体化。现有轨道交通线网规划中，由于停站较多，运行速度受限，需加强武汉高铁站与其他主要对外交通站点的快速连接线路，建议加开快速、少经停或者直达的快线轨道交通，对一些客流量较大的目的地，重要的旅游景点和城市节点，例如黄鹤楼、户部巷、武汉大学、光谷广场等，武昌火车站、汉口火车站等交通枢纽，通过常规公交系统和增开直达轨道交通或特快专线，连接武汉市区各主要出行需求节点，开通武汉站与武昌、汉口、汉阳站、光谷站、重要节点、景点的快线轨道或公交廊道，实现高铁与城市内交通的快速衔接。此外，对新建设光谷站、新汉阳站等枢纽，构建环武汉市的高速衔接专用铁路环路，增强铁路枢纽的快速连接。

2. 完善交通服务设施的建设

在公交站点、轨道交通站点、火车站以及城市内人流较多的区域，应建立完善的交通设施，提供足够的出行信息，以方便市民出行，提高出行的便利度。同时，利用好目前共享单车，实现公共自行车与公交车、轨道交通连接的多模式公共交通出行。

总之，随着科技进步，多种交通方式出现(飞机、高铁、小汽车等)，大量小汽车使用，引发温室效应、噪音和拥挤等问题，多模式交通出行是最佳解决问题的方式。在增加交通网络覆盖率、优化网络化系统的同时，由互连互通转变为多联多通，整合城市群交通大网络(航空、铁路系统)与城市交通小网络(城际铁路、城市轨道交通、市内公交、高速公路、自行车等)之间多种交通方式，强化模式交通衔接出行。因为只有合作才能避免竞争带来的资源重复与浪费，合作模式在各种交通工具间优势互补、相互合作下达成协调均衡发展，实现绿色交通，缓解能源危机，对绿色生态环境建设有重要的现实意义。目前，公路、铁路和航空因合作意识尚缺，缺乏合作机制，因此建议联运合作各交通模式，通过强化城市群多模式出行，实现经济效益、环境效益和社会效益的统一。

8.4　本章小结

本章重点在三个空间尺度上，探讨城市群发展政策建议和空间发展策略。在全国尺度，提出加快编制城市群发展规划、强化集聚、集约紧凑等中国城市群空间发展总策略；四大分区的城市群空间发展策略和空间组织结构。在长江中游城市群上，提出构建“极核-走廊-网络”的空间复合发展模式、统筹交通基础设施建设和强化运输服务一体化的建议。在武汉城市圈尺度上，强化多模式交通，加强对外交通模式间的高效衔接和优化完善高铁与武汉市内交通系统的衔接。建议多模式成为法定的交通规划的主要内容之一，在空间设计上、在硬件配置和管理等方面提出规划和实施措施，促进城市群空间经济高效发展。

第9章 中国城市群概况

目前，城市群主体形态建设是新亮点之一，城市群研究已经成为国内外学者研究的热点问题。我国“十一五”规划纲要和“十二五”规划纲要在积极稳妥推进城镇化方面，原则性提出要发挥城市群的作用。目前，城市群作为带动地区发展的增长极，受到政府和学术界的重视。中国政府和学术界分别探讨中国城市群数量，住建部在《全国城镇体系规划纲要》提出的三大都市连绵区和13个城镇群，学术界中国社会科学院在《2006年城市竞争力蓝皮书》论述了15个城市群，中国科学院地理科学与资源研究所在《2010中国城市群发展报告》谈及了23大城市群。“十三五”规划纲要提及的城市群数量为19个，据此对比分析中国城市群。

9.1 中国城市群发展现状与趋势

截至2018年3月，国务院已经批复长江中游城市群、关中平原、兰西、呼包鄂榆等9个城市群发展规划，具体批复和印发时间等见表9-1。

表9-1　**国务院已批复9个城市群**

批复国家级城市群	批复时间	印发时间	国家发展改革委印发资料文件
长江中游城市群	2015-03-26	2015-04-13	《国家发展改革委关于印发长江中游城市群发展规划的通知》

续表

批复国家级城市群	批复时间	印发时间	国家发展改革委印发资料文件
哈长城市群	2016-02-23	2016-03-07	《国家发改委关于印发哈长城市群发展规划的通知》
成渝城市群	2016-04-12	2016-04-27	《国家发改委、住房和城乡建设部关于印发成渝城市群发展规划的通知》
长江三角洲城市群	2016-05-22	2016-06-01	《国家发改委、住房城乡和建设部关于印发长江三角洲城市群发展规划的通知》
中原城市群	2016-12-28	2016-12-29	《国家发改委关于印发中原城市群发展规划的通知》
北部湾城市群	2017-01-20	2017-02-10	《国家发改委、住房和城乡建设部关于印发北部湾城市群发展规划的通知》
关中平原城市群	2018-01-09	2018-02-02	《国家发改委、住房和城乡建设部关于印发关中平原城市群发展规划的通知》
兰西城市群	—	2018-03-13	《国家发改委、住房和城乡建设部关于印发兰州—西宁城市群发展规划的通知》
呼包鄂榆城市群	2018-02-05	2018-02-27	《国家发改委关于印发呼包鄂榆城市群发展规划的通知》

2016年11月27日国家发展改革委印发《国家发展改革委办公厅关于加快城市群规划编制工作的通知》，提出尽快编制跨省级行政区城市群规划、边疆地区城市群规划和省域内城市群规划，见表9-2。

表9-2　部分城市群规划编制工作安排一览表

城市群类别	城市群名称	编制主体
跨省级行政区城市群	珠三角湾区、海峡西岸、关中平原、兰州-西宁、呼包鄂榆	国家发展改革委会同有关部门编制，报国务院批准
边疆地区城市群	滇中、天山北坡	国家发展改革委指导相关地区编制
省内城市群	山东半岛、黔中、宁夏沿黄、辽中南、山西中部	省级人民政府编制，报备国家发展改革委

资料来源：《国家发展改革委办公厅关于加快城市群规划编制工作的通知》。

城市群主体形态建设呈现新亮点，中国各城市群间，在人口与经济密度、集聚度和发育度以及城镇化水平等诸多方面存在较大差异、非均衡性、异质性和竞争性，19个城市群差异明显，中国各城市群具体情况见表9-3。

表 9-3　**中国城市群总汇(2018 年 3 月)**

城市群类别	名称	包含省(区市)	人口(亿)占比	面积(万 km^2)	GDP(万亿)	包含城市、地区	备注	时间
国家级别城市群(国际级)	长江三角洲城市群	上海	1.5 2.2%	21.17 18.5%	12.67 11.0%	上海(特大)	《长江三角洲城市群发展规划》(发改委)	2016 年 6 月
		江苏				南京、无锡、常州、苏州、南通、盐城、扬州、镇江、泰州		
		浙江				杭州、宁波、嘉兴、湖州、绍兴、金华、舟山、台州		
		安徽				合肥、芜湖、马鞍山、铜陵、安庆、滁州、池州、宣城		
	京津冀城市群	北京				北京	根据百度百科	
		天津				天津		
		河北				石家庄、保定、张家口、秦皇岛、唐山、廊坊、沧州、承德		
	珠江三角洲城市群	广东	0.423	4.1698		广州、深圳、珠海、佛山、江门、东莞、中山、惠州、肇庆、汕尾、清远、河源、阳江、云浮	根据百度百科	

续表

城市群类别	名称	包含省(区市)	人口(亿)占比	面积(万 km^2)	GDP(万亿)	包含城市、地区	备注	时间
跨省级行政区城市群	长江中游城市群	湖北	1.21 8.8%	31.7 3.3%	6 8.8%	武汉、黄石、鄂州、黄冈、孝感、咸宁、仙桃、潜江、天门、襄阳、宜昌、荆州、荆门	《长江中游城市群发展规划》(发改委)	2015年4月
		湖南				长沙、株洲、湘潭、岳阳、益阳、常德、衡阳、娄底		
		江西				南昌、九江、景德镇、鹰潭、新余、宜春、萍乡、上饶及抚州、吉安的部分县(区)		
	戌渝城市群	四川	0.9094 6.65%	18.5 1.92%	3.76 5.49%	成都、自贡、泸州、德阳、绵阳(除北川县、平武县)、遂宁、内江、乐山、南充、眉山、宜宾、广安、达州(除万源)、雅安(除天全县、宝兴县)、资阳	《成渝城市群发展规划》(发改委)	2016年4月
		重庆				渝中、万州、黔江、涪陵、大渡口、江北、沙坪坝、九龙坡、南岸、北碚、綦江、大足、渝北、巴南、长寿、江津、合川、永川、南川、潼南、铜梁、荣昌、璧山、梁平、丰都、垫江、忠县		
	哈长城市群	黑龙江	0.2	5.11		哈尔滨、大庆、齐齐哈尔、绥化、牡丹江	《哈长城市群发展规划》(发改委)	2016年3月
		吉林				长春、吉林、四平、辽源、松原、延边朝鲜族自治州		

续表

城市群类别	名称	包含省(区市)	人口(亿)占比	面积(万km²)	GDP(万亿)	包含城市、地区	备注	时间
跨省级行政区城市群	海峡西岸城市群	福建				福州、厦门、泉州、莆田、漳州、三明、龙岩、南平、宁德	根据百度百科	
		广东				汕头、揭阳、潮州、梅州		
		江西				抚州市、上饶市、鹰潭市、赣州市		
		浙江				温州市、丽水市、衢州市		
	中原城市群	河南				郑州、开封、洛阳、平顶山、新乡、焦作、许昌、漯河、济源、鹤壁、商丘、周口	《中原城市群发展规划》(发改委)	2016年12月
		山西				晋城		
		安徽省				亳州		
	关中平原城市群	陕西	0.3863 2.79%	10.71 1.12%	1.59 2.14%	西安、咸阳、宝鸡、渭南、铜川	《关中平原城市群发展规划》	2018年1月
		山西				运城		
		甘肃				天水、平凉		
	兰西城市群	甘肃	0.1193	9.75	0.4874	兰州、白银、定西	《兰州—西宁城市群发展规划》(发改委)	2018年2月
		青海				西宁、海东		
	呼包鄂榆城市群	内蒙古	0.1138 0.8%	17.5 1.8%	1.423 1.9%	包头、呼和浩特、鄂尔多斯	《呼包鄂榆城市群发展规划》(发改委)	2018年2月
		陕西				榆林		

续表

城市群类别	名称	包含省(区市)	人口(亿)占比	面积(万 km^2)	GDP(万亿)	包含城市、地区	备注	时间
省内城市群	北部湾城市群	广西	0.4141 3.01%	11.66	1.6295 2.25%	南宁、北海、钦州、防城港、玉林、崇左	《北部湾城市群发展规划》(发改委)	2017 年 2 月
		广东				湛江、茂名、阳江		
		海南				海口、儋州、东方、澄迈县、临高县、昌江县		
	山东半岛城市群	山东				榆林、济南、青岛、烟台、淄博、威海、潍坊、东营、日照	根据百度百科	
	黔中城市群	贵州				贵阳、遵义、安顺 根据“十三五”城市群空间分布示意图划定	缺	
	宁夏沿黄城市群	宁夏				银川、石嘴山、乌海 根据“十三五”城市群空间分布示意图划定	缺	
	辽中南城市群	辽宁				沈阳、大连、鞍山、抚顺、本溪、丹东、辽阳、营口、盘锦、铁岭、锦州、葫芦岛、阜新	缺	
	山西中部城市群					吕梁、太原、晋中、忻州 根据“十三五”城市群空间分布示意图划定	缺	
边疆地区城市群	天山北坡城市群	新疆				乌鲁木齐市、克拉玛依市 根据“十三五”城市群空间分布示意图划定	缺	
	滇中城市群	云南				昆明、曲靖、玉溪 根据“十三五”城市群空间分布示意图划定	缺	

9.2　综合经济实力、高铁运营里程比较

表9-4是19个城市群经济实力和高铁运营里程的比较，包括以下几个方面：

(1)城市群之间分化明显，19个城市群表现出发展极为不均衡性。东部城市群综合竞争力优势明显，经济总量和规模远超其他城市群，长三角、珠三角、京津冀城市群已经作为中国经济空间的重要主体支撑。长三角城市群GDP总值为115819亿元，居19个城市群之首，其次是京津冀和珠三角城市群GDP总值分别为56474和55506亿元；人均GDP最高的是珠三角城市群为人均130127元；从地均GDP来看，长三角、珠三角、京津冀、山东半岛城市群分别为每平方公里5551万元、5878万元、3075万元和4595万元，远高于其他15个城市群。

表9-4　　中国19个城市群基本情况

	HSR (km)	人口 (万人)	GDP (亿元)	人均GDP (元/人)	建成区面积 (km^2)	单位从业人员 (万人)	国土面积 (km^2)	地均GDP (万元/km^2)
长三角	1743	12713	115819	91102	5463	3104	20.9	5551
京津冀	1193	7541	56474	74894	3078	1534	18.4	3075
珠三角	740	4266	55506	130127	3020	1635	9.4	5878
长江中游	2454	12844	54762	42636	3087	1460	34.3	1596
海峡西岸	1901	9197	37159	40406	1966	1078	27.3	1362
成渝	364	10305	35263	34221	2507	1805	21.2	1661
山东半岛	438	4077	34373	84302	1892	727	7.5	4595
辽中南	869	3899	28785	73831	1866	652	17.5	1647
中原	717	7560	24250	32078	1414	770	9.9	2438

续表

	HSR (km)	人口 (万人)	GDP (亿元)	人均 GDP (元/人)	建成区面积 (km^2)	单位从业人员 (万人)	国土面积 (km^2)	地均 GDP (万元/km^2)
哈长	529	4565	24011	52596	1658	522	27.8	862
北部湾	380	4056	11725	28910	904	328	10.1	1160
关中平原	472	2546	10150	39866	706	358	7.1	1433
呼包鄂榆	0	836	9060	108375	486	126	8.9	1023
滇中	0	1403	6102	43478	499	215	6.5	936
山西中部	230	1403	5318	37899	429	200	7.0	763
黔中	0	1443	4099	28404	357	155	4.8	853
兰西	0	1073	3470	32357	375	136	6.2	558
天山北坡	0	301	3056	101595	455	87	2.2	1420
宁夏沿黄	0	305	2306	75717	315	55	1.6	1433
总计	12031	90331	521688	57753	30477	14946	249	2099

在19个城市群长江中游城市群所占国土面积和人口最多，为34.3万km^2和12844万人，但整体经济实力却不及长三角、京津冀和珠三角城市群，经济发展程度相对落后。长江中游城市群虽然GDP总值较高，有54762亿元，但人均和地均分别为42636元和每平方公里1596万元，远小于长三角、京津冀和珠三角城市群；全国城市群人均GDP和地均GDP值分别为57753万元和2099万元，长江中游城市群低于全国的人均和地均GDP值。长三角、京津冀、珠三角、长江中游、海峡西岸和成渝城市群集聚较多的单位从业人员且辖区建成区面积也较多，其中长三角城市群吸引人数为3104万人、辖区建成面积为5463km^2，都居于首位。

(2)城市群内高铁运营里程与经济总量大致上呈正比，即经济较发达的城市群能够得到更好的高铁服务。高铁运营里程与GDP贡献量有关，呼包鄂榆、滇中、黔中、兰西、天山北坡、宁夏炎黄城市群位于西部欠发达地区，且未开通高铁。长三角、京津冀、珠三角、长江中游和海峡西岸城市群内高铁运营里程相对较多，分别为 1743km、1193km、740km、2454km、1901km，其中长三角、京津冀、珠三角和海峡西岸城市群位于东部较发达地区，长江中游城市群位于中部地区且高铁运营里程最多，有助于通过高铁网络连接，起到承东启西和贯通南北的作用，有助于实现区域协调发展。

表 9-5 是 19 个城市群各属性值占全国的比重，结果显示：

表 9-5　　　　城市群各属性占全国比例(%)

	HSR	人口	GDP	人均 GDP	建成区面积	单位从业人员	国土面积	地均 GDP
长三角	11.7	9.9	18.4	184.9	15.0	17.1	4.4	421.4
京津冀	8.0	5.9	9.0	152.0	8.4	8.5	3.8	233.4
珠三角	5.0	3.3	8.8	264.1	8.3	9.0	2.0	446.2
长江中游	16.4	10.1	8.7	86.5	8.5	8.0	7.2	121.2
海峡西岸	12.7	7.2	5.9	82.0	5.4	5.9	5.7	103.4
成渝	2.4	8.1	5.6	69.4	6.9	9.9	4.4	126.1
山东半岛	2.9	3.2	5.5	171.1	5.2	4.0	1.6	348.8
辽中南	5.8	3.1	4.6	149.8	5.1	3.6	3.7	125.0
中原	4.8	5.9	3.9	65.1	3.9	4.2	2.1	185.1
哈长	3.5	3.6	3.8	106.7	4.5	2.9	5.8	65.5
北部湾	2.5	3.2	1.9	58.7	2.5	1.8	2.1	88.0
关中平原	3.2	2.0	1.6	80.9	1.9	2.0	1.5	108.8
呼包鄂榆	0	0.7	1.4	219.9	1.3	0.7	1.9	77.7
滇中	0	1.1	1.0	88.2	1.4	1.2	1.4	71.0
山西中部	1.5	1.1	0.8	76.9	1.2	1.1	1.5	57.9
黔中	0	1.1	0.7	57.6	1.0	0.9	1.0	64.7

续表

	HSR	人口	GDP	人均GDP	建成区面积	单位从业人员	国土面积	地均GDP
兰西	0	0.8	0.6	65.7	1.0	0.8	1.3	42.3
天山北坡	0	0.2	0.5	206.2	1.2	0.5	0.5	107.8
宁夏炎黄	0	0.2	0.4	153.6	0.9	0.3	0.3	108.8
占全国比例	80.6	70.7	82.8	117.2	83.6	82.4	52.0	159.3

(1)长三角、珠三角、京津冀三大城市群是东部乃至全国的经济增长引擎与中心。三个城市群建设完成了24.7%的全国高铁运营里程；集聚了19.2%的全国总人口；创造了高达36.2%的地区生产总值；占用31.7%的全国辖区建成区面积；仅占用约10.2%的全国国土面积。

(2)长江中游城市群具有良好的区位、经济、交通等条件；长江中游城市群将成为全国重要的经济第四增长极。长江中游城市群建成了16.4%的全国高铁运营里程；集聚了10.1%的全国总人口；创造了高达8.7%的地区生产总值；共计8.5%的全国辖区建成区面积；占用约7.2%的全国国土面积。长江中游城市群后发优势更明显，增长的潜力较大，能实现带动中部崛起和西部地区的快速发展，成为长江经济带发展的重要支撑，为我国经济的平稳快速发展提供动力和支撑。

(3)城市群成为国家的主体形态，通过协同联动，加深产业、环境和文化关联性，提高效率，增强国家整体竞争力，实现区域共赢的目的。19个城市群汇集了80.6%的全国高铁长度；集聚了70.7%的全国总人口；创造了高达82.8%的地区生产总值；占用约52%的全国国土面积。交通基础设施建设尤其是高铁网络的完善建设，未来将共建共享，将有助于减少空间隔阂，强化城市群间的社会经济联系，加强城市间的协作，提高效率，增强经济凝聚力，更有助于资源集约开发优势互补以及生态环境统筹建设发展。

《长三角城市群发展规划》指出“长三角城市群对比中国其他城市群来

说发展质量较高，但中国长三角城市群发展质量相对国外世界级城市群来说并不高，国际竞争力不强。存在以下问题：制造业附加值不高，高技术和服务经济发展相对滞后，高品质的城市创业宜居和商务商业环境亟需营造。城市间分工协作不够，低水平同质化竞争严重，城市群一体化发展的体制机制有待进一步完善”。中国其他城市群的经济发展和经济集中程度较低，同样存在与长三角城市群类似的问题，亟待解决。中国城市群、城市之间存在行政壁垒，在公共服务和基础设施共建方面未形成共建共享，资源开发和利用、生态环境保护方面缺乏统一协调，因此提高我国城市群的质量，重点在于在城市群发展的顶层规划下，城市和城际间高效合作，走区域共赢之路，增强国际竞争力。

城市群已经成为国内外主体形态的空间格局，在少量的国土面积上，集聚国家人口、经济总量，形成集聚的空间布局形态。中国城市群作为城镇化主体形态的空间格局日益清晰，根据“十三五”规划纲要的城市群空间布局图，包括长三角、京津冀、珠三角、哈长、成渝、长江中游城市群、中原城市群等19个城市群。城市群之间差异明显，长三角和珠三角城市群相对较为成熟，京津冀城市群发展相对较好，三大城市群已经成为中国经济空间的重要主体支撑。长江中游城市群相对三大城市群来说，经济发展程度较低，但发展前景较好，后劲足，具有带领中西部地区和长江经济带发展的重要战略地位。创新、协调、绿色、开放、共享5大发展理念中，“协调发展”的首要需求是“推动区域协调发展”，在城市群规划中“区域协调”是重要内容。交通基础设施尤其是高铁在空间发展格局中显示出举足轻重的作用，高铁廊道也是全国区域协调发展的战略措施，在城市群空间发展格局中，形成各城市群发展重要的经济发展轴，通过增强高铁沿线城市辐射带动能力，推动大中小城市和小城镇的合理分工，发挥功能互补，寻求协同发展，促进城乡统筹发展，构建布局合理和高效集约的城市群一体化发展格局。中国需要提高城市群质量，重点在于在城市群发展的顶层规划下，城市和城际间高效合作，走区域共赢之路，增强国际竞争力。

参 考 文 献

[1]埃比尼则·霍华德．明日的田园城市[M]．金经元，译．北京：商务印书馆，2000：13-15.
[2]彼得·霍尔，马克·图德-琼斯．城市和区域规划[M]．北京：中国建筑工业出版社，2014：200-203.
[3]毕秀晶．长三角城市群空间演化研究[D]．上海：华东师范大学，2014.
[4]陈璨．城市群综合运输体系发展方向研究[J]．综合运输，2012，5：7-11.
[5]陈立人，王海斌．长江三角洲地区准都市连绵区刍议[J]．城市规划汇刊，1997，3：31-36.
[6]陈美玲．城市群相关概念的研究探讨[J]．城市发展研究，2011，3：5-8.
[7]陈群元．城市群协调发展研究——以泛长株潭城市群为例 [D]．长春：东北师范大学，2009：46-47.
[8]陈蔚镇，刘滨谊，黄筱敏．基于规划决策的多尺度城市绿地空间分析[J]．城市规划学刊，2012，5：60-65.
[9]陈修颖．区域空间结构重组——理论与实证研究[M]．南京：东南大学出版社，2005：25-28.
[10]陈玉光．城市群形成的条件、特点和动力机制[J]．城市问题，2009，1：18-22.
[11]陈志，刘耀彬．湖北省城市体系空间结构演变及动力机制研究[J].

统计与决策，2005，13：50-52.
[12]初楠臣，姜博，赵映慧，等．城际高铁对未来黑龙江城镇体系空间格局的影响及优化[J]．经济地理，2016，4：78-83.
[13]崔功豪，杜国庆．中国城镇发展研究[M]．北京：中国建筑工业出版社，1992.
[14]崔功豪，魏清泉，陈宗兴．区域分析与规划[M]．北京：高等教育出版社，1999：236.
[15]长江中游城市群亮相博鳌论坛[EB/OL]．[2017-07]．http：//www. chinadaily. com. cn/hqgj/jryw/2013-04-08/content_8694629. html.
[16]戴荔珠，郑艳婷，薛凤旋，等．中国内陆城市群的发展特征及其动力机制研究——以长株潭为例[J]．城市发展研究，2014，10：4-11.
[17]戴学珍，徐敏，李杰．京沪高速铁路对沿线城市效率和空间公平的影响[J]．经济地理，2016，3：72-77.
[18]董青，刘海珍，刘加珍，等．基于空间相互作用的中国城市群体系空间结构研究[J]．经济地理，2010，6：926-932.
[19]段进．国家大型基础设施建设与城市空间发展应对——以高铁与城际综合交通枢纽为例[J]．城市规划学刊，2009，1：33-37.
[20]福田和晓．大都市圈的结构演化[M]．东京：古今书院，1995：14-79.
[21]方大春，孙明月．高铁时代下长三角城市群空间结构重构——基于社会网络分析[J]．经济地理，2015，10：50-56.
[22]方大春，孙明月．高速铁路建设对我国城市空间结构影响研究——以京广高铁沿线城市为例[J]．区域经济评论，2014：136-141.
[23]谷人旭．日本都市经济圈产业联动发展与启示[J]．城市研究，2000，81(2)：55-58.
[24]顾朝林．中国城镇体系——历史·现状·展望[M]．北京：商务印书馆，1992：219-226.
[25]顾朝林，等．概念规划：理论，方法，实例[M]．北京：中国建筑工业出版社，2003.

[26]高惠君，廖佳，郭达志．城市规划空间数据的多尺度特征及其关键问题[J]．测绘工程，2009，3：24-28.
[27]官卫华，姚士谋．城市群空间发展演化态势研究——以福厦城市群为例[J]．现代城市研究，2003，2：82-86.
[28]郭荣朝，苗长虹．基于特色产业簇群的城市群空间结构优化研究[J]．人文地理，2010，5：47-52.
[29]国务院．国家发展改革委关于印发中原城市群发展规划的通知[EB/OL]．[2017-07]．http：//www.ndrc.gov.cn/zcfb/zcfbtz/201701/t20170105_834444.html.
[30]国务院．国家发展改革委住房和城乡建设部关于印发北部湾城市群发展规划的通知[EB/OL]．[2017-07]．http：//www.ndrc.gov.cn/fzgggz/fzgh/zcfg/201702/t20170216_846384.html.
[31]国务院．国家发展改革委住房和城乡建设部关于印发成渝城市群发展规划的通知[EB/OL]．[2017-07]．http：//www.ndrc.gov.cn/zcfb/zcfbtz/201605/t20160504_800779.html.
[32]国务院．国家发展改革委住房和城乡建设部关于印发长江三角洲城市群发展规划的通知.[EB/OL]．[2017-07]．http：//www.ndrc.gov.cn/zcfb/zcfbtz/201606/t20160603_806388.html.
[33]国务院．国家发展改革委关于印发哈长城市群发展规划的通知[EB/OL]．[2017-07]．http：//www.ndrc.gov.cn/zcfb/zcfbtz/201603/t20160311_792497.html.
[34]国务院．国家发展改革委关于印发长江中游城市群发展规划的通知[EB/OL]．[2017-07]．http：//www.ndrc.gov.cn/zcfb/zcfbtz/201504/t20150416_688229.html.
[35]侯雪，刘苏，张文新，等．高铁影响下的京津城际出行行为研究[J]．经济地理，2011，31(9)：1573-1579.
[36]黄旭平．城市群的经济学分析[D]．湘潭：湘潭大学，2002.
[37]黄翌，李陈，欧向军，等．城际“1小时交通圈”地学定量研究——以

上海主城区为例[J]. 地理科学，2013，33(2)：157-166.
[38]韩玉刚，焦化富，李俊峰．基于城市能级提升的安徽江淮城市群空间结构优化研究[J]. 经济地理，2010，7：1101-1106.
[39]何胜，唐承丽，周国华．长江中游城市群空间相互作用研究[J]. 经济地理，2014，4：46-53.
[40]侯明明．高铁影响下的综合交通枢纽建设与地区发展研究[D]. 上海：同济大学，2008.
[41]胡序威．应厘清与城镇化有关的各种地域空间概念[J]. 城市发展研究，2014，11：1-4.
[42]胡盈，张津，刘转花，等．基于引力模型和城市流的长江中游城市群空间联系研究[J]. 现代城市研究，2016，1：52-57.
[43]姜博，初楠臣，修春亮，等．中国"四纵四横"高铁网络可达性综合评估与对比[J]. 地理学报，2016，4：591-604.
[44]姜博，初楠臣．哈大高铁对区域可达性影响及空间格局演变[J]. 城市规划，2015，11：92-98.
[45]李德华．城市规划原理[M]. 北京：中国建筑工业出版社，2004：22-23.
[46]李廉水，Satough R R. 都市圈发展——理论演化·国际经验·北京特色[M]. 北京：科学出版社，2006.
[47]刘易斯·芒福德．城市发展史[M]. 倪文彦，宋俊岭，译．北京：中国建筑工业出版社，2006：132-133.
[48]李红卫，吴志强，易晓峰，等．Global-Region：全球化背景下的城市区域现象[J]. 城市规划，2006，8：31-37.
[49]李曼．京津冀区域经济一体化发展研究[D]. 天津：天津大学，2005：22-25.
[50]李小鹏．欧洲空铁联运模式给我国民航带来的启示[J]. 空运商务，2011，23：47-48.
[51]林森．城市群一体化发展研究[M]. 大连：东北财经出版社，2012：

71-73.
[52]刘莉文，张明．高速铁路对中国城市可达性和区域经济的影响[J]．国际城市规划，2017，4：76-81.
[53]刘莉文，张明．国外高速铁路对区域空间经济的影响研究及启示[J]．国际城市规划，2018(01)：95-100.
[54]刘荣增．城镇密集区及其相关概念研究的回顾与再思考[J]．人文地理，2003，3：13-17.
[55]刘少丽．区域城镇空间布局模式研究[D]．南京：南京师范大学，2005.
[56]刘耀彬，陈志，杨益明．湖北省城市体系空间结构发展研究[J]．华中科技大学学报(城市科学版)，2003，3：53-59.
[57]刘耀彬，张安军，姜晓璐．基于DEA动态聚类的江西省城市群空间整合战略研究[J]．商业研究，2009，10：209-212.
[58]陆大道．关于"点-轴"空间结构系统的形成机理分析[J]．地理科学，2002，22(1)：1-6.
[59]罗震东，朱查松，薛雯雯．基于高铁客流的长江三角洲空间结构再审视[J]．上海城市规划，2015，4：74-80.
[60]倪鹏飞，李超．中国城市竞争力评价[J]．中国经济报告，2014，7：89-92.
[61]倪鹏飞．中国城市竞争力报告[M]．北京：社会科学文献出版社，2006.
[62]宁越敏，唐礼智．城市竞争力的概念和指标体系[J]．现代城市研究，2001，3：19-22.
[63]牛玉，汪德根．城市交通与高铁站接驳系统特征及模式——以苏州和上海为例[J]．旅游学刊，2016，3：106-13.
[64]彭翀，顾朝林．城市化进程下中国城市群空间运行及其机理研究[M]．南京：东南大学出版社，2011，31-32.
[65]彭翀，王静．中部地区城市群空间演化及其机理[J]．规划师，2015，

5：79-85.

[66]仇保兴．紧凑度和多样性——我国城市可持续发展的核心理念[J]．城市规划，2006，11：18-24.

[67]钱铭杰．区域建设用地集约利用模式与评价研究[D]．北京：中国地质大学，2011：60-61.

[68]让·马里·杜蒂业．创造机动化交通的城市——转换中心和城市发展[M]//潘海啸，杜蕾．交通方式和多模式间的转换．上海：同济大学出版社，2006.

[69]沈玉麟．外国城市发展史[M]．北京：中国建筑工业出版社，1991.

[70]申浩，喻冰洁，罗克乾．高铁对于城市空间结构影响初探——以高铁枢纽城市长沙为例[J]．城市建筑，2012：1-2.

[71]沈丽珍，顾朝林．区域流动空间整合与全球城市网络构建[J]．地理科学，2009，6：787-793.

[72]史佳璐．高速铁路对城市空间结构的影响研究[D]．济南：山东师范大学，2015：30-33.

[73]孙庆尧．中原城市群空间联系研究[D]．开封：河南大学，2013：33-37.

[74]汤放华，陈修颖．城市群空间结构演化：机制·特征·格局和模式[M]．北京：中国建筑工业出版社，2010.

[75]王士君，王永超，冯章献．吉林省中部地区中心地空间关系分析[J]．地理科学进展，2012，31(12)：1628-1635.

[76]汪德根，陈田，陆林，等．区域旅游流空间结构的高铁效应及机理——以中国京沪高铁为例[J]．地理学报，2015，2：214-233.

[77]王德，刘锴．上海市一日交流圈的空间特征和动态变化研究[J]．城市规划汇刊，2003，3：3-10.

[78]王发曾，吕金嵘．中原城市群城市竞争力的评价与时空演变[J]．地理研究，2011，1：49-60.

[79]王缉宪，林辰辉．高速铁路对城市空间演变的影响：基于中国特征的

分析思路[J]. 国际城市规划，2011，26(1)：16-23.
[80]王姣娥，丁金学. 高速铁路对中国城市空间结构的影响研究[J]. 国际城市规划，2011，26(6)：49-54.
[81]王晶. 基于绿色换乘的高铁枢纽交通接驳规划理论研究[D]. 天津：天津大学，2011：122-127.
[82]王丽，曹有挥，姚士谋. 高速铁路对城市空间影响研究述评[J]. 长江流域资源与环境，2012，9：1073-1079.
[83]王利伟，冯长春. 转型期京津冀城市群空间扩展格局及其动力机制——基于夜间灯光数据方法[J]. 地理学报，2016，12：2155-2169.
[84]王良健，周克刚，许抄军，等. 基于分形理论的长株潭城市群空间结构特征研究[J]. 地理与地理信息科学，2005，6：74-77.
[85]王伟. 中国三大城市群空间结构及其集合能效研究[D]. 上海：同济大学，2008：45-47.
[86]王颖，孙斌栋，乔森，等. 中国特大城市的多中心空间战略：以上海市为例[J]. 城市规划学刊，2012，2：17-23.
[87]魏后凯. 走向可持续协调发展[M]. 广州：广东经济出版社，2001.
[88]吴良镛. 人居环境科学导论[M]. 北京：中国建筑工业出版社，2001：39-40.
[89]吴良镛. 城市地区理论与中国沿海城市密集地区发展[J]. 城市规划，2003，2：12-16.
[90]吴启焰，陈辉等. 城市空间形态的最低成本——周期扩张规律：以昆明为例[J]. 地理研究，2012，31(3)：484-494.
[91]吴启焰. 城市密集区空间结构特征及演变机制——从城市群到大都市带[J]. 人文地理，1999，1：15-20.
[92]吴玉菡. 宁波区域经济辐射效应研究[D]. 西安：西北工业大学，2007：4-5.
[93]肖金成，袁朱，等. 中国十大城市群[M]. 北京：经济科学出版社，2009：3.

[94]徐凤．空铁复合网络的复杂性及联运网络设计研究[D]．南京：南京航空航天大学，2016.
[95]徐昊．我国中部地区城市化进程中城市群空间形态研究[D]．武汉：华中科技大学，2004：11-13.
[96]徐东云．城市交通拥堵与城市空间扩展的关系研究[D]．北京：北京交通大学，2009.
[97]徐美，刘春腊．泛长株潭城市群空间结构优化研究[J]．热带地理，2009，4：356-361.
[98]徐永健，许学强，阎小培．中国典型都市连绵区形成机制初探——以珠江三角洲和长江三角洲为例[J]．人文地理，2000，2：19-23.
[99]徐长乐，郇亚丽．高铁时代到来的区域影响和意义[J]．长江流域资源与环境，2011，6：650-654.
[100]薛东前，孙建平．城市群体结构及其演进[J]．人文地理，2003，4：64-68.
[101]于涛方，吴志强．"Global Regions"结构与重构研究——以长三角为例[J]．城市规划学刊，2006，2：4-7.
[102]杨斌，刘倩，董少军，等．新型城镇化背景下城市群空间结构优化研究——以四川省四大城市群为例[J]．成都理工大学学报(社会科学版)，2015，5：59-67.
[103]杨帆，潘海啸．多空间尺度背景下的城市规划——"51届美国规划院校年会"综述[J]．城市规划学刊，2011，2：114-118.
[104]杨年．国内空铁联合运输网络规划方法研究[D]．南京：南京航空航天大学，2012.
[105]姚涵，柳泽．高铁沿线大都市带的空间发展：基于国际经验的探讨[J]．城市发展研究，2013，3：50-56.
[106]姚士谋，陈振光，叶高斌，等．中国城市群基本概念的再认知[J]．城市观察，2015，1：73-82.
[107]姚士谋，朱英明，陈振光．中国城市群[M]．合肥：中国科学技术大

学出版社，1992：4-9.
[108]叶杉，徐碧艳．武汉站与城市公共交通接驳系统研究[J]．华中建筑，2013，11：111-116.
[109]叶玉瑶．珠江三角洲城市群空间结构研究[C]．中国地理学会2004年学术年会暨海峡两岸地理学术研讨会，中国广州，2004.
[110]叶玉瑶．城市群空间演化动力机制初探——以珠江三角洲城市群为例[J]．城市规划，2006，1：61-66.
[111]于洪俊，宁越敏．城市地理概论[M]．合肥：安徽科学技术出版社，1983.
[112]邹军，张京祥，胡丽娅．城镇体系规划[M]．南京：东南大学出版社，2002：39-41.
[113]曾鹏，黄图毅，阙菲菲．中国十大城市群空间结构特征比较研究[J]．经济地理，2011，4：603-608.
[114]张京祥，崔功豪．城市空间结构增长原理[J]．人文地理，2000，2：15-18.
[115]张京祥．城镇群体空间组合[M]．南京：东南大学出版社，2000：33-37.
[116]张莉，何宽，朱丽莉．高速铁路对区域经济发展的影响要素及机理分析[J]．铁道运输与经济，2012，12：64-69.
[117]张明，丁成日，Robert Cervero. 土地使用与交通的整合：新城市主义和理性增长[J]．城市发展研究，2005，4：46-52.
[118]张学良，聂清凯．建设与中国区域经济一体化发展[J]．现代城市研究，2010，25(6)：7-10.
[119]张艳，华晨．解析高铁作为城市空间重组的结构性要素：法国里昂案例分析[J]．国际城市规划，2011，26(6)：102-109.
[120]赵丹，张京祥．高速铁路影响下的长三角城市群可达性空间格局演变[J]．长江流域资源与环境，2012，4：391-398.
[121]赵渺希，王世福，张小星．基于地铁出行的广佛城市功能联系研究

[J]. 华南理工大学学报(自然科学版), 2012, 40(6): 152-158.

[122]钟业喜, 黄洁, 文玉钊. 高铁对中国城市可达性格局的影响分析[J]. 地理科学, 2015, 4: 387-395.

[123]周军. 高铁客运枢纽与城市交通衔接方式优化研究[D]. 武汉: 武汉理工大学, 2013.

[124]朱晖, 潘爱丰. 空铁联运下高铁枢纽地区的规划设计策略[J]. 规划师, 2014, 3: 50-54.

[125]朱英明, 姚士谋, 李玉见. 我国城市群地域结构理论研究[J]. 现代城市研究, 2002, 6: 50-52.

[126]朱英明. 我国城市群地域结构特征及发展趋势研究[J]. 城市规划汇刊, 2001, 4: 55-57.

[127]Adler N, Pels E, Nash C. High-speed rail and air transport competition: Game engineering as tool for cost-benefit analysis[J]. Transportation Research Part B: Methodological, 2010, 44(7): 812-833.

[128]Behrens C, Pels E. Intermodal competition in the London-Paris passenger market: High-Speed Rail and air transport[J]. Journal of Urban Economics, 2012, 71(3): 278-288.

[129]Bröcker J, Korzhenevych A, Schürmann C. Assessing spatial equity and efficiency impacts of transport infrastructure projects[J]. Transportation Research Part B, 2010, 44: 795-811.

[130]Brotchie J. Fast rail networks and socio-economic impacts [A]//Brotchie J, Batty M, Hall P, Newton J. Cities of the 21st Century: New Technologies and Spatial Systems [C]. Melbourne: Longman Cheshire, 1991.

[131]Bonnafous A. The regional impact of the TGV[J]. Transportation, 1987, 14(2): 127-137.

[132]Broecker J. and Peschelk. Regional Impact of Community Policies in Europe[M]. Avebury: Aldershot, 1988: 127-151.

[133]Cao J, Liu X C, Wang Y, Li Q. Accessibility impacts of China's high-speed rail network[J]. Journal of Transport Geography, 2013: 12-21.

[134]Cascetta E, Papola A, Pagliara F, et al. Analysis of mobility impacts of the high speed Rome-Naples rail link using within day dynamic mode service choice models [J]. Journal of Transport Geography, 2011, 19: 635-643.

[135]Castells M. The space of flows: a theory space in the informational society [M]. Princeton: Princeton University, 1992: 131-140.

[136]Castells M. The Information Age: Economy, Society and Culture. Vol. I: The Rise of the Network Society[M]. Oxford: Blackwell, 1996.

[137] Castells M. The Informational City: Information Technology, Economic Restructuring and the Urban-regional process [M]. Oxford: Basil Blackwell, 1989.

[138]Chang J, Lee J H. Accessibility analysis of Korean high-speed rail: a case study of the Seoul metropolitan area[J]. Trans. Rev, 2008(1): 87-103.

[139]Chen X. Assessing the Impacts of High Speed Rail Development in China's Yangtze River Delta Megaregion [J]. Journal of Transportation Technologies, 2013, 3(02): 113-122.

[140]Chen Z, Haynes K E. Impact of high speed rail on housing values: an observation from the Beijing-Shanghai line [J]. Journal of Transport Geography, 2015, 43: 91-100.

[141]Chen C, Vickerman R. Can transport infrastructure change regions' economic fortunes? Some evidence from Europe and China[J]. Regional Studies, 2017, 51(1): 144-160.

[142]Chen C, Hall P. The wider spatial-economic impacts of high-speed trains: a comparative case study of Manchester and Lille sub-regions[J]. Journal of Transport Geography, 2012, 24: 89-110.

[143]Chen X. Assessing the Impacts of High Speed Rail Development in China's

Yangtze River Delta Megaregion [J]. Journal of Transportation Technologies, 2013, 3: 113-122.

[144]Cho T, Kato H, and Wetwitoo J. How much has high-speed rail contributed to economic productivity in Japan? TRB 95th Annual Meeting Compendium of Papers[EB/OL]. [2018-03]. http: //www. trip. t. u-tokyo. ac. jp/kato/WP/2015/2015wp_e6. pdf.

[145]Cohen R B. The New International Division of Labor[A]//Multlnational Corporations, and Urban Hierarchy in Urbanization and Urban Planning in Capitalist Society [C]. edited by Michael Dear and Alien Scott. New York: Methuen, 1981: 287-315.

[146]Coto-Millán P, Inglada V, Rey B. Effects of network economies in high-speed rail: the Spanish case[J]. The Annals of Regional Science, 2007, 41(4): 911-925.

[147] D' Este, G. An event-based approach to modelling intermodal freight systems [J]. International Journal of Physical Distribution & Logistics Management, 1996: 26(6): 4-15.

[148] De Rus G, Inglada V. Cost-benefit analysis of the highspeed trains in Spain[J]. Annals of Regional Science, 1997, 31(2): 175-188.

[149] Dobruszkes F. High-speed rail and air transport competition in Western Europe: a supply-oriented perspective[J]. Transport Policy, 2011, 6: 870-879.

[150]Doxiadis, C. A. Building Entopia[M]. New York: Norton, 1975.

[151] EC. Interaction between High-Speed Rail and Air Passenger Transport. Final Report on the action COST 318, European Commission, Directorate General DG VII [M]. Luxembourg, 1998: 324.

[152]EC. Transport in Figures: Statistical Pocket Book EU Transport. European Commission, Directorate General DG VII [M]. Brussels, 1999.

[153] ECMT. Glossary for Transport Statistics: Intermodal Transport. European

Conference of Ministers of Transport[C]. Paris: Document prepared by the Intersecretariat Working Group on Transport Statistics-DEUROSTAT, ECMT, UN/ECE, 1997.

[154]ECMT. Terminology on Combined Transport. European Conference of Ministers of Transport [C]. Paris, 1998.

[155] Elizabeth D. Sustainable Development and Suatainable Transportation: Strategies for Economic Prosperity, Environmental Quality, and Equity [EB/OL]. [2018-03]. https://escholarship.org/uc/item/0m1047xc.

[156]EPOMM. Intermodality [EB/OL]. [2017-07]. http://www.epomm.eu/newsletter/electronic/0711_EPOMM_enews.html.

[157]European Spatial Development Perspective, ESDP [EB/OL]. [2011-05-09]. https://wenku.baidu.com/view/110cd91c227916888486d7de.html.

[158]Fan X, Zheng D, Shi M. How does land development promote China's urban economic growth? [J]. The mediating effect of public infrastructure. Sustainability, 2016, 8(3): 279.

[159]Friedman D J R. Regional Development Policy A case Study of Venezuela. [M]. Cambridget Mass: Massachusetts Institute Technology CMIT Press, 1966.

[160]Friedman J. Miller. The Urban Field [J]. Journal of the American Institute of Planners, 1965(31): 312-320.

[161]Friedmann J. The World City Hypothesis. Development urrd Change[EB/OL]. [2018-01]. http://onlinelibrary.wiley.com/doi/10.1111/j.1467-7660.1986.tb00231.x/full.

[162]Friedman J. Political and technical moments in development, aggropolitan Development revised[J]. Environment and Planning, 1985, 122 (3): 341-349.

[163]Friedman J, Wolff G. World city formation: An agenda for research and action [J]. International Journal of Urban and Regional Research, 1982,

6: 309-444.

[164] Fröidh O. Market effects of regional high-speed trains on the Svealand line [J]. Journal of Transport Geography, 2005, 13(4): 352-361.

[165] Fröidh O. Perspectives for a future high-speed train in the Swedish domestic travel market[J]. Journal of Transport Geography, 2008, 16: 268-277.

[166] Garmendia M, Ureña J M, Coronado J M. Long-distance trips in a sparsely populated region: The impact of high-speed infrastructures[J]. Journal of Transport Geography, 2011, 19(4): 537-551.

[167] Garmendia M, Ribalaygua C, Ureña J M. High speed rail: implication for cities[J]. Cities, 2012, 29: 26-31.

[168] Givoni M. Development and Impact of the Modern High-speed Train: A Review[J]. Transport Reviews, 2007, 26(5): 593-611.

[169] Gottman, J. Megalopolis: The Urbanized Northeast Seaboard of the United States [M]. Cambridge: MIT Press, 1961.

[170] Gottmann J. Megalopolis or the urbanization of the northeastern seaboard [J]. Economic Geography, 1957, 33 (3): 189-200.

[171] Guirao B, Campa J L. A methodology for prioritising HSR corridors: from U. S. theory to Spanish practice [J]. Journal of Transport Geography, 2014, 35: 95-106.

[172] Gutiérrez J, González R, Gómez G. The European high-speed train network[J]. Journal of Transport Geography, 1996, 4: 227-238.

[173] Gutiérrez J, Condeço-Melhorado A, Martín J C. Using accessibility indicators and GIS to assess spatial spillovers of transport infrastructure investment [J]. Journal of Transport Geography, 2010, 18 (1): 141-152.

[174] Gutiérrez J. Location, Economic Potential and Daily Accessibility: An Analysis of the Accessibility Impact of the High-speed Line Madrid-

Barcelona-French Border[J]. Journal of Transport Geography, 2001, 9(1): 229-242.

[175] Givoni, M. Development and impact of the modern high-speed train: Areview [J]. Transport Reviews, 2006, 26(5), 593-611.

[176]Hall P. The World Cities[M]. New York: McGraw-Hill, 1966.

[177] Hall P. Cities in Competition: Productive and Sustainable Cities for the 21st Century[M]. Melbourne: Longman Australia, 1995: 3-31.

[178] Hall P, Pain K. The Polycentric Metropolis: Learning from Mega-city Regions in European[M]. London: Earthscan, 2006, 3: 20-87.

[179]Hall P. Looking Backward, Looking Forward: The City Region ofthe Mid-21st Century [J]. Regional Studies, 2009, 43(6): 803-817.

[180]Hall P. Magic carpets and seamless webs: Opportunities and constraints for high-speed trains in Europe [J]. Built Environment, 2009, 35 (1), 59-69.

[181] Hall P, Kathy P. The polycentric Metropolis: Learning from mega-City regions in Europe[M]. London: Earthscan, 2006.

[182]Haynes K E. Labor markets and regional transportation improvements: the case of high-speed trains[J]. The Annals of Regional Science, 1997, 31: 57-76.

[183]Houtum H, Lagendijk. Contextualising Regional Identity and Imagination in the Construction of Policentic Urban Regions: the Cases of the Ruhr Area and Basque Country[J]. Urban Studies, 2001, 8: 747-767.

[184]Howitt R. Scale as relation: musical metaphors of geographical scale [J]. Area, 1998, 30(4): 49-58.

[185]Janic M, Reggiani A. Integrated transport systems in the European Union: an overview of some recent developments[J]. Transport Reviews, 2001, 21(4): 469-497.

[186]Jones W B, Cassady C R, Bowden R O. Developing a Standard Definition

of Intermodal Transportation[J]. Transportation Law Journal, 2000, 27: 345-352.

[187] Javier G, Paloma U. Accessibility in the European Union: the impact of the trans-European road network[J]. Journal of Transport Geography, 1996, 4(1): 15-25.

[188] Jiao J, Wang J, Jin F, Dunford M. Impacts on accessibility of China's present and future HSR network[J]. Journal of Transport Geography, 2014, 40: 123-32.

[189] Kim H, Sultana S. The impacts of high-speed rail extensions on accessibility and spatial equity changes in South Korea from 2004 to 2018 [J]. Journal of Transport Geography, 2015, 45: 48-61.

[190] Kim K S. High-speed rail developments and spatial restructuring[J]. Cities, 2000, 17(4): 251-262.

[191] Levinson D M. Accessibility impacts of high-speed rail[J]. Journal of Transport Geography, 2012, 22: 288-291.

[192] McGee T G. Urbanization or Kotadesasi? The Emergence of New Regions of Economic Interaction in Asia[M]. Honolulu: East-West Environment and Policy Insititute, 1987.

[193] Min, H. International intermodal choices via chance-constrainted goal programming[J]. Transportation Research A, 1991, 25 (6): 351-362.

[194] MOCT. Influence analysis of KTX. Executive Whitepaper[M]. Chungju: Korea Ministry of Construction & Transportation, 2007.

[195] Murakami J, Matsui Y, Kato H. Airport rail links and economic productivity: Evidence from 82 cities with the world's 100 busiest airports [J]. Transport Policy, 2016, 52: 89-99.

[196] Murayama Y. The impact of railways on accessibility in the Japanese urban system[J]. Journal of Transport Geography, 1994, 2(2): 87-100.

[197] Monzón A, Ortega E, López E. Efficiency and spatial equity impacts of

high-speed rail extensions in urban areas[J]. Cities, 2013, 30: 18-30.

[198] Ortega E, López E, Monzón A. Territorial Cohesion Impacts of High-Speed Rail at Different Planning Levels [J]. Journal of Transport Geography, 2012, 24: 130-141.

[199] Pagliara F, Vassallo J M, Roman C. High-speed rail versus air transportation. Case study of Madrid-Barcelona, Spain. Transp [J]. Transportation Research Record: Journal of the Transportation Research Board, 2012, 2289: 10-17.

[200] Park Y, Ha H K. Analysis of the impact of high-speed railroad service on air transport demand. Transp[J]. Res. Part E: Logist. and Transp. Rev, 2006, 2: 95-104.

[201] Pell, Claiborne. Megaloplis Unbound [M]. New York: Frederick A. Paeger, 1966.

[202] Peters D. Cohesion, policentricity, missing links and bottlenecks: Conflicting spatial storylines for Pan-European transport investments[J]. European Planning Studies, 2003, 11(3): 317-339.

[203] Reis V, Fabian Meier J, Pace G, et al. Rail and multi-modal transport [J]. Research in Transportation Economics, 2013, 41(1): 17-30.

[204] Román C, Espino R, Martín J C. Analyzing competition between the highspeed train and alternative modes: The case of the Madrid-Zaragoza-Barcelona Corridor [J]. Journal of Choice Modelling, 2010, 3(1), 84-108.

[205] Sands B. The development effects of high-speed rail stations and implications for California[J]. Built Environment, 1993, 19: 257-284.

[206] Sasaki K, Ohashi T, Ando A. High-speed rail transit impact on regional systems: does the Shinkansen contribute to dispersion? [J]. The Annals of Regional Science, 1997, 31(1): 77-98.

[207] Sassen S. Cities in a world economy [M]. London: Pine Forge

Press, 1994.

[208]Sassen S. The Global City: New York, London, Tokyo [M]. NJ: Princeton University Press, 2001.

[209]Scott A J, Storper M. Regions, Globalization, Development [J]. Regional Studies, 2003, 37: 579-593.

[210]Scott A J. Global City-Region: Trends, Theory, Policy[M]. Oxford: Oxford University Press, 2001.

[211]Shao S, Tian Z, Yang L. High speed rail and urban service industry agglomeration: Evidence from China's Yangtze River Delta region[J]. Journal of Transport Geography, 2017, 64: 174-183.

[212]Siim Kallas. High-speed Europe[M]. Luxembourg: Publications Office of the European Union, 2010: 15-18.

[213]Simmonds, Rogerand Gary Hack. Global city region: their emerging forms [M]. London and New York: Spon Press, 2000.

[214]Smith R A, Zhou J. Background of recent developments of passenger railways in China, the UK and other European countries[J]. Journal of Zhejiang University SCIENCE A, 2014, 15(12): 925-935.

[215]Smith V, R G, Taylor F J. A Roster of World Cities[J]. Cities, 1999, 16: 445-458.

[216]Suh S, Yang K Y, Lee J H, et al. Effects of Korean Train Express (KTX) operation on the national transport system[J]. Proc. Eastern Asia Soc. Transp. Stud, 2005, 5: 75-189.

[217]Shaw S, Fang Z, Lu S, et al. Impacts of high speed rail on railroad network accessibility in China [J]. Journal of Transport Geography, 2014, 40: 112-122.

[218]Southworth F, Peterson B E. Intermodal and international freight network modeling[J]. Transportation Research C8, 2000: 147-166.

[219]Taylor P J, Catalano G, Walker D R F. Exploratory Analysis of the World

City Network[J]. Urban Studies, 2002, 39(12): 2377-2394.

[220]Taylor P J, Walker D R F, Catalano G, et al. Diversity and power in the world city network[J]. Cities, 2002, 19(4): 231-241.

[221]Taylor P J. Hierarchical tendencies amongst world cities: a global research proposal[J]. Cities, 2002, 14(6): 323-332.

[222]Taylor P J. World City Network: A Global Urban Analysis [M]. London: Routledge, 2004.

[223]Terpstra I, Lijesen M G. The impact of high speed rail on airport competition[J]. Tijdschrift voor economische en social geografie, 2015, 106(3): 263-275.

[224]Thomas P O, Donoghue D. The Channel Tunnel: transport patterns and regional impacts [J]. Journal of Transport Geography, 2013, 31: 104-112.

[225]Taniguchi M, Nakagawa D, Toda T. The changing urban hierarchy of Japan: the impact of the high-speed rail. In Cities in Competition: Productive and Sustainable Cities for the 21st Century [M]. Melbourne: Longman, 1995: 191-199.

[226]UIC. High Speed lines in the world, UIC High Speed Department[EB/OL]. [2011]. http://www.uic.org/IMG/pdf/20111101a1 high speed lines in the world.pdf.

[227]Ureña J M, Menerault P, Garmendia M. The high-speed rail challenge for big intermediate cities: A national, regional and local perspective [J]. Cities, 2009, 26(5): 266-279.

[228]Vickerman R W, Spiekermann K, Wegener M. Accessibility and economic development in Europe[J]. Regional Studies, 1999, 33(1): 1-15.

[229]Vickerman R. High-speed rail and regional development: the case of intermediate stations [J]. Journal of Transport Geography, 2015, 42:

157-165.

[230] Vickerman R W. Introduction, Infrastructure and Regional Development [M]. Pion: London, 1991: 1-8.

[231] Vickerman R. W. Regional science and new transport infrastructure in Cuadrado Rouro J., Nijkamp P. and Salva P. Moving Frontiers: Economic Restructuring, Regional Development and Emerging Networks [M]. Avebury: Aldershot, 1994: 151-165.

[232] Vickerman R W, Spiekermann K, Wegener M. Accessibility and economic development in Europe [J]. Regional Studies, 1999, 33(1): 1-15.

[233] Vickerman R W. High-speed rail and regional development: the case of intermediate stations [J]. Journal of Transport Geography, 2015, 42: 157-165.

[234] Wang X, Huang S, Zou T, et al. Effects of the high speed rail network on China's regional tourism development [J]. Tourism Management Perspectives, 2012, 1: 34-38.

[235] Wang J J, Xu J, He J. Spatial impacts of high-speed railways in China: a total-travel-time approach[J]. Environment and Planning A, 2013, 45: 2261-2280.

[236] Willigers J, Van Wee B. High-speed rail and office location choices. A stated choice experiment for the Netherlands [J]. Journal of Transport Geography, 2011, 19(4): 745-754.

[237] Zhou Y X. The metropolitan interlocking region in China: A preliminary hypothesis[J]. The Exterded Metropolis: Settlement Transition in Asia, 1991: 89-112.